하늘 길을 따라온 발자취

다시, 저 높은 곳을 향하여

박상만 지음

책 머리에

많이 망설였습니다.

외람되지나 않을까 염려했습니다. 또 무엇보다도 책의 내용이나 형식을 규정하기 어려웠습니다. 이 책은 수필집이 아니고, 기행문집, 또는 논문집도 아닙니다. 그렇다고 창작악보집도 아니고 훈화집이나 회고록, 자서전과 같은 거창한 책 표제를 붙일 만한 것은 더더욱 아니지요. 그러나 친구들과 몇몇 분의 권유를 받아 이렇게 정년퇴임 기념문집으로 출판할 용기를 낼 수 있었습니다.

『다시, 저 높은 곳을 향하여』

책의 이름을 정하는 데도 몇 밤을 밝히며 고심하였습니다. 처음에는 '저 높은 곳을 향하여'라는 제목으로 저의 신앙생활 50여년과 교직생활 40여년, 그리고 음악생활 30여년을 되돌아보고 반성하는 내용으로 구성하려 했습니다. 이제 겨우 60여년의 삶을 살아 내년 2월 정년을 맞는 제가 무엇을 회고한다는 것보다, 오히려 반성문을 쓰는 마음으로 지나간 날들을 다시 한 번 되돌아보고 싶었습니다. 얼마가 될지는 알 수 없으나 남은 날들을 이제부터라는 마음과 자세로 접근하려고 생각했습니다. 그래서 『다시, 저 높은 곳을 향하여』라고 제목을 정했습니다.

이 책에는 교직생활, 특히 1981년부터 상산고등학교에 재직하면서 학생들을 위해 방송훈화한 원고(방송훈화집 『심』)를 모았습니다. 또 계간지로 발행되는 '상산춘추' 신문에 투고했던 글과 1년에 한 번씩 발행하는 교지 『상산』에 게재되었던 글을 모았습니다. 그리고 그동안 써 두었던 여러 형태의 글과 아주 드물게 가끔씩 작곡해 두었던 악보도 실었습니다. 물론 책 출간을 앞두고 신앙 간증과도 같은 지나간 날들을 되돌아보는 내용들도 몇 편을 새롭게 쓰기도 했습니다. 이미 기고했던 원고들은 본래 문장과 문체를 그대로 유지하여 시간의 변화를 느끼게 하였습니다. 글 쓰는 재주를 가지고 있지 못하면서도 경우에 따라 어찌할 수 없어서 썼던 글들이기에 읽는 사람에 따라 다양한 반응과 평가가 있을 것으로 생각하면 더욱 부끄러운 마음이 듭니다.

지난 6월 Midwest University에서 교회음악 박사 학위를 받고, 『한국 찬송가의 이해』를 출간한 것에 이어 이 책을 내면서 많은 것을 배우고 또 도전이 되기도 하였으며 새롭게 용기도 얻었습니다. 돌이켜 생각하면 이 모든 일들이 권능의 하나님의 은혜이며, 가족과 친척, 친구들, 그리고 제자들, 직장 동료 등 참으로 많은 분들의 사랑과 도움이 있었던 덕택으로 성취된 것입니다. 특히 학문적으로나 인격적으로 부족하고, 덕 없는 저에게 선생님이라 부르며 따라주었던 수천수만의 제자들에게 고맙다는 인사를 남기고 싶습니다. 또, 본의 아니게 교육애라는 명분으로 매를 맞았거나 마음에 상처가 될 만한 언사로 꾸중을 들었던 제자들에게는 진심으로 잘못했다는 용서를 구하며 이 글을 반성문으로 대신하고자 합니다.

이제 정년을 맞고 새로운 삶 속에서 살면서 다시, 저 높은 곳을 향하여 남은 시간을 다할 것입니다. 지금까지의 시간은 나 자신의 발전과 생활을 위하여 달려온 것이었다면, 이제부터는 진실로 예수 그리스도의 제자다운 삶으로 이웃을 돌아보면서 살렵니다. 추운 곳, 어두운 곳, 그늘지고 소외되는 곳들을 찾아 하나님이 원하시는 그 무엇을 위해 그분 앞에 저를 내어 놓으려고 합니다. 그분의 뜻에 따라 저를 사용하시도록 말입니다. 그렇게 어디든지 가기 위하여 지금은 또 다른 준비가 필요한지도 모를 일입니다.

『다시, 저 높은 곳을 향하여』가 출판되어 세상에 나오도록 저에게 능력주시고 섭리하신 하나님 은혜에 감사드립니다. 또 용기를 북돋아준 가족들과 친구들에게 진실로 감사의 뜻을 표합니다. 특히 책이 아름답게 편집되도록 축하하는 마음을 담아 작품을 흔쾌하게 선물해주신 서예작가 문연 김진회 선생과 김정희, 최승환 친구, 그리고 이경아 집사님, 시인 김용철 교장께 깊은 감사를 드립니다.

2008년 11월 송천동에서

박 상 만

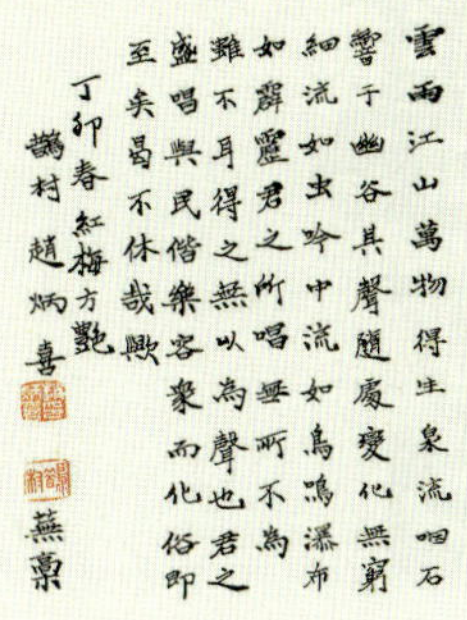

鵲村 趙 炳 喜 / 호기 (향천)

향천(響泉).

작촌(鵲村) 조병희 선생께서 1987년 5월에 지어주신 호입니다. 당시 성악가의 꿈을 이루기 위하여 열심히 노래하면서 활동하던 시절, 어른께서는 저를 아름답게 봐주셨습니다. 멈춤이 없이 늘 새롭게, 꾸준히 노력하여 샘물처럼 맑고 깨끗한 노래로 많은 이웃들에게 갈증을 풀어주는 노래를 부르라고 하셨습니다. 지금은 고인이 되신 선생의 유지를 온전히 받들지 못하고 있음을 늘 죄송하게 생각하고 있습니다. 그러나 선생께서 써주신 이 호기를 보고 있노라면 다시 한 번 마음을 다잡는 기회가 됩니다.

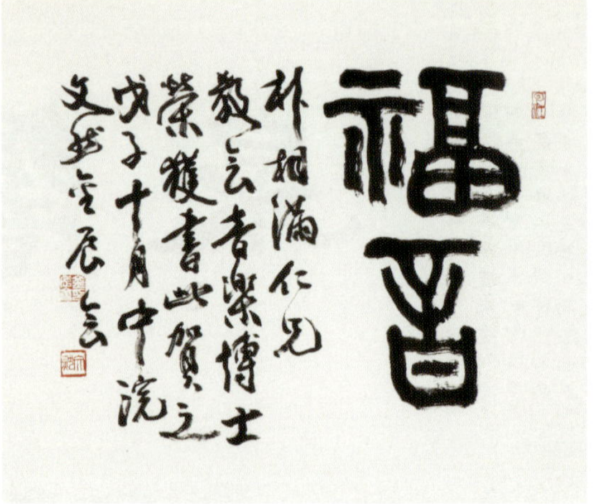

문연 김진회 선생의 박사학위 축하휘호 / 복음

초등학교 친구 김정희의 수채화 작품 / 젊은 시절의 초상

중학교 친구 최승환의 유화작품 / 소나무

이경아 집사님의 수채화 작품 / 정물

그를 보면 바다가 좋은 그가 보인다

비움 김용철

쌈터 울타리를 나서면
하늘과 들이 마주 닿은
또 하나의 마당이
너른 세상 이야기를 외친다
"설익은 청년 농부여,
황금 너울 박차고 걸어 나와
배움의 고픔과 갈증을 풀어라!"

만권의 책이 퇴적된 채석강으로
쉼 없이 다가오는 파도
현재를 다독이며 켜켜이 쌓아올려
절벽보다 더 우뚝한 파도의 높이
그를 보면
바다가 좋은 그가 보인다

장대비 쏟아지는 날
진창이 자전거와 사람을 하나로 보듬었어도
빗속으로 흩어지는 이탈리아 노래
모르는 이들의 귀엔 멱따는 소리였을 터
계화도에서 전주까지
그 길을 오가며
그를 미치게 한 것은
오직
아름다운 열정

열방의 노래 가득 담은
그 소리샘(響泉)은
러시아로 오스트레일리아로 향기로 굽이쳐
강물처럼 동행하고 싶다

새벽 세수하는 구절초에겐
얄팍한 분노에
마음 다침 없어
그를 생각하면
다가가 그의 말이 되고
그의 행동이 되고 싶다

CONTENTS

"여호와는 나의 목자시니 내게 부족함이 없으리로다.

그가 나를 푸른 풀밭에 누이시며 쉴 만한 물가로 인도하시는도다.

내 영혼을 소생시키시고 자기 이름을 위하여

의의 길로 인도하시는도다.

내가 사망의 음침한 골짜기로 다닐지라도

해를 두려워하지 않는 것은 주께서 나와 함께 하심이라.

주의 지팡이와 막대기가 나를 안위하시나이다.

주께서 내 원수의 목전에서 내게 상을 차려주시고

기름을 내 머리에 부으셨으니 내 잔이 넘치나이다.

내 평생에 선하심과 인자하심이 반드시 나를 따르리니

내가 여호와의 집에 영원히 살리로다."

(시 23편:다윗의 시)

1. 신앙, 저 높은 곳을 향하여

1) 아름다운 풍금소리

시골길 논두렁을 따라 동구 밖 외진 곳에 아담하게 자리하고 있었던 교회, 제법 커 보이던 기와집에 생나무(측백나무, 탱자나무) 울타리와 그 울타리 옆으로 듬성듬성 노란 개나리가 곱게 피어 있었던 이른 봄이었습니다. 그때 나는 6·25전쟁에 아버지가 어떻게 돌아가셨는지도 모르고 있었습니다. 그저 어머니께서 우리 다섯 남매를 먹여 살리기에 힘들어 하시는 정도를 느낌으로 알고 있는 어린아이였습니다. 어린 시절 나의 집 분위기는 즐거웠다거나 행복했었다는 기억은 별로 없습니다.

월촌초등학교에 입학을 하고는 동네에서 조금 떨어진 이웃 마을까지 발길을 옮길 만큼 되었던 때였나 봅니다. 지금은 김제시로 불리지만 당시는 김제군 월촌면 월봉리로 학교까지는 동네 뒷동산을 넘고 몇 다랑이의 논과 밭을 지나야 했습니다. 아마 그 날은 내가 초등학교에 입학하고 얼마 되지 않은 일요일이었던 것 같습니다. 학교로 가는 길 어느 동산에서 친구들과 같이 놀고 있었습니다. 그때 학교 바로 옆 마을에 살던 친구의 누나가 나에게 다가와서 예배당에 같이 가기를 권유했습니다. 처음으로 예배당이라는 말을 들었고, 그 누나의 곱고 예쁜 모습에 이끌려 손을 잡고 예배당이라 하는 곳으로 향하게 되었습니다. 친구 누나를 따라 찾아간 연정리의 예배당은 마을 어귀 논가에 푸른 생나무 울타리로 둘러싸인 아담한 기와집이었습니다. 측백나무의 푸른 잎 사이사이로 노랗게 핀 개나리꽃이 어우러져 있었습니다. 유난히 꽃이 맑고 환하게 피어 있었던 모습이 기억에 뚜렷합니다.

예배당 안에는 또래의 아이들과, 또 나보다 큰 아이들이 몇몇 그룹으로 모여 앉아 있었습니다. 선생님께서 기도하자는 말에 모두가 두 손을 모아 잡고 눈을 감고는 고개를 숙이는 것이었습니다. 다른 아이들이 하는 모습을 보고 나도 그렇게 따라 했습니다. 이때 귀에 들려오는 소리가 있었습니다. 너무도 아름다운 소리였습니다. 세상에 저렇게 아름다운 소리가 어디에서 어떻게 만들어져 나오는 것일까? 숙였던 고개를 들고 감았던 눈을 떠, 소리가 나는 쪽을 보았습니다. 그것은 여자선생님이 연주하고 있는 풍금소리였습니다. 나는 지금도 그때 들었던 그 풍금소리의 감동을 어떻게 표현할 수 없습니다.

나는 예배당의 풍금소리를 듣기 위하여 일요일이 다시 돌아오기만을 기다렸습니다. 예배당의 선생님들께서 노래와 성경도 가르쳐 주시고, 동화시간에는 실감 나고 재미있는 이야기를 해 주시는 것도 좋았습니다. 그러나 무엇보다 조용히 눈을 감고 듣는 풍금소리는 더 좋았습니다. 나중에 알게 된 것이었지만 예배를 시작할 때 손을 모아잡고, 눈을 감고, 고개 숙여 기도드릴 때 들려오는 그 풍금소리는 예배의 첫 송영으로 주로 찬송가의 곡조를 연주하는 것이었습니다. 그 소리는 하나의 소리가 아니고 다른 소리들과 같이 어울려서 정말 아름다웠습니다. 나는 그 소리들이 소프라노와 알토, 테너와 베이스로 구분되는 4개의 성부들이 함께 연주되는 화음이라는 것을 꽤 많은 시간이 지난 뒤에야 알게 되었습니다. 처음 듣고 매료되었던 풍금소리, 그것이 저의 마음을 사로잡게 된 이유는 바로 화음의 아름다움 때문이었습니다.

그 풍금소리로 인하여 노래 배우는 시간이 즐거웠습니다. 그 시간은 암울한 환경에 있었던 나에게 행복하고 새로운 세계를 향한 상상의 시간이 되었습니다. 일요일이 기다려지고 예배당에 가는 일이 즐거웠습니다. 예배당에 앉아 성경을 배우고, 동화를 들으며, 노래를 부르는 그 시간에는 배고프지 않았습니다. 어쩌다 친구를 데리고 출석하면 인도상이라고 하여 예쁜 병아리가 그려져 있는 작은 그림카드를 받는 날은 너무너무 즐거웠습니다. 또 가끔 나누어주는 비과(과자)는 정말 꿀맛이었습니다.

주님께서는 어린 생명을 불쌍히 여기시고 당신의 품으로 안아 위로하듯 풍금소리를 통하여 마음에 안식을 느끼게 하셨던 것입니다. 말씀으로 소망을 간직하도록 인도하시며 미래에 대한 상상을 가능하게 하셨던 것입니다. 저를 절망하지 않도록 인도하시고 배고픔을 견디게 하시며 꿈을 갖도록 하셨던 것입니다.

친구 누나의 손을 잡고 찾아갔던 연정교회의 첫날, 그때 그 감동은 지금도 어떤 말이나 글로 다 표현할 수 없습니다. 측백나무 울타리 사이로 노랗게 피어 있었던 개나리꽃, 측백나무의 짙은 녹색으로 개나리꽃이 더욱 맑고 환하게 피어 있던 교회, 측백나무 울타리와 개나리꽃, 기와지붕의 아담하고 정겨웠던 예배당, 지금도 찾아가고 싶은 아름다운 예배당으로 나의 마음속 깊은 곳에 자리 잡고 있습니다. 그런 예배당의 노래가 좋아 부르던 찬송이 오늘의 나를 있게 하였던 것입니다. 할렐루야! 아멘.

2) 하얀 두루마기의 장로님

초등학교 3학년 2학기를 시작할 때 쯤 우리 가족은 김제시 월촌면에서 부량면 대장리로 이사했습니다. 요즘 지평선축제가 열리는 벽골제에서 얼마 떨어지지 않은 들녘 마을입니다. 당시 경찰관으로 계시던 작은 아버지께서 이쪽에 연고가 되어 우리 가족 모두를 이주하도록 한 것입니다. 마을에는 예배당에 다니는 친구들이 한 사람도 없었습니다. 안씨들이 집성촌을 이루고 있는 그 마을에서는 대부분 전통신앙을 믿거나 유교적 관례에 따른 생활풍습들을 지키고 있었기 때문입니다. 우리 집에서도 나와 작은어머니께서만 예배당에 다녔습니다. 예배당에 나가는 것은 주일학교와 여름성경학교, 또 크리스마스 때 선물로 주는 노트, 연필 등의 상품 또한 풍금소리 이상으로 중요한 이유가 되었습니다.

우리 할아버지께서는 유달리 유교적인 분이셨기 때문에 어린 손자가 예배당에 나가는 것을 몹시 싫어하셨습니다. 어머니께서는 종갓집의 장손 며느리의 역할을 다하기 위하여 어려운 살림 가운데에서도 5대 봉사 제사상을 차리셨습니다. 가문의 전통에 따라 제삿날이 오기 전날부터 집안 청소며 음식 장만에 목욕까지 정결하게 하며 정성을 다하셨습니다. 제삿날이면 멀리 사시는 당숙 어르신께서 꼭 참석하셨습니다. 제사상에 올리는 지방을 쓸 때면 나는 1~2시간씩 먹을 갈아야 했습니다.

초등학교 4학년 어느 날부터 할아버지께서 지방의 견본을 써 주시고 그대로 보고 쓰라고 하실 정도로 나를 당신의 뜻에 따르도록 교육하셨습니다. 어린 저는 그런 일이 싫지 않았고 할아버지의 필체를 따라 지방을 써 드리면 잘 썼다고 칭찬받는 것이 기뻤습니다. 붓(細筆)에 먹물을 조심스럽게 묻혀 하얀 백지 위에 정성을 드려 써 내려가는 한문 글씨의 지방은 아직 철부지 내가 보기에도 좋았습니다. 이런 날이면 할아버지께서는 "예배당은 조상도 모르는 상놈들이나 가는 곳"이라고 훈계하시며 내가 교회에 가는 것을 몹시 경계하셨습니다.

그러나 나는 할아버지께 칭찬받는 것은 그것으로 좋았고 할아버지의 눈을 피해 예배당에 가는 것에 점점 익숙해져 갔습니다. 때로는 교회에 갈 시간에 맞추어 예배당 가는 길목을 지키고 계시는 할아버지의 눈을 피하여 이웃마을을 돌아 먼 길로 교회에 가는 일도 있었습니다. 이렇게 교회에 출석하는 것은 여름성경학교 때와 크리스마스가 가까워지면 더욱 열심이었고, 교회의 동요대회와 성경암송대회와 같은 행사에 거의 빠짐없이 참가하였습니다. 그리고 좋은 성적을 거두어 많은 학용품을 받았습니다. 이처럼 교회 행사에서 상을 받는 기쁨은 제가 예배당에 간 것을 아신 할아버지의 꾸중이나 혼쭐에 비교가 되지 않는 것이었습니다. 오히려 예배당에 다니는 것에 대한 두려움은 할아버지의 야단보다 훨씬 큰 것이 다른 곳에 있었습니다. 그것은 교회에서 상을 받은 날이면 나의 상품을 빼앗으려고 집으로 돌아오는 길목을 어김없이 지키고 있는 이웃 마을 골목대장들이었습니다.

우리 마을은 김제군의 경계 끝에 있는 마을이었고 교회는 정읍군에 속하는 화호교회였습니다. 우리 집에서 교회까지 거리상으로 1~2㎞에 불과하지만 다른 동네를 둘이나 지나가야 하는 곳에 위치하고 있었습니다. 이 두 동네의 골목길에서 마을의 악동(골목대장)들이 타 동네에서 오는 같은 또래의 손님에게 싸개(일종의 집단 폭행 같은 것으로 볼 수 있는 행위)를 주는 것입니다.

나는 교회에서 받은 연필이며 노트와 지우개 등을 이들에게 빼앗기기 일쑤였습니다. 교회 선생님께서는 원수를 사랑하라고 가르쳐 주셨고, 악은 악으로 대하지 말고 선으로 대하라 배웠습니다. 그래서 그렇게 아까운 학용품을 포기할 수밖에 없었습니다. 그 아까운 학용품을 빼앗기고도 언제나 몇 차례의 주먹질과 발길질을 당해야 하는 것은 정말 싫었습니다. 또한 그들은 자기들에게 '형님' 또는 '할아버지'와 같은 호칭으로 부르고 "집에 보내 주세요"라고 사정하라고 까지 했습니다.

지금 생각해 보면 실소를 금하기 어려운 일이나, 당시의 나에게는 참으로 난감하고 참담한 노릇이었습니다. 그들은 분명코 나의 '형님'도 '할아버지'도 아니며 또 절대로 그렇게 부를 수 없다고 생각했습니다. 아까운 학용품들은 포기할 수 있어도 그렇게 말하기는 싫었습니다. 그러나 그들 앞에 무릎을 꿇기도 하고 주먹과 발길질을 당하면서도 대항하여 싸움을 한다는 것은 생각할 수 없는 일이었습니다. 교회에서 배운 말씀대로 원수를 사랑하고 악을 악으로 대하지 않는 믿음을 실천하였다고 생각하면서 하나님이 알고 계심을 믿었던 것입니다.

또 다른 하나의 두려움은 무서운 귀신의 출현이었습니다. 대개 예배당을 향해갈 때는 낮 시간이었으나, 여름 성경학교 혹은 크리스마스 연습을 할 때는 교회에서 연습을 마치고 밤 늦은 시간에 집으로 돌아와야 했습니다. 밤길에 물귀신이 있어 사람을 잡아당긴다는 다리를 건너기는 정말 오금이 저리고 무섭고 떨리는 일이었습니다. 이것은 마을의 악동들에 비교할 수 없이 몇 배나 더 무서운 것이었습니다. 나를 괴롭히던 골목대장들이 사는 동네 언덕을 내려와 300m쯤 우리 마을 쪽으로 신작로를 걸어오면 보창(농수로, 그때는 그곳을 그렇게 불렀음)이 있었습니다. 농수로 물길 위에, 폭은 약 3~4m에 길이는 5~6m 정도 되는 다리가 있었습니다. 바로 이 다리 옆에 정읍군과 김제군을 가르는 표지판, 군계 표가 키보다 훨씬 큰 높이로 서 있었습니다

그런데 이 다리 밑에서 거의 매년 사람이 익사하는 일이 일어났습니다. 익사사고가 난 뒤에는 마을의 무당이 2~3일씩 밤을 새워 징과 꽹과리를 치면서 울긋불긋한 치마저고리를 입고 춤을 추며 넋을 건진다는 것입니다. 시체를 건져낸 물속으로 하얀 쌀이 하나 가득 담긴, 놋그릇 뚜껑을 덮고 하얀 띠로 묶어서 던져 놓고는 또 한참 춤을 추는 것입니다. 그리고 그릇을 건지면 쌀이 담겨진 그릇 속으로 넋(머리카락)이 들어간다는 것입니다. 그렇게 꽁꽁 묶어서 물 속에 넣어둔 놋그릇에 머리카락이 담겨 나와야 넋을 건졌다 하고 무당굿을 멈추곤 하였습니다.

이런 일들은 몇 날 몇 달이 지난 뒤에도 잊혀지지 않고 왜 그렇게 무서웠는지 모릅니다. 그래서 교회의 연습이나 행사를 마치고 밤에 이 다리를 지나 집으로 돌아가는 길은 정말 무서웠습니다. 교회 선생님께서는 사도신경을 외우고 찬송가를 부르며 가라고 하셨지만 그런 것들도 아무 소용

없었습니다. 걸어가면 누군가 뒤에서 따라오는 발자국소리가 들리고, 사도신경을 외우는 소리는 내 소리가 아닌 다른 어떤 소리로 들리는 것 같았습니다.

그뿐이 아니었습니다. 낮에는 아무렇지 않게 보이던 군계 표지판이 밤에 보면 하얀 옷을 입고 서 있는 여자와 같이 보였습니다. 왜 귀신은 하얀 옷을 입고 여자로 나타나는지 정말 모를 일이었습니다. 달이 밝은 밤에는 달빛이 물 위에 비쳐 흔들리는 것도 무서웠습니다. 또 어두울 때면 신작로 가에 심어진 가로수들도 모두 무서운 것들로 변장하고 서있는 것 같았습니다. 아무리 생각하지 않으려 해도, 그 다리가 가까워지면 지난 여름에 넋을 건진다고 춤추던 무당의 옷자락이 너풀거리는 모습으로 다가오는 것입니다. 결국 더 이상 발을 옮길 수 없는 공포로 주저앉아 울음을 터뜨리거나 누구라도 어떤 사람이 지나가기를 기다려야 했습니다.

이렇게 무서움을 타는 나에게 '하얀 두루마기의 장로님'은 무서움과 공포에서 나를 지키고 보호하시는 천사이셨습니다. 어린 시절 그 장로님은 교회에 오실 때 언제나 하얀 두루마기를 입고 계셨습니다. 그분은 주일학교 어린이들에게 유달리 친절하셨습니다. 우리들은 장로님의 이름을 붙여서 부르지 않고 하얀 두루마기 장로님으로 불렀습니다. 지금도 함자는 생각이 나지 않지만 하얀 두루마기 장로님의 그 모습은 눈에 선하게 떠오릅니다.

장로님 댁은 우리 집과는 반대 방향이었습니다. 그런데도 주일학교의 밤 프로그램이 모두 끝날 때까지 계셨다가 나의 손을 꼭 잡으시고 무서운 다리가 있는 곳까지 데려다 주셨습니다. 다리 밑으로 달빛이 물결에 흔들리는 곳, 여름이면 거의 매년 사람이 익사하던 곳, 무당이 너울너울 춤추고 넋을 건지는 곳까지 말입니다. 소문에는 최초로 물에 빠져 죽은 사람이 이웃동네에 살던 처녀여서 언제나 처녀 귀신이 나타난답니다. 우리 마을 총각과 연애를 하다가 소문이 나자 부끄러운 마음에 스스로 물에 뛰어 들어

자살을 했다는 것입니다. 그 뒤부터 처녀 물귀신이 매년 다른 사람을 물속에서 다리를 끌어 잡아당기므로 사람이 빠져 죽는다는 소문으로 더욱 무서웠습니다. 그런데 그 무서운 곳까지 장로님은 나를 데려다 주셨습니다.

장로님께서는 다리까지 오시면 이제 혼자 갈 수 있겠느냐고 물으시고 나의 손을 살며시 놓아주셨습니다. 다리에서 마을 입구까지는 200m 정도의 거리였으므로 그 다리에서 조금만 뛰어가면, 곧 방앗간의 사랑방에서 비치는 불빛이 보였습니다.

"문제없어요, 이제 저 혼자 갈 수 있어요, 장로님 안녕히 가셔요."

인사를 하고는 마을 방앗간 사랑방의 불빛이 보일 때까지 힘껏 달렸습니다. 마을 입구에 있는 방앗간의 사랑방은 길옆 방앗간의 벽에 붙어 있는 작은 방이었습니다. 그곳은 동네 젊은 일꾼들과 부잣집의 머슴들이 밤늦은 시간까지 노는 소리가 들리는 곳이었습니다. 이 불빛이 보이는 곳까지만 가면 바로 그 뒷집이 우리 집이었으므로 정말 문제없었습니다.

그러나 그 장로님은 나의 마음을 아시는 것 같았습니다. 그 다리에서 뛰어 사랑방의 불빛이 보이기까지의 거리가 어린 나에게는 만만치 않았을 뿐 아니라, 뛰어가는 나의 발자국소리가 마치 누군가 따라오는 소리와 같이 들리기 때문에 역시 무서웠습니다. 그럴 때 장로님께서 "상만아~ 잘 가거라~ 어서, 잘 가~"하고, 그 다리위에 서서 무작정 달리는 나를 향해 크게 소리쳐 주시는 것입니다. 그 장로님의 목소리를 들으면 이제 정말 문제없었습니다. 그렇게 언제나 몇 차례 소리쳐 주시면 곧 방앗간 집 사랑방에 다다르거든요.

지금은 고인이 되셔서 하늘나라에 가 계실 그분을 떠올리며 지금 나는 어린이들에게 어떤 사람으로 보일까? 제가 장로가 된 지도 벌써 몇 해가 지나갔습니다. 장로 장립을 하기 전까지 교회에서 요즘의 장로님들을 볼 때, 저는 언제나 어린 시절의 그 하얀 두루마기의 장로님을 생각하며 비교하고 비판적인 생각을 하였습니다. 그러나 지금 나 자신이 장로의 사명을 감당하면서 얼마나 교인들을 섬기며, 사랑하는 마음을 전달하고, 실천했는지 반성하여 봅니다. 그분 하얀 두루마기 장로님의 발뒤꿈치도 못 따라갈 참으로 부끄러운 마음을 금할 수 없습니다.

언젠가 나도 천국에 가(지옥으로 간다면 꿈도 못 꿀 일이나) 그분을 뵐 때 얼마나 부끄러울까 생각해 봅니다. 하얀 두루마기를 단정하게 차려 입으시고 어린 내 손을 꼭 붙잡고 시골길을 같이 걸어주셨던 장로님, 그분은 예수님의 가르침을 몸으로 실천하여 저를 가르치셨습니다. 교회 안에서나, 또 밖에서 입으로 그리스도의 사랑을 말하는 일은 쉬우나 행동으로 실천하기는 쉽지 않습니다. 사랑은 다른 사람이 필요로 하는 것을 주는 것일 겁니다. 바라지 않고 대가 없이 주는 것입니다. 하얀 두루마기의 장로님께서는, 그 시절 나에게 가장 필요한 것, 무서움을 해결하여 주셨고, 저는 그분에게 아무런 대가도 지불하지 못했습니다.

이제 나는 또 다른 누구에게 그 사람이 필요로 하는 그 무엇인가를 줄 수 있는 준비를 하려 합니다. 하나님의 섭리와 도우심을 받아 그분이 인도하시는 대로 이 모습 이대로 주님께서 쓰시도록 하얀 백지를 드리려 하는 것입니다. 그때 그 당시 지금의 내 나이 정도가 되셨을 것 같은 하얀 두루마기의 장로님을 생각하면서 다시금 나를 돌아보며 또 반성하고 다짐하여 봅니다.

3) 찬양대 지휘자

예배당의 풍금소리가 좋아서 교회에 출석하기 시작하였습니다. 그곳에서 배우는 노래는 어떤 것이나 좋았습니다. 나는 교회학교의 동요부르기 대회에서 언제나 좋은 상을 받았습니다. 학교에서도 음악시간이 즐겁고 좋아하는 시간이 되었습니다. 특히 고학년이 되어 교회학교 어린이 합창단원으로 선발되었을 때는 정말 기뻐서 하나님께 감사의 기도를 드렸습니다.

주일학교 성가 대원이 되어 제일 처음으로 배운 찬양은 지금도 잊지 않고 기억이 납니다. 찬송가 569장 '선한 목자 되신 우리 주여…' 이 찬송이 제가 세상에서 2부 화음으로 부른 첫 찬송입니다. 화음으로 노래 부르는 것이 배울 때는 어려웠으나, 연습 후에 서로 호흡을 맞춰 화음이 어우러지는 찬양은 아름답게 들렸습니다. 중학교에 다닐 때는 누님들과 같이 크리스마스 새벽에 눈을 맞으며 새벽 찬송을 하였습니다. '고요한 밤 거룩한 밤', '저들 밖에 한밤중에…' '기쁘다 구주 오셨네'를 부르고 "메리 크리스마스!"를 외치곤 했습니다. 초등학교에 다닐 때는 그 소리가 "내일이 크리스마스"라고 하는 것으로 알고 있다가 중학교에 입학하고 제대로 알게 되었습니다. 이렇게 새벽에 찬송을 부르면 예배당에 다니는 집에서는 대문 밖에 과자며 사탕이며 나름대로 선물을 준비해 두기도 했습니다. 또 같이 나와 크리스마스 노래를 부르고 박수를 쳐주는 집도 있었습니다. 새벽 찬송을 부르고 다니는 일이 정말 즐겁고 행복해서 어른이 되면 꼭 찬양대원이 되고 싶었습니다.

고등학교를 졸업하고 대학에 진학할 수 없어 집에서 농사일을 할 때였습니다. 농사일이 너무 힘이 들어 예배당에 가 무릎 꿇고 기도할 때, 대학에 진학할 수 있는 기회를 주시면 훌륭한 찬양대원이나, 또는 작은 교회에서 지휘자가 되어 하나님만을 마음껏 찬양하며 섬기겠다고 기원하였습니다. 하나님은 저의 간절한 기도에 응답해 주셨습니다. 교육대학에 합격하게 하셨습니다.

입학하여 학교생활 외에는 주일이면 언제나 예배당에 출석을 하여 성가 대원으로 봉사했습니다. 대학생이 되었고, 또 당시 교육대학생은 인정받는 학생이었으므로 어느 교회에서나 환영하여 주었습니다. 전주교대에 계시던 김성지 교수님은 당시 전주에서 제일가는 합창 지휘자님이셨습니다. 교수님께서는 큰 교회의 찬양대를 지휘하시었는데 저에게 그 교회에 나와서 찬양대원으로 활동하도록 하셨습니다. 합창의 묘미를 교수님이 지휘하시는 성가대에서 느끼면서, 직접 배우는 기회를 얻은 것입니다.

그뿐만이 아니었습니다. 교수님은 당시 전북에서 제일가는 할렐루야 합창단의 지휘자이셨습니다. 전주지역의 각 교회에서 선발한 성가대원들을 연합으로 조직하여 운영하는 초교파적인 성가합창단이었습니다. 할렐루야 합창단은 매년 정기 연주회를 하였습니다. 당시 전주에 변변한 연주 홀이 없었으므로 신흥고등학교 강당에서 정기연주회 행사를 갖곤 하였습니다. 그런 합창단에 최연소 단원으로 입단하여 헨델의 메시아 곡들을 연주하기도 하였습니다. 참으로 복된 시간이었으며 크게 출세했다는 마음에 늘 감사함으로, 열과 성을 다하여 김 교수님의 추종자가 되어 따랐고 배웠습니다.

교수님은 연주 전의 리허설 때는 무서우리만큼 신경이 곤두서기도 하였습니다. 당시 교대 학생들은 교복을 입었고 머리도 스포츠형으로 규정을 지켜야 했습니다. 지금 생각하면 상상이 안 되는 일입니다. 그러나 그 시절은 5 · 16 이후 군사 정권으로 모든 것에서 규율과 질서가 강조되던 시대였습니다. 국가가 너무 가난하였으므로 조금 잘 살수만 있다면 자유나 자율은 조금 천천히 누려도 좋다는 사고가 일반적이었던 때였습니다.

최연소 단원이었던 나는 다른 일반 단원들에 비하여 머리가 짧아 무대에서 노래할 때는 특별히 머리를 손질하고 올라갔습니다. 시민문화관에서 공연이 있는 어느 날 밤이었습니다. 학교에서 수업을 마치고 이발소에서 연탄불에 달군 고데기로 머리를 다듬었습니다. 그리고 포마드 기름을 발라서 비록 짧은 머리라 할지라도 성인처럼 보이도록 뒤로 잘 넘기고 공연장에 갔습니다. 리허설은 이미 시작되었는데 시간에 늦는 단원들 때문에 교수님은 긴장하시고 화가 머리끝까지 나 있었습니다. 제가 단에 올라서자 그만 지금까지의 모든 화가 나에게 집중 포화로 쏟아졌습니다.

그날 밤, 지휘자의 카리스마와 연주회에서 받는 긴장감을 제대로 배웠습니다. 교육대학 재학기간 2년은 참으로 즐겁고 행복했으며 내게는 뜻 깊은 시간들이었습니다. 학교를 졸업하고 부안 마포초등학교에서 1년 재직 후 군에 입대했습니다. 제대 후 부안 계화초등학교로 발령을 받았습니다. 여기 섬마을 계화교회에서 처음 성가대의 지휘자가 되어 성가대원을 모집하고 연습하여 크리스마스 새벽 찬송을 했던 기억이 아련합니다. 1972년 12월 계화도에는 아직 전깃불이 없었고 자동차도 다니지 않는 육지도, 섬도 아닌 그런 곳이었습니다. 간척공사는 끝냈으나 아직은 농사를 지을 수 있는 땅이 아니었습니다. 벽지 중의 벽지요, 오지 중의 오지로 교육청의 행정지역으로는 도서 벽지 1급으로 지정되어 있는 곳이었습니다.

이곳 주민들은 어업에 종사하는 사람들이 대부분이었습니다. 마을에 예배당이 있었으나 어촌마을은 우상숭배가 몸에 배어 있는 사람들이 많았습니다. 그러나 젊은이들은 예배당에 나가는 것에도 관심이 많이 있었습니다. 이들을 교회로 불러 모았습니다. 그때는 마을에 꽤 많은 수의 청년들이 있었습니다. 그러나 대부분의 남자들은 배를 타고 고기잡이를 먼 바다로 나갔다가 몇 달 만에 한 번씩 집에 돌아왔습니다. 처녀들은 밭일을 하거나 바닷가에 나가서 조개를 잡아 용돈을 벌어 쓰는 일은 했지만 배를 타지는 않았습니다. 아직 여자가 배를 타면 재수가 없다는 말을 믿고 있었습니다. 겨울에는 바닷가에 나가서 조개를 잡기도 하지만 밤이 되면 대부분 또래끼리 모여 노는 것이 다반사였습니다. 어떤 처녀들은 해안선 경비 초소에 배속되어 경계근무를 하는 전투경찰과 눈이 맞아 육지로 시집가게 되었다는 소문이 심심치 않게 흘러나오기도 하였습니다. 이런 처녀들을 섬마을 총각 선생이 밤에 예배당에 불러 모아 찬양대를 구성하여 찬송을 가르치게 된 것입니다.

가까운 마을은 물론 제법 먼 마을의 처녀들도 예배당에 모여들었습니다. 당시 이 교회에는 신도 수도 적고 환경도 열악하여 담임 목사님은 안 계셨고 총각 전도사님께서 예배를 인도하였습니다. 밤이면 20여명의 섬마을 처녀들이 모여 찬송을 연습하고 크리스마스 날 새벽에 마을을 찾아다니면서, 찬송으로 하나님의 아들 예수 그리스도께서 구세주로 세상에 탄생하셨음을 전했습니다.

이 일은 이 섬마을의 일대 사건이 되었습니다. 그냥 단선율로 부르는 노래가 아니고 화음으로 합창을 만들어 노래하기는 계화도 역사상 처음이었고, 크리스마스 새벽에 마을을 찾아다니며 노래를 불러준 것도 처음이며, 이렇게 많은 수의 마을 처녀들이 찬양대원으로 활동한 것 역시 처음으로 발생한 사건이라는 것입니다.

계화도에서 이와 같은 일들을 하면서 전주대 야간 대학에 입학하여 음악을 전공하게 되었습니다. 전주 문정초등학교로 근무지를 옮기면서 자연히 당시 영생대학의 대학교회에 출석하게 되었습니다. 이 교회의 고등부 성가대를 2년 지휘하기도 했습니다. 그러면서 영생대학교회의 찬양대원으로 봉사하였는데 이 찬양대의 지휘자가 또 김성지 교수님이셨습니다. 학교에서 합창시간 지도교수 역시 김 교수님이었으므로 나와 합창과의 관계가 모두 김 교수님과의 관계로 연결되어 있었던 것입니다. 합창음악의 선택이나, 표현, 지도 방법, 지휘법까지 모두 이분의 영향을 받을 수밖에 없었습니다.

1978년 3월 영생고로 직장을 옮기게 되면서 인후동 지역에 어머님을 모시고 아내와 같이 살림집을 마련하였습니다. 또한 주일에 온 식구가 같이 예배당에 나가는 것이 꿈이었으므로 영생교회에서의 활동을 인후동교회로 옮기게 되었습니다. 인후동교회에 출석한 첫날 성가대의 찬양을 듣고 이 교회에서 할 일이 있겠다고 생각했습니다. 예배를 마치고 목사님과 인사를 나누며 영생고 음악교사라는 신분을 밝히자 목사님과 사모님께서 정말 반가워하시며 교회의 찬양대 지휘를 맡는 것이 당연한 일처럼 말씀하시고 좋아하셨습니다. 지금까지 목사님의 사모님께서 지휘를 해 오셨다는 것입니다. 사양하지 않고 바로 그 자리에서 목사님의 청을 받아들였습니다. 젊은 날의 기도의 뜻이 이제서야 이루어지는 것으로 믿었습니다. 목사님과 사모님께서는 너무 고마워하셨고 15~16명의 찬양대원으로 주일 날 아침이면 일찍 예배당에 모여 찬양곡을 연습하였습니다.

신령과 진리로 드리는 예배가 되도록 최선을 다하고 열심히 준비하여 예배를 드렸습니다. 찬양대원의 수가 점점 많아져 연말쯤엔 출석 교인이 200여명으로 늘었고, 찬양대원도 30~40명으로 증가했습니다. 이제 쉽고 간단한 크리스마스의 칸타타 곡을 발표할 수 있는 정도가 되어갔습니다. 규모와 실력으로는 부족한 부분이 많이 있었으나, 칸타타 악보를 구입하여 부활절과 성탄절에는 정성을 다하여 연습하고, 특별 찬양예배를 드렸습니다.

1981년 3월 상산고로 직장을 옮기게 됨에 따라 1984년에 학교 부근으로 아파트를 구입하여 이사했습니다. 어머님께서는 언제나 새벽기도회에 매일 출석해 열심히 기도하셨고 아이들도 유년부와 유치부 주일학교에 출석하여야 했습니다. 가족이 다 같이 예배하기 위해서는 아파트에서 가까운 교회로 옮겨야 했습니다. 당시는 자가용 승용차가 많지 않았고 시내버스의 교통여건으로 인후동 교회에 출석하는 일이 쉽지 않았습니다. 목사님과 사모님뿐 아니라 많은 교인들, 특히 찬양대원들의 만류와 아쉬워하는 정을 달래며 효자동 신일교회에 출석하기로 어머님과 아내가 결정했습니다. 아파트와 담장을 같이하는 이웃 교회였으므로 누구보다 어머님께서 원하셨고 아이들을 위하여 아내도 적극 찬성하였습니다.

신일교회에 처음으로 출석하고 등록하던 날, 오후에 교회 장로님들께서 우리 집을 방문하셨습니다. 우리가 신일교회에 등록하자마자 지금까지 찬양대를 지휘하던 P씨가 사임을 했답니다. 교회에서 나의 등록카드를 확인하여 보니 상산고 음악교사로 기록되어 있는 것을 보고 이렇게 급하게 찾아 왔다는 것입니다. 그렇게 처리할 수밖에 없는 사연을 이야기하면서 바로 다음 주일부터 찬양대 지휘를 맡아 봉사해 주기를 간청했습니다. 효자동 일대가 아직 개발 단계에 있는 지역으로 교회의 규모도 작고 출석교인도 많지 않아 아직은 형편이 열악했습니다. 그러나 신일교회에서 내 뜻과는 상관없이 갑자기 맡게 된 지휘자로 열심을 다하였습니다. 이 교회의 장로님은 찬양대에 대한 관심이 높아 가능한 모든 지원을 적극적으로 도와주셨습니다. 교회의 절기에 맞추어 부활절, 성탄절에는 칸타타를 준비하여 발표했습니다. 그러나 찬양대원의 수준이 조금씩 좋아지면서 연주하고 싶은 악곡에 대하여 저 높은 곳을 향한 열망으로 마음은 갈급했습니다.

4) 헨델(G. F. 헨델)의 Oratorio Messiah

전주교대 재학 중에 '할렐루야 합창단'에서 김성지 교수님의 지휘로 처음 경험했던 '메시아' 공연은 언젠가 지휘해 보고 싶은 저의 꿈이자 동경이 되었습니다. 많은 교회음악과 관계하면서 찬양대를 지휘하거나 또는 합창 활동을 하는 사람이라면 이 곡을 연주하고 싶은 열망은 대부분 저와 같은 생각들일 것입니다. 교수님의 지휘아래 당시 어느 여고 오케스트라의 반주로 '메시아' 중 제1부의 몇 곡을 신흥고 강당에서 공연했었습니다. 그때 기억을 지금도 잊을 수 없고 그 감동이 지금 이글을 쓰는 동안에도 생생합니다.

그만큼 감동과 충격으로 꼬마가 들었던 풍금소리 이상으로, 새로운 음악의 세계를 경험한 경이로움으로밖에 표현할 수 없었습니다. 시골 교회에서 청년들과 학생들이 같이 연습하여 드리는 예배찬양, 또는 크리스마스의 새벽 찬송으로 준비하여 부른 합창만으로도 감동했었습니다. 이런 나에게 '메시아' 공연의 첫 경험은 화음의 웅장함, 리듬과 선율의 절묘한 조화와 그 현란함에 경탄 하였습니다. 소프라노, 알토, 테너, 베이스 파트가 각각의 독립된 리듬과 선율로 시차를 두고 나타났다가 사라지고 또 다시 어우러지는 장엄한 합창의 묘미는 연습과정에서 이미 감동이었습니다. 무대에서는 오케스트라 반주에 김 교수님의 박력 넘치는 지휘, 그리고 청중의 박수소리는 위대한 예술의 세계를 경험하기에 충분했던 것입니다. 언젠가는 이 악곡 전곡을 오케스트라의 반주로 연주해 보겠다는 것이 꿈이요 동경이 되었습니다.

그러나 쉬운 일이 아닙니다. 제대로 연주하기 위해서는 오케스트라의 반주가 있어야 하고 성부의 각 파트에 따르는 솔리스트가 있어야 합니다. 또 거기에 걸맞은 공연 장소와 합창단이 있다 하여도, 웬만한 교회의 합창단으로는 연습하는 과정에서 이미 지쳐버리고 말 것입니다. 순수하게 연주 시간만도 2시간이 넘고 경우에 따라서는 2시간 30분 이상의 악곡이기 때문입니다. 그런데 이렇게 장대한 악곡을 작곡하는데 헨델은 24일 동안에 완성했다니, 참으로 기적에 가까운 전설 같은 이야기가 아닐 수 없습니다. 꿈이자 이상이 되었던 '오라토리오 메시아' 는 전주대학에 편입하여 다시 김 교수님을 만나면서 새롭게 저에게 다가왔습니다. 그리고 좀 더 적극적으로 연구하고 공부할 수 있는 기회가 되었습니다. 이 악곡이 녹음되어 있는 LP 레코드판을 구입하여 전축을 틀어놓고 악보를 보면서 음악을 들었습니다. 악보에서 보이는 선율과 리듬, 그리고 소리로 들리는 합창과 관현악단의 조화에 감탄이 절로 나왔습니다. 1980년대 중반쯤에 한국합창 총연합회에 가입하고 어느 겨울에 합창 세미나에 참석하였습니다. 이때 미국의 한 교수로부터 '오라토리오 메시아' 에 관한 학문적 배경과 연주법, 악보의 해석 등 많은 것을 배웠습니다.

이즈음 전에 인후동교회에서 절기 때마다 열악한 찬양대의 형편에도 절기 칸타타를 준비하여 행사하는 것을 지켜보셨던 L장로님께서 찾아오셨습니다. L장로님께서는 인후동교회의 목사님과 깊은 친분이 있으셨고 교회 행사가 있을 때마다 거의 찾아오셨습니다. 연주가 끝나고 나면 목사님 댁에 같이 모여 이야기를 나눌 수 있는 기회가 많았습니다. 음악에 대하여 많은 것을 알고 계셨고 특히 교회음악에 깊은 관심을 보이는 장로님이셨습니다. 그리고 교대 재학시절 할렐루야합창단에서 활동할 때, 자신이 할렐루야 합창단의 단장을 했던 적이 있었노라고 하며 이미 저에 대하여 많이 알고 계셨습니다. 이 장로님께서 전주성결교회 찬양대의 지휘를 맡아 달라고 간청을 하셨습니다. 전에 인후동교회의 이야기를 떠올리면서 전주성결교회의 찬양대를 맡아주면 메시아를 연주할 수 있는 힘이 되어 줄 수 있음을 강조하셨습니다.

전주성결교회는 신일교회에 비하여 '메시아' 를 연주할 수 있는 가능성이 훨씬 높은 교회였습니다. 일단 신일교회의 목사님과 장로님들께 말씀드리고 결정하기로 했으나 L장로님의 생각은 굳혀져 있다고 말씀하셨습니다. 우여곡절은 있었으나 어머님과 아내 그리고 아이들까지 모두 신일교회에 그대로 출석하기로 하고 오직 찬양대의 지휘를 위하여 나는 전주성결교회로 옮겼습니다. L장로님께서 어떻게 말씀을 해두셨는지 찬양대와 첫 인사를 나누던 날 대원들의 눈빛이 기대로 가득 차 있었습니다.

이제 전주성결교회의 시온찬양대를 지휘하기 시작한 지 20여년이 훨씬 넘는 시간이 흘러갔습니다. 그러나 아직 나의 목표는 이루지 못하였습니다. 하나님께서 나에게 주신 역할은 여기까지일지도 모르는 일입니다. 금년 크리스마스 칸타타(메시아 곡을 간략하게 편곡한 곡)를 지휘하고 그 자리를 다음의 후임에게 물려주려 합니다. 요즈음 하나하나 마음을 정리하면서 뒤로 물러나는 일이 앞으로 나서는 일보다 더욱 어렵구나 하는 것을 느끼게 되었습니다.

물론 교회에서 '메시아' 를 공연할 수 있는 몇 번의 기회가 있었습니다. 2005년, 교회 창립 60주년 행사를 준비하는 과정에 몇 년 동안 이 일을 위하여 '메시아' 연주 계획을 세워 준비했었습니다. 연차적으로 부활절과 성탄절로 나누어 '메시아' 전곡을 연주하기 위한 준비를 하면서 합창부분은 거의 연습했습니다. 그러나 막상 60주년 행사에 돌입하면서 교회 건축과 또 다른 사건들이 맞물리면서 '메시아' 를 연주할 수 있는 여건이 충분히 성숙되지 못했습니다. 세워둔 약간의 경비로 예배 반주용 오르간을 구입하였습니다. 그래서 아직까지 '메시아' 전곡을 연주하는 목표는 꿈으로, 이상으로 남게 되었습니다. 그러나 아직 포기하고 싶지 않습니다. 언젠가는 기회가 있을 것으로 생각합니다.

얼마 후 아내와 아이들이 모두 전주성결교회로 출석하게 되었습니다. 아이들도 성장하고 아내도 교회 일에 열심히 봉사하였습니다. 처음에는 예배 찬송을 인도하는 오르간을 연주하기도 하여 교인들에게 많은 사랑을 받았습니다. 하나님 앞에 부족하고 허물 많은 제가 2001년에는 교회의 중임인 장로가 되었습니다. 장로 장립을 할 때에는 어린 시절 나의 무서움을 지켜 주셨던 하얀 두루마기의 장로님을 생각하며, 그런 모습의 장로가 되어 보겠다고 다짐했습니다. 마음으로, 생각으로 아름다운 일들이, 행함으로 실천에 옮기는 일은 생각처럼 그렇게 쉬운 것이 결코 아니었습니다. 다른 사람들 보기에, 또는 하나님께서 보시기에 아름다운 신앙생활, 믿는 자의 태도와 교회의 직분자가 가져야 할 모습, 그것은 마음의 다짐이나 생각만으로 되는 일이 아니었습니다.

한때는 장로라고 하는 역할이 너무 무겁고 힘에 겨웠습니다. 교인들뿐만 아니라 사람들 앞에서 장로로서의 내 자신의 모습과 당회에서 일들이 부끄러웠습니다. 하나님 앞에 참으로 죄스러운 것들이 너무 마음에 걸렸습니다. 그래서 장로시무를 사임하려 했습니다. 그러나 교회법으로 정하여 교인들과 하나님 앞에서 안수하여 세운 장로의 자리는 그렇게 할 수 없다는 것도 알았습니다. 저는 장로의 직분을 어떤 직위로 생각하여 본 일이 없습니다. 때때로 주일 대예배에서 대표기도를 위하여 단에 올라가야 하는 것도 정말 송구스럽고 떨리는 마음으로 준비하여 기도하였습니다. 돌이켜 생각하면 모든 이에게 친절하고, 섬기는 자세를 보여 드리고 싶었는데 그렇게 잘하지 못한 때가 더 많았던 것 같습니다. 장로 장립 후에도 찬양대의 지휘는 계속하였습니다. 한국기독교총연합회활동에서 음악분과 위원장으로 광복절 기념예배에 연합성가대를 조직하여 3000여명의 찬양대를 지휘하기도 하였습니다. 그러나 아직도 이루지 못한 꿈 메시아 전곡을 오케스트라의 반주로 연주하고 싶은 열망은 예전 그대로입니다.

이제 2008년도가 지나면 평생직장이 되었던 상산고등학교에서 정년을 맞게 됩니다. 교회 찬양대 지휘자의 자리에서도 물러날 것입니다. 메시아 연주에 대한 미련과 아쉬움을 남겨둔 채 자연스럽게 뒷사람에게 넘겨주고 싶은 마음입니다.

창단하여 12년간 지휘해 왔던 전주남성합창단도 뒷사람에게 넘겨주고 이제 무대 뒤로 물러나려 합니다. 사람들은 내게 와서 그래서는 안 된다고, 그럴 수는 없다고, 그렇게 물러날 수는 없다고 달래기도 하고, 회유하면서 때로는 무책임하다고 무섭게 엄포를 놓는 사람도 있습니다. 그러나 지금 심정으로는 모두 그렇게 놓고 아쉬움을 가진 상태로 물러서려 합니다. 하나님께서 이미 준비하셨을 것으로 믿으며 나의 역할은 여기까지라고 생각하기 때문입니다.

이제 새롭게 시작한 M-Div(신학대학원) 과정을 위하여 나아가려 합니다. 이 공부를 정상적으로 마치고 나면 어디서 무엇을 해야 할지 하나님께서는 이미 나에 대한 새로운 계획을 세워 놓고 기다리고 계실 것으로 믿는 것입니다. M-Div 과정의 공부는 내 생각으로 무엇을 그리는 설계가 아니고, 진실로, 지금까지의 나를 지우는 기회로 만들어 백지의 캔버스를 하나님께 드리려고 생각합니다. 하나님께서 뜻하시는대로, 그리시고 쓰시도록 온전히 그분께 드리려고 합니다. 부족하고 연약한 자를 들어서 지금까지도 과분하게 사용하여 주신 하나님께 진실로 감사를 드립니다. 어린 시절의 기도를 이루어 주신 하나님을 향한 새로운 사역을 위하여, 지금의 나를 열심히 깨끗이 지우렵니다. 더욱 깨끗한 캔버스로 만들어 드리고 싶을 뿐입니다. 그분의 뜻이 어디에 있을지 나는 모릅니다. 지금까지 나의 삶은 어려움 속에서도 '저 높은 곳을 향하여' 줄기차게 달려왔습니다. 또한 어디까지인지 알 수 없는 '다시, 저 높은 곳을 향하여' 달려가는 행복한 사람이 되려고 합니다.

5) piano 반주자

합창 지휘자들은 많은 반주자의 도움을 받아야 하는 사람입니다. 교회의 오르간 반주자와 특히 피아노 반주자들과는 언제나 각별한 관계에서 동역자가 되어야 합니다. 찬양할 곡을 선택하여 연습하는 과정에 피아노 반주자의 역할은 때로 지휘자의 입장보다 대원들에게 더 큰 영향력을 미칠 수 있기 때문입니다.

"일 고수, 이 명창" 이라는 말은 판소리를 하는 사람들 간에는 흔하게 쓰는 말입니다. 고수가 박을 정확하게 짚어 주고, 추임새로 소리꾼의 흥과 기분을 좌우하여 공연의 성패를 좌우할 수 있다는 것입니다. 합창 지휘자와 피아노 반주자의 역할을 이렇게 설명하면 좋은 예가 되겠습니다. 학교 합창단의 반주는 어느 정도 피아노의 능력이 있는 학생을 찾아 얼마간의 지도를 합니다. 그러면 연습하는 과정에서 숙달되어 경연대회나 행사에서 무리 없이 반주자의 역할을 수행합니다. 그러나 1960~1970년대의 초등학교에서는 형편이 달랐습니다. 1978년 초등학교 교직을 떠나기 전까지 내가 근무했던 학교에는 어디에도 피아노가 없었습니다. 마지막 학교였던 문정초등학교에서도 합창을 풍금반주로 연습하여 대회에 나가야 했습니다. 학생들 중에 피아노를 연주할 수 있는 능력을 가지고 있는 학생이 흔치 않았습니다. 그럴 때에는 지역사회의 도움이나 학부모님들의 도움을 받아야 했습니다. 문정초등학교 합창단을 지도하면서 대회 출전을 위하여 연습하는데 풍금으로 반주해 줄 만한 학생이 없었습니다. 마침 학생들의 가정 조사를 통하여 누나가 피아노를 칠 수 있다는 학생을 찾았습니다. 그

학생 누나의 도움을 받아 대회에 출전하고 좋은 결과도 얻었습니다. 그때 고맙고 참하던 반 학생의 누나, 그 사람이, 그 일로 인하여 지금 저의 아내가 되었습니다.

그 후 고등학교에서 합창지도, 특히 여학교인 경우에는 서로 반주자가 되기를 원하는 학생이 많아서 선발할 때, 세심한 신경을 써야 했습니다. 그러나 교회 찬양대의 반주자는 조심스러운 동역자의 관계를 유지하는 것입니다. 저는 많은 반주 동역자들 중 잊을 수 없는 한 분의 이야기를 통하여 지휘자와 반주자의 역할 관계를 생각해 보려고 합니다.

1993~1994년으로 기억됩니다. 같이하던 반주자가 결혼하게 되자 새롭게 심은하 집사가 교회에 등록하시고 반주자로 임명을 받으셨습니다. 목사님으로부터 받아본 이 분의 이력서에 저는 완전히 겁먹을 수밖에 없었습니다. 학력과 경력, 이력은 정말 화려했고 대단했습니다. 서울예고를 졸업하고 미국 줄리아드 예비학교를 거쳐 본 대학, 줄리아드 음대를 나와 현재는 대학에서 학생들을 가르치시는 교수님이셨습니다. 대면도 하기 전에 이 분의 인상이나 외모와 인품을 어느 정도 짐작할 수 있을 것 같았습니다. 그러면서 더욱 염려가 많이 되었던 것이 솔직한 심정이었습니다.

그러나 처음 만난 심 집사님은 아름답고 조용한 성품에 겸손하신 모습이었습니다. 목소리는 맑고, 갸름한 얼굴에 티 없이 맑아, 화려하지 않으면서 조신한, 그러나 귀품 있는 숙녀의 모습이었습니다. 이분의 이력과 경력, 그리고 학력을 이미 말했으므로 어떻게 피아노를 연주하여서 나를 도왔는지는 말하지 않겠습니다. 교회의 찬양대라고 하는 집단은 모두 각자의 가정과 직업이 다르고 출신이 다양하기 마련입니다. 누가 감독하거나 간섭하여 통제하기는 퍽 어려운 집단입니다. 다만 예수 그리스도의 자녀로, 제자다운 자세를 가지고 활동하기로 마음을 다짐한 단체입니다. 그러나 찬양은 합창의 형식으로 예배드리는 기관의 특성상 연습시간을 지키는 것이 중요합니다. 자유분방한 단원들이 약속된 연습시간에 맞추어 연습

장소에 결석 없이 매번 정확하게 참여하기란 쉬운 일이 아닙니다. 때때로 어떤 피아노 반주자들은 자신의 작은 기능을 과대평가하여 대원들과 지휘자의 눈살을 찌푸리게 하기도 합니다. 오랫동안 신앙생활과 교회의 반주자로 활동하면서도 화합과 포용을 실천하기 못하고 불협화음을 내기도 하는 반주자들이 있습니다. 이와 같은 반주자들을 만난 지휘자들이 힘들어하는 이야기를 들었습니다. 이런 반주자가 내는 관계의 불협화음은 피아노에서 나는 불협화음보다 더 큰 불협화음으로 사람들에게 상처를 남길 것입니다.

다행스럽게 나는 지금까지 이런 반주자와 같이하지 않은 일들을 또한 감사하게 생각합니다. 심 집사님은 지금까지의 어느 분보다, 그 후에 만나게 되었던 어떤 반주자에 비하여도 가장 성실하시고 책임감이 강하신 분이었습니다. 연습시간에는 찬양대원뿐 아니라 지휘자보다 먼저 나와 준비하였고, 언제나 저의 가운(지휘자의 옷)을 준비하는 일을 담당하여 주셨습니다. 심 집사님께서는 아직 젊은 분이었는데도 진정으로 그리스도인의 삶의 모습을 몸소 실천하여 보여 주시는 그런 분이셨습니다. 그런데 이런 분께서 교통사고로 그만 먼저 천국으로 가시게 되었습니다.

세상에 어찌 이런 일이 생기는 것입니까? 진정으로 하나님의 뜻이 어디에 있는지 알 수 없었습니다. 다음 학기부터는 대학교에서 전임이 거의 결정되어 있는 상태라는 말도 있었고, 좋으신 분에게 좋은 일이 많이 생기는구나 기대되던 때였습니다. 성실하신 성품에 여름 방학 중에도 예술고 학생들의 레슨을 챙겨 주시던 중이었습니다. 당일 시어머님과 같이 점심을 드시면서 감기 기운이 있어 몸이 힘들다고 하셨더랍니다. 어머님의 쉬라는 사랑의 말씀보다 제자들과의 약속이 아마 그분에게는 더 큰일이 되셨을 것입니다. 학생들의 레슨을 위하여 승용차를 운전하고 가던 중에 일어난 교통사고로 먼저 천국으로 가신 것입니다. 하나님! 왜? 이렇게 하시는 것입니까? 꼭 이렇게 하실 수밖에 다른 방법은 없으셨습니까? 왜 이 분이어야 했습니까? 별별 생각을 다해 보았습니다. 이제 막 30대 초반의 아름다우신 분이 이렇게 가시다니…. 하나님의 섭리는 어떻게 이루어지는 것인지? 생각이 멈추는 것 같았습니다. 교회의 모든 신자들과 특히 찬양대원들의 아쉬움과 애도는 남아 있는 그 분의 남편과 두 아이의 모습에서 천국의 소망을 잊어버린 슬픔이 되어 오열했습니다.

또 하나의 사건은 이날 수요일 밤 예배를 마친 성도들이 교회에서 심은하 집사님이 교통사고로 소천하셨다는 소식을 듣고 영안실을 찾아와서 발생했습니다. 장례식장 입구에 고(故) 심은하 집사님의 장례식 장소 안내판 바로 위쪽에 '고 박상만'이라는 안내판이 같이 붙어 있었다는 일입니다. 이 날 밤 장례식장을 찾아온 성도들은 지휘자와 반주자가 같은 차로 교통사고를 당했던 것으로 생각하고 식장에 들어와서는 아직 살아 있는 박상만 지휘자를 보고 놀라지 않을 수 없었던 것입니다. 그 자리에 있는 박상만은 유령이 아니었고 안내판의 박상만은 동명이인이라는 사실이 밝혀져 모두 다 가슴을 쓸어내리는 사건이었습니다.

심 집사님은 그렇게 가시고 말았지만, 남은 사람은 또 모두 그렇게 남아서 일하고, 쉬고, 잠자고, 교회에 나와 찬양 연습하고, 예배드리는 일상으로 돌아갔습니다. 지휘자인 저에게는 너무 많은 것들을 생각하게 하는 일대 사건이었습니다. 그렇게 1년이 지난 뒤 줄리아드에서 같이 공부했던 동문들이 그분의 1주기 추모 음악회를 열었습니다. 그날 밤의 감회는 마치 천국에 계실 분이 시간과 공간을 초월하여 음악회장 어느 위치에 앉아 같이 하고 있는 기분이었습니다. 음악회를 마치고 공연장을 떠나 집으로 돌아오는 길에 하늘에는 초가을 맑은 하늘에 별빛이 유난히 영롱하였습니다. 도시의 하늘에서 쉽게 보이지 않던 은하수가 길게 흐르듯 펼쳐져 있었습니다. 여기에 교회에서 발행하던 성결교회지에 투고하여 실은 심 집사님의 1주기 추모시를 옮겨 놓습니다.

<h1 style="text-align:center">故 심은하 집사 追慕音樂會에 부쳐!</h1>

"내가 사람의 방언과 천사의 말을 할지라도 사랑이 없으면 소리 나는 구리와 울리는 꽹과리가 되고"(고전 13:1)

5월은 아름다운 계절입니다.
5월은 계절의 여왕이라 부릅니다.
5월은 가정의 사랑이 더욱 아름다운 계절입니다.

이제, 그 아름다웠던 5월은 갔습니다.
그렇게도 아름다운 5월의 모습으로 님은 가셨습니다.
님의 사랑이 5월처럼 싱그러운
그 모든 아름다운 것들을 남겨 두고 님은 가셨습니다.

계절의 여왕 5월처럼, 아름다운 5월의 모습으로
사랑의 5월을 살다 가신님을 기리는 마음, 마음이
삼성 문화회관에 모였습니다.
아름다운 사랑과 가정의 달 5월이 무르익는 15일 밤
이 계절이 아름다웠고
이 밤 뭇별들이 모여 흐르는
밤하늘의 은하수가 아름다웠습니다.
밤하늘의 별처럼 모이는 사람들
그들이 아름답고
그들의 마음과 마음들이 아름답습니다.
님을 그리는 눈망울이 아름다운 별이 되고, 그 별이 모여 은하를 이룹니다.

- 중 략 -

당신은 단아하고 고결하면서 결코 현란하지 않으며
진실함과 겸손함으로 거울이 되어 하찮은 명리에 물든 우리의 모습을
비춥니다.
사랑 받기보다 사랑하셨습니다.
이해 받기보다 이해하셨습니다.
온유하신 성품으로 자랑하지 않으며
진실로, 시기하거나 질투하지 않으셨음을 저는 압니다.

- 중 략 -

은하가 먼저 은하 되었고
이제,
모든 이의 눈망울이,
마음과 마음이,
은하가 되고 은하수 되어 흘러갑니다.
그 날, 그 곳은
지금, 이곳의 모든 것들이 헛된 것이 됩니다.
하찮은 명리도,
미움도 사랑도,
시간 공간까지도 헛된 것,
모두가 헛된 것,
헛되고 맙니다.

그분의 권능 안에서 !
그분의 섭리 안에서 !
그저 모두가 그분의 영광으로 !
그저 모두가 그분의 사랑으로 !
그저 모두가 그분의 것이 됩니다.
은하가 되어 흐릅니다.

그날 밤 고 심은하 집사님의 추모 음악회를 마친 삼성 문화회관,
그 지붕 위로 유난히 맑은 은하수가 길게 흐르고 있었습니다.

1999년 6월 1일

고인의 반주에 맞춰 전주성결교회 시온성가대를 지휘하며 함께 동역했던
박 상 만 집사 씀

2. 삶, 저 높은 곳을 향하여

1) 어머니

누구에게나 어머니라는 이름은 포근하고 따뜻한 사랑의 대명사일 것입니다. 나의 어머니 역시 나에게는 사랑과 희생의 대명사로 기억됩니다. 나의 어머니께서는 온화하고 여성적인 성품이셨으나 정말 강인한 분이셨습니다.

어머니는 조선 말기, 일제 강점기의 혼란스런 시기에 전주 근교 부농의 귀한 막내딸로 태어나셨습니다. 16세의 어린 나이에 기울어가는 양반 가문의 박씨 집안으로 출가하였습니다. 양반의 가문이라고는 하지만, 할아버지께서 시골마을에 서당을 열고 글을 가르치는 훈장님이셨으니 경제적으로는 형편없이 가난한 종가 집안의 장손 며느리가 되신 것입니다. 남편으로 만난 나의 아버지께서는 기울어버린 가정 형편으로 교육받을 기회를 잃을 수밖에 없는 처지가 되었답니다. 이렇게 되자 어린 신부에게 어른들과 집안을 맡겨두고 어느 날 밤 가출하여 일본으로 유학길을 떠나셨답니다. 어린 신부는 일본 사람들의 탄압과 수탈로 완전히 기울어가는 양반집 가문의 철부지 종부로 남편의 빈자리를 지키며 형극의 길을 견디어 내셨습니다. 설상가상으로 아들을 안고, 때로는 친정집으로 입에 풀칠을 목적으로 찾아가기도 했답니다. 그러나 부농의 친정집인들 국가적인 혼란기를 피할 수 없기는 마찬가지였고, 이미 어머니는 출가외인이셨습니다. 친정을 뒤로하고 희망도, 기쁨도 없는 시집을 향해 발길을 돌리는 나이 어린 새색시의 마음에 때로는 무서운 결단의 유혹에서도 참고 견디어 내셨답니다.

그러다 아버지께서는 귀국하시고 일본에서 공부하고 돌아온 지식인으로 대우를 받으셨답니다. 함경남도의 수력발전소들을 건설하면서 우리 가족은, 특히 어머니께서는 처음으로 안락하고 행복한 시기를 맞기도 하셨습니다. 이때 누님 두 분을 출산하시어 3남매를 키우시며 남한의 생활 풍습과 환경이 달랐던 시절의 이야기를 생전에 종종 하셨습니다. 아마도 이 시절이 어머니께서 누렸던 가장 행복했던 시절이 아니었나 생각해 봅니다.

그러나 어머니의 행복의 시간은 짧았습니다. 해방이 되고 나라가 남북으로 갈라진 조국의 북쪽에 살게 되었답니다. 일본에서 고등교육을 받은 아버지께서는 북한의 정치와 사회체제에 같이 하지 않으시고 식구들을 데리고 월남하셨습니다. 사선을 넘어 1946년 1월 남하를 결행하셨습니다. 어머니께서는 이때의 고생담을 종종 말씀하셨기에 어린 나는 무슨 영화를 보는 듯 스릴을 느끼며 들은 기억이 있습니다. 수력발전의 전기기술을 가지고 계시던 아버지께서 가족과 더불어 찾아 남하한 남쪽 나라는 아무 할 일이 없는 참으로 암담한 현실이었답니다. 전기와 관계되는 일로 아버지께서 충북 단양에 계시면서 어머니와 세 자녀를 당신의 부모님에게 맡겨 놓고 혼자서 얼마간을 계셨답니다. 그때 생명의 씨 제가 어머니의 배 속에서 자라고 있었답니다. 더 이상 떨어져서 살 수 없었던 어머니께서 배 속의 아이와 삼남매를 데리고 무작정 아버지를 찾아갔답니다. 편지봉투에 들어 있는 보리쌀 하나가 아버지가 가진 재산의 전부였다는 이야기를 나는 자라면서 여러 번 들었습니다.

그렇게 어려운 형편에서 여름을 보내고 추수할 가을이 돌아왔지만 농사

지을 땅이 없는 아버지의 상황은 국가와 사회적 혼란 속에서 오히려 더욱 곤란하였겠지요. 만삭의 어머니는 영양이 부족했으므로 태중의 아이는 열 달을 다 채우지 못하고 추석 이틀 전인 음력 8월 13일에 세상에 서둘러서 나오고 말았답니다. 남편은 새로 태어난 자식보다 혹 죽을 것 같은 아내가 더욱 소중하였을지도 모릅니다. 그러나 어머님은 미숙아로 태어난 갓난아이에게 영양부족으로 작아진 젖을 물려서 어떻게든 살리려 갖은 노력을 다 하였답니다. 영양실조의 아이였으나 죽지 않고 살리는 데는 성공하셨습니다. 그렇게 목숨을 이어 살아난 나였기에 지금까지 어려운 역경에서도 굴하지 않고 견디며 오늘 이렇게 새로운 삶을 계획할 수 있는지 모릅니다.

남한 정부가 공식적으로 출범하고 정치, 사회가 점점 안정되어 가면서 우리 가족은 갓난아이와 함께 아버지의 새로운 일자리를 찾아 칠보 수력발전소의 사택으로 이사하여 정착하였답니다. 칠보 수력을 완성하신 아버지께서는 국가의 필요에 따라 목포 화력 창설을 위하여 다시 가족과 함께 목포 유달산 자락의 사택으로 이사하였답니다. 그 당시 어머니께서는 내 동생을 하나 더 낳아 우리는 5남매가 되었고 가족들이 모두 안정되고 행복한 시간이었답니다. 나는 이때 회사를 퇴근하여 돌아오신 아버지의 무릎 위에서 노래를 부르는 재롱으로 아버지의 사랑을 많이 받았답니다. '아~ 신라에 밤~~이여'라는 당시 유행하던 노래를 썩 잘 불러 아버지의 사랑을 받았다고 하지만 기억이 전혀 나지 않는 3~5세 때의 일입니다.

어머니의 생전 말씀으로는 16세에 아버지와 결혼하고 36세에 사별하기까지 가진 시간 중 북한에서와 이때가 가장 행복하셨다고 했습니다. 어머님의 행복은 길지 못했습니다. 6·25전쟁이 일어나자 목포 화력발전소는 즉각 북한 인민군의 비행기에 폭격을 당했고 아버지는 본래의 칠보 수력으로 복귀하셨습니다. 아버지의 뒤를 따라 가족들을 데리고 어머니는 칠보 발전소가 가까운 정읍군 태인의 친척집에서 아버지와 합류할 때를 기다리고 있었습니다. 나는 이 시기에 기억들이 단편적이나마 언뜻언뜻 영화의

한 장면처럼 생각나는 것들이 있습니다. 어머니께서 무섭게 생긴 군인 아저씨들 앞에서 뭐라고 큰소리로 이야기를 나누는 장면, 어느 집이 불타던 장면, 어느 할아버지 한 분이 손들고 군인들 앞으로 걸어 나오던 장면입니다. 이때 칠보 발전소도 공산군들이 몇 차례 폭격을 시도하였으나 지형적인 위치로 성공할 수 없었답니다. 그러자 칠보와 이웃 산내면 일대에 많은 공산군 병력이 진입하였고 발전소 직원들과 마을 주민, 젊은이들로 조직된 발전소 사수대가 조직되었답니다. 이들 간에 일진일퇴 공방전이 계속되면서 수많은 희생자들이 발생하게 되었답니다. 안타깝게도 그 와중에서 나의 아버지께서도 돌아가시고 말았답니다.

36세의 젊은 나이에 남편을 잃은 동갑내기 어머니는 참으로 하늘이 무너져 내리는 형극의 시간들이었겠지요. 나라의 혼란 속에서 경작하는 논밭 한 평 없이 남편의 월급으로 살던 어머니는 5남매와 시부모님을 모셔야 하는 가장이 되신 것입니다. 먼저 떠나버린 남편을 원망할 겨를도 없는 전쟁의 참혹한 난리 속을 헤매며 3년의 피난살이 속에서 머무른 곳이 바로 김제 월촌면의 월봉마을이었답니다. 정착은 하였으나 사십도 못된 청상과부로, 시부모에 3남2녀의 가장으로 그 삶이 오죽했을까 생각해 봅니다.

저는 어린 시절 늘 배가 고파 동네 뒷산에 올라 나무 열매와 풀뿌리 등을 캐서 먹었던 기억들이 생생합니다. 전쟁 직후였으므로 정치적으로 혼란스러웠고 경제는 극한상황에 사회질서는 혼탁하였습니다. 이때의 일들은 기억이 많습니다. 내가 월촌초등학교에 입학하였으나 어머니께서는 공책 사 주실 돈이 없었습니다. 어머니께서 친정 오라버니들의 도움으로 가루담배를 거무스름한 종이에 포장해 와서 동네마다 다니시면서 팔았습니다. 어머니께서는 가루담배를 팔기 위하여 아침 이른 시간에 마을마다, 동네마다 돌아다니고 밤늦은 시간에 돌아오셨습니다. 가루담배를 다 팔고 나면 담배를 싸왔던 거무스름한 마분지라고 하는 종이가 남게 됩니다. 이 종이는 담배를 싸왔던 것이므로 형편없이 구겨져 있는 것입니다. 어머니는 늦은 밤 시간에 주무시지 않고 화로에 불을 담아 인두를 뜨겁게 달구어서 구겨진 마분지를 다려 판판하게 만들었습니다. 그것을 공책과 비슷한 크기로 자르고 옷감을 잴 때 쓰시던 대나무 자를 이용하여 네모 칸을 연필로 그리어 공책을 만들어 주셨습니다. 이 공책은 글씨 연습하기에는 정말 형편없이 질이 나쁜 종이였습니다. 아무리 인두로 어머니의 정성을 들여 만든 공책이었으나 구멍이 숭숭 뚫린 형편없는 공책이었습니다. 가난한 우리 집 형편에 지우개는 호사였으므로 대개는 검지손가락 끝에 침을 살짝 발라서 틀린 글씨를 지웠습니다. 하지만 공책은 지우려고 했던 글씨보다 더 큰 구멍이 나고 말았습니다.

나는 이런 공책을 쓰는 것이 참으로 창피하다는 생각도 들었지만 학교를 다닐 수 있는 것만으로도 너무 좋았습니다. 그런 마음을 알았던 어머니께서는 얼마간의 돈이 되셨던지 백모지를 사오셨고 이제는 인두로 다리지 않아도 되는 공책을 만들어 주셨습니다. 그러나 나는 다른 친구들이 쓰고 있는, 네모 칸이 인쇄되어 향긋한 석유 냄새가 나는 그 빼빠(paper)지 공책을 얼마나 부러워했는지 모릅니다. 2학년 가을 운동회에서 3등을 하여서 공책을 한 권 받았습니다. 이 공책은 내가 그렇게 써보고 싶었던 네모 칸 줄이 인쇄되어 석유 냄새가 향긋하게 풍기는 바로 그 공책이었습니다.

어머니께서는 그 당시 시부모님과 어린 5남매를 위하여 애달픔이나 외로움 같은 것은 생각할 겨를마저 없었던 것 같습니다. 마당에 있는 나무에 감이 열리면 아직 익기도 전인, 파랄 때 따서는 물을 약간 따뜻하게 끓이고, 거기에 파랗게 떫은 감을 담가 아랫목에 담요를 얼마간 덮어두었습니다. 얼마 후 건지면 그 퍼렇던 감 색깔이 누릿누릿, 거뭇거뭇해진 것을 가지고 다니면서 팔았습니다. 먹어보면 새콤달콤했는데 그것도 우리들 차지는 아니었습니다.

쑥이 나오는 때면 쑥으로 반달 떡을 만들어 팔았고, 어느 날에는 생선을 팔다가 남으셨던지 그 남은 생선을 구워 주셔서 저녁을 정말 맛있게 먹었던 기억이 생생합니다. 어머니는 남의 집에서 삯일을 하시고 밥을 먹을 때에도 그 밥을 먹지 않고 싸 가지고 집으로 와서 우리들에게 먹였습니다. 돈이 될 만한 일이면 그렇게 몸을 아끼지 않으시며 일하시고 나를 학교에 보내 주셨습니다.

나는 어린 시절에 물건을 잘 간수하지 못했습니다. 신발도 자주 잃어버렸고 책값이나 사친회비 같은 것을 받아 학교에 가서 잃어버리기 일쑤였습니다. 이런 일로 어머니께 매를 맞으면 어머니의 눈물 때문에, 부어오른 종아리보다 나는 마음이 더 아팠습니다. 이렇게 어려운 환경에서 우리들을 키운 어머니께서는 "애비 없는 홀어미 자식이라는 말을 들어서는 안 된다"고 하시며 친구들과 싸우거나 나쁜 짓은 절대 해서는 안 되는 일이라고 가르치셨습니다.

혹 밖에서 친구들과 놀다가 다투는 일이 생기기도 했습니다. 몸이 약했던 저는 친구에게 얻어맞고 집에 들어오는 때가 많았습니다. 그런 때에도, 오히려 나를 때린 친구의 어머니는 우리 집에 쫓아와 어머니께 욕설을 하며 큰소리를 쳤습니다. 그런 친구 어머니가 돌아가시고 나면 어머니는 나의 종아리를 때리고 눈물을 흘리셨습니다. 이런 연유로 그 뒤 중·고교를 졸업할 때까지 친구들과 싸우는 일은 절대로 하지 않았습니다. 혹 다투는 일이 생겨도 눈물이 다 마를 때까지 기다렸다 집에 들어갔습니다. 그리고 친구와 싸운 표정은 절대로 보이지 않았습니다.

고등학교에 다닐 때, 형님께서 결혼을 하시고 형수가 집에 들어와 같이 살게 되었습니다. 36세에 과부가 되어 5남매를 키우신 어머님의 근검절약을 어느 누가 흉내나 낼 수 있었을까, 어머니께서는 당신의 뜻을 따라주지 못하는 형수를 이해하기 쉽지 않았을 것입니다. 장가들면 차남이지만 어머님을 모시고 살겠다는 다짐을 했습니다. 나는 그때 마음으로 다짐했던 일을 결혼하고 가정을 꾸리면서 실천에 옮겼습니다. 어머니를 시골에서 농사짓는 궂은 일로부터 벗어나게 해드리고 싶었습니다. 1978년 2월 결혼하였지만 8월까지 살림을 차리지 못하다가 2학기부터 전세방을 얻어 신혼 살림을 시작하면서 어머님을 모셨습니다. 아내가 통근이 가능한 곳으로 전근되었고 어머님을 모시는 일에 동의해 주었습니다. 이 일은 지금도 아내에게 너무 감사하게 생각하는 부분입니다.

남편을 잃고는 평생 땅에서 자녀를 키우고 땅으로 살아오신 어머니께서는 월급으로 살아가는 자식과 같이 살면서도 땅에 대한 애착이 컸습니다. 93세에 돌아가시던 때까지 아파트라고 하는 주거 공간에 살면서도 아파트 주위의 빈 터가 있는 곳에 별별 농작물을 다 가꾸셨습니다. 깨, 콩, 파, 상추, 마늘, 오이, 가지, 호박, 옥수수 등 그 종류를 다 헤아리기 어렵습니다. 아파트 관리 아저씨들과의 불편했던 관계는 얼마 뒤에 아저씨들이 포기하고 오히려 어머니를 도와주셨습니다. 아파트라고 하는 공간의 사정을 고려하지 않고 어머니는 수확의 기쁨을 즐기셨습니다. 며느리와 아들, 그리고 자라나는 손자들까지도 그 일을 말렸지만 막무가내셨습니다. 혹 너무 열심히 일하시다 몸져 누우실까 걱정됐었기 때문이었습니다. 어머니께서는 땅에 대한 집념이 크셨으나 90세에 이르러서는 힘이 부쳐 땅 일구는 일을 멈추셨습니다. 그리고 집안에서만 계시다가 하나님의 부름을 받으시고 돌아가셨습니다.

2006년 1월 2일입니다. 12월 크리스마스 행사를 준비하는 과정에 어머니께서 감기 기운으로 입맛이 없다시며 큰누이의 집에 가고 싶어 하셨기에 모셔다 드렸습니다. 누님이 만들어 주는 옛날 음식들을 잡수시고 힘을 좀 얻는 듯하시다가, 돌아가시기 전날 밤에 누님에게서 급한 전화가 왔었습니다. 바로 모시고 병원 응급실에 들어갔습니다. 심장에 문제가 발생하여 폐에 물이 찼다고 하였습니다. 호흡이 점점 거칠어지셨습니다. 어머니께서는 본래 부정맥으로 평생 심장질환을 앓고 계셨습니다.

1996년 겨울에도 감기가 심하셔서 병원에 입원하신 일이 있었습니다. 그때도 의사의 진단으로 하루를 넘기기 어려우니 준비하라고 했었습니다.

형님께서는 선산에 연락하고 나는 어머님이 출석하시던 교회의 목사님을 모시고 임종을 맞는 예배를 드렸습니다. 그날 밤 이후부터 조금씩 상태가 호전되어 소생하시고 꼭 10년을 더 사신 것입니다.

지금 이글을 쓰면서 어머니의 주민등록증을 꺼내어 봅니다. 어머니를 천국에 보내 드렸지만 아직 나는 이것을 서랍에 두고 가끔씩 들여다봅니다. 2000년 2월 12일 발급일자로 만들어진 증명서의 어머님 사진을 봅니다. 내 기억에 곱고 명랑하시며 열성적이셨던 것과는 다르게 많이 늙으신 얼굴에 주름이 많고 머리도 완전히 백발이십니다.

'주민등록증 고순이(高順伊) 140125-2480111' 인쇄가 선명합니다. 국운이 위태롭던 시기에 태어나 민족의 수난을 홀몸으로 견디시며 5남매를 키우셨습니다. 그들이 모두 각각의 가정을 이루고 이제 마음을 편하게 하고 쉬어도 될 즈음에 어머니는 먼저 가셨습니다. 돌아가시기 몇 시간 전까지도 아들을 염려하여 눈을 좀 붙이라고 걱정하시던 어머님이셨습니다. 눈을 감으시는 순간까지 자식들을 위하여 기도하셨을 어머니의 모습을 생각하며, 아직 버리지 못하고 가지고 있는 어머니의 주민등록증을 바라보면서 글쓰기를 마치는 이 순간 왠지 가슴이 먹먹하면서 눈앞이 흐려집니다.

2) 아내와 아이들

아내는 24세의 나이에 9년이나 연상인 나와 1978년 2월 25일에 혼인을 했습니다. 그리고 아내는 그해 12월 16일 첫 아이 지은이를 출산하였습니다. 우리는 결혼하고 8월까지 서로의 직장관계로 살림을 차리지 못했습니다. 큰누님 집에 방을 얻어 신혼살림을 두고 아내는 남원 산내중학교에 근무하면서 당시는 교통형편이 쉽지 않았기 때문에 하숙 생활을 하였습니다. 여름방학이 끝나고 2학기가 시작되면서 진안여중으로 발령을 받은 아내는 통근이 가능하게 되어 진안행 시외버스 노선지역으로 이사하여 신혼살림을 시작하였습니다. 전주 모래내에 전세를 얻어 시골에서 농사를 지으시던 어머니를 모셔와 새살림을 시작한 것입니다. 아내는 이때부터 어머니께서 돌아가시는 날까지 모시고 살았습니다.

아내는 대학을 졸업하고 1년여 만에 저와 결혼해서 그해 12월에 첫 아이를 출산하였습니다. 철부지 신부가 육아법은 어느 정도 알고 결혼했는지 지금도 모르는 일입니다. 예수병원 신생아실에 올라가 처음으로 아이를 보는 순간 참으로 신기하기만 했습니다. 신생아를 보는 것은 이때가 처음이었습니다. 새벽에 진통이 있다고 하여 분만실로 옮겼는데 시간이 길어지면서 잠깐 집에 돌아온 새에 아이를 분만한 아내는 지금도 가끔씩 이 일을 거론하여 나를 곤란하게 하곤 합니다.

우리는 경험부족으로 아내의 직장 일을 고려하지 않고 모유를 오래 먹이는 것이 좋을 것이라는 생각으로 상당기간 수유를 하였습니다. 출산 휴가를 마치고 모유가 아닌 분유로 바꾸는 과정에 아이나 아내, 그리고 어머니께서 많이 힘드셨습니다. 어머니께서는 손녀 지은이를 키우는 일에 정성을 다하셨습니다. 어머니께서 우리와 같이 계시지 않았다면 지은이를 키우는 일이 아내에게 참으로 힘들고 어려웠을 것입니다.

이렇게 첫아이를 건사하기 급급하였는데 아내는 1년 뒤 둘째 지혜를 낳았습니다. 지혜는 지은이 때의 경험을 바탕으로 조금은 수월하게 수유하였습니다. 어머니와 이제 아이가 둘이 되었고 어머니를 도와 집안일을 돌보는 도우미 언니까지 우리 집은 갑자기 여섯 식구가 되었습니다. 셋방살이를 정리하고 은행융자와 친척들의 도움을 받아가며 국민주택 조합에 가입하여 25평 단독주택을 신축하고 이사하였습니다. 그리고 1981년 상산고로 직장을 옮기고 4월에 아들 지환이를 출산했습니다. 아이들은 모두 건강하게 잘 자라 주었습니다. 식구는 일곱으로 늘었고 인후동에서 상산고등학교 출퇴근이 불편하던 차에 마침 아내가 삼례여중으로 전근되어 1984년

12월에 효자동 주공3단지 아파트를 사서 이사했습니다.

얼마 후 중고차였으나 자가용 승용차를 구입하여 아이들과 아내, 어머니를 모시고 여행도 많이 했습니다. 아이들이 성장하는 모습에 정말 행복했던 시절, 식탁에 둘러앉아 아이들 교육을 위하여 각각의 애칭을 붙여 주기도 하였습니다. 큰딸 지은이에게는 아빠의 자랑이 되어야 한다고 'Pride'라는 애칭을, 둘째 딸 지혜는 언제나 아빠의 기쁨이 도어야 한다고 'Joy'라는 애칭으로, 그리고 아들 지환이에게는 아빠의 꿈과 희망이 되어 지도록 'Hope'라는 애칭을 붙여 부르기도 하였습니다. 진정으로 그들이 그렇게 되고, 또 그렇게 성장하기를 바라는 마음을 담았던 것입니다.

아이들이 성장하면서 지은이는 진취적인 면이 있었으나, 때때로 친구나 또는 다른 사람의 문제를 자신의 일 이상으로 염려하고 걱정하는 측면이 있어 당황스럽게 했습니다. 반면에 지혜는 자신의 일에 철저하고 책임감이 강하며 세심한 성격이었습니다. 지환이는 탐구심과 끈기가 있어 참고 견디는 인내심이 강한 반면 고지식하게 보이는 측면이 눈에 띄었습니다. 아이들에게 신앙과 이웃사랑을 목표로 하는 경천애인(敬天愛人)을 가훈으로 정하여 훈육하였습니다.

식탁에서의 교육은 공부를 잘하는 아이보다 다른 사람들이 말하기를 "아이들이 가정교육을 참 잘 받은 것 같아요"라는 말을 듣기 원한다고 가르쳤습니다. 예절교육을 중하게 여기고 다른 사람을 배려하고 더불어 살아가는 것을 가르치고자 했습니다. 초·중·고 과정을 모두 탈 없이 잘해 주었습니다. 지은이가 대학 3학년을 마칠 즈음에 미국에 가보고 싶어 했습니다. 평소 영어도 좋아했지만 취업도 쉽지 않고 어학연수 겸 진로 탐색을 위하여 괜찮겠다는 생각이 들어 얼마간의 경비를 마련해 주었습니다. 평소 좋아했던 영어를 현지에서는 어느 정도 가능성이 있는지 시험하는 일, 피아노를 전공했으니 혹 1년 뒤 피아노 학과를 졸업하고 다시 미국에 들어가 전공을 계속할 수 있는지 여건을 탐색하는 일, 피아노 전공이 어렵다면 진로를 어떻게 바꾸어 어떤 것을 공부할 수 있는지 탐색하는 일, 4년 과정을 한국에서 마치지 않고 그냥 미국에 머물러 있으면서 무엇인가 할 일이 있는지 탐색하는 일, 이것도 저것도 아니면 그저 2~3개월 관광 여행을 하고 돌아와도 좋다는 뜻을 밝히고 단신으로 미국에 보냈습니다.

이러는 과정에 지혜는 바이올린을 전공으로 계속하기에는 가정형편도 그렇고, 자신의 취향도 공부하고 싶어하는 면도 많아서, 전공으로 나가는 것은 접되 취미활동으로 계속하도록 고등학교 과정에서도 바이올린을 놓지 않았습니다. 지혜는 한국이 경제위기를 맞던 IMF 시기에 교육대학으로 진로를 결정하여 입학하였습니다.

그러나 태권도를 계속하면서 교양과 취미로 플루트를 배우던 지환이가 고등학교에 입학하면서 첼로를 전공으로 하겠다는 것이었습니다. 아빠의 생각으로 아들은 신체적 조건도 좋고 성적도 괜찮아서 사관학교로 진학하여 무관으로 진로를 잡아주고 싶었는데 의외의 결정을 하는 것이었습니다. 현악기의 공부가 교습비도 만만치 않고, 악기 역시 고가의 것이 아니면 쉬운 일이 아닌 것을 알고 있는 터라 망설였지만, 본인의 뜻이 확실하였기에 음악의 길을 택하도록 결정했습니다. 본인의 성품으로 끈기 있게 꾸준히 노력하여 전남대 사범대학 음악교육학과에 합격했습니다.

3명 모두가 국립대에 입학하고 등록하였으므로 학비 부담은 크지 않았습니다. 더욱이 나름대로 아이들이 열심히 공부하여 장학금도 받고 잘해 주었습니다. 모두가 고맙고 감사했습니다. 자녀들이 사춘기를 넘길 때 그렇게 힘이 들었다는 친구들의 진통을 우리 부부는 모르고 넘어갔습니다. 그저 우리 부부는 하나님의 뜻을 따를 것으로 기도하고 감사하는 생활이었습니다.

그런데 미국에 들어갔던 지은이가 귀국하지 않고 그곳에서 어떻게 해보겠다는 것입니다. 딸 아이를 미국에 보내면서 염려가 되어 LA에서 목회하고 있는 친구 목사에게 비행장에서 픽업하고 며칠 동안 보살펴 주실 것을 부탁했습니다. 그런데 이것이 계기가 되어 이 친구 목사님의 교회에서 피아노 반주자로 주저앉게 된 것입니다. 우리는 그 일을 적극적으로 권하지도, 그렇다고 귀국을 종용하지도 않고 가능한 한 본인의 의지에 맡겨 두었습니다. 그렇다고 한국에서 미국으로 생활비를 보내거나 학자금을 송금할 수 있는 형편은 아니었습니다.

지은이는 4~5년을 그렇게 힘들어하면서 때로는 귀국을 생각하는 갈등을 계속하였지만 학부과정을 자신의 힘으로 장하게 마쳤습니다. 문제는 딸아이였으므로 혼기를 놓칠까 봐 염려되었습니다.

둘째 지혜는 교육대학교 졸업성적이 우수하여 곧바로 전주시내 초등학교로 발령을 받아 교직에 있으니 신붓 감 순위 1위에 올라 있는 상태였습니다. 사귀는 사람이 생겼고 양가의 허락을 받고 싶어 하는 눈치였는데 아빠인 나로서는 큰딸이 마음에 걸리는 것입니다. 지혜는 평소 늘 언니와 전화하는 과정에 의사를 충분히 들었다고는 했습니다. 그러나 지혜에게 속도를 조정하도록 하고, 일단 제가 미국으로 들어가 지은이를 만나서 자초지종을 이야기하고 확답을 받은 뒤 다음 일들을 진행하는 것이 옳을 것 같았습니다. 때맞춰 내가 교회음악 박사과정을 이수하고 있는 Midwest University 본교 특강을 받아야 했기 때문에 겸해서 미국에 들어가 지은이를 만나기로 했습니다.

2006년 6월 학교의 강의를 들어야 하는 일정 때문에 LA에 있는 지은이가 St. Louis로 와서 1주일을 머무르는 동안 많은 이야기를 나누었습니다. 어리게만 생각했던 지은이는 품위를 겸비하고 장하게 성장하여 아름다운 숙녀가 되어 있었습니다. 자신 때문에 동생의 일에 지장이 되는 것을 진실로 원치 않았습니다. 자신의 결혼 문제가 연내에 결정 나지 않으면 내년 초에는 지혜가 원하는 대로 모든 일을 처리해도 좋다는 결정을 해 주었습니다. 미국에서의 일정을 마치고 다시 딸아이 홀로 남겨둔 채 돌아오는 길은 너무 마음 아팠습니다. 지은이에게도 사귀는 친구는 있으나 아직 확실한 결정을 내리지 못하는 상태인 것을 들었으나, 이제 아이가 아니며 의

것하고 당당하게 성숙한 숙녀의 모습을 지녔기에 많은 위안을 안고 귀국했습니다. 미국에서 지은이의 소식을 간절히 기다리며 언니와 동생의 순서를 바꾸고 싶지 않는 바람을 기도하고 있었습니다.

둘째 지혜와 이야기되는 집안은 독실한 기독교 신앙의 장로님 아버지와 어머니는 권사님이시고 본인의 신앙도 열심이고 전북대학병원 레지던트 2년차라고 했습니다. 무엇보다 믿음의 가정에서 자란 신랑감이라는 것에 아내는 높은 호감을 보였습니다. 그러던 중 11월 말경에 미국에서 연락이 왔습니다. 지은이가 말하는 청년은 음악을 하는 유학생인데 기독교신앙을 가진 집안으로 아버지가 5대에 걸친 장로님의 집안 외아들이라는 것이었습니다. 지혜의 혼사문제로 급하기도 하였으나 5대에 걸쳐 장로님을 세우신 믿음의 집안이라면 더 이상 알아볼 것 없이 결정하여 진행하기로 하였습니다. 신랑의 부모님들께서 모두 서울에 계시는 관계로 일은 쉽게 성사되었습니다. 미국에 있는 당사자들의 의지가 확고한 것과 시아버지 되실 장로님께서 이미 미국에서 지은이를 보시고 당신의 며느리로 결정하셨다는 이야기를 듣고는 바로 날을 잡아 2007년 1월 20일로 결정하였습니다.

이렇게 지은이의 일을 결정하고 곧바로 지혜의 혼사문제도 양가의 상견례를 마치고 4월 21일로 혼인날을 택하여 진행하기로 했습니다. 하나님께서 이미 모든 일들을 예비해 두신 것으로 너무나도 큰 은혜에 감사와 찬송이 절로 나오는 일들이었습니다. 12월이 되고 곧 겨울방학을 맞은 아내는 서울을 왕래하며, 지은이의 시어머니 되실 권사님과 함께 미국에서 살아갈, 딸과 사위의 혼사와 살림을 준비하였습니다. 다른 한편으로는 지혜와 관계되는 일을 하느라 정말 행복하고 바쁜 일정을 보냈습니다. 그리고 우리 가족은 1월 10일 미국으로 들어갔습니다. 지은이는 우리 가족이 거처할 장소를 마련해 두었습니다. 뿐만 아니라 자신이 해야 할 일들은 수첩에 적어 두고 하나하나 체크해 가면서 믿음직스럽게 모든 일들을 꼼꼼하게 처리해 가고 있었습니다. 정말 대견하고 당당한 모습이었습니다. 주일이 되어 지은이가 섬기는 교회에 가족이 모두 출석하여 예배를 드릴 기회가 있었습니다. 규모는 크지 않은 작은 교회였으나 지은이는 이 교회의 찬양대 지휘자로, 예배의 반주자로 참으로 열심히 봉사하고 있었습니다. 훌륭하게 잘 성장한 딸의 모습을 보고 하나님의 은혜에 얼마나 감사했는지 모릅니다.

하지만 한국에서 지은이 혼수준비와 간단하게나마 살림을 준비하고, 포장하고, 차에 옮겨 싣고, 여기에 비행기의 좁은 의자와 장시간의 운행으로 허리에 문제가 발생했습니다. 미국에 도착한 날 밤부터 허리의 통증으로 잠을 잘 수 없었습니다. 디스크가 발병하여 결혼식 준비에 모든 일을 혼자서 처리하는 지은이에게 아빠는 도움도 되지 못하고 오히려 또 하나의 걱정을 안겨 주었습니다. 그 바쁜 와중에 지은이의 차로 용하다는 침술원에서 치료하며 마음이 많이 상한 지은이의 눈에서 눈물이 나게 하는 결과를 낳았습니다. 아이에게 얼마나 미안하고 마음이 아팠는지 모릅니다. 그래도 침 맞은 효과와 저의 의지를 더하여 결혼식 당일에는 지은이의 손을 잡고 신부입장을 무사히 해냈습니다.

사위는 멋지고 착해 보이는 당당한 청년이었습니다. 신혼여행은 신랑의 양친과 신부의 양친에 동생 둘을 더하여 여덟 식구가 워너 스프링이라는 휴양지로 가족 여행을 겸하여 2박3일로 다녀왔습니다. 가족여행을 마치고 곧바로 귀국했습니다. 지은이 결혼식 피로연을 한국에서 갖기로 되어 있었습니다. 미국에서 결혼식은 했지만 한국에서 많은 친척과 친구 그리고 직장의 동료들이 보내준 마음들을 보답하기로 했습니다. 허리의 통증을 견디며 귀국한 다음날로 지은이의 결혼식 장면들을 영상으로 보이면서 축하를 받는 자리를 마련했습니다. 어머니께서 세상 뜨시고 받은 도움, 또 이렇게 미국에서 큰 애의 혼인에 보내준 고마운 마음을 잊을 수 없었습니다. 이런 일들을 통하여 참으로 많은 것을 배웠고 생각하게 하는 계기가 되었습니다.

허리 통증은 시간이 지나면서 점점 견디기 어려운 지경에 이르게 되었습니다. 검사결과 병원에 입원하여 허리수술을 받았습니다. 세상의 흔한 말로 딸 하나 혼사 치르고 허리 부러진 격이 되었습니다. 입원하고 있는 동안에 둘째 사위 될 지혜의 약혼자가 늘 찾아와 그래도 예비 의사의 모습을 보여 기뻤습니다. 디스크 내시경 수술이라 회복이 빨라 퇴원하여 곧바로 둘째 지혜의 혼사 일을 진행하였습니다. 1월에 큰딸, 4월에 둘째딸을 시집보내고 사위를 둘씩이나 보았으니 얼마나 좋으냐고 축복해 주는 분들이 많았습니다. 교회에서도 하나님의 복을 다 받았다며 축하의 인사를 받았습니다. 3개월 동안에 사위를 둘씩이나 보았고, 딸 가진 부모 미국에 간다더니 미국을 몇 번 다녀왔으며, 후보일지라도 의사 사위를 보았으니 부러움의 대상이 되었나 봅니다. 아내와 저는 이런 일들이 모두 하나님의 사랑과 은혜로 생각하고 감사했습니다. 우리는 아무 공로가 없음을 시인하고 모든 것들에 감사와 찬송으로 하나님께 영광을 돌려 드렸습니다.

며칠 전 미국에서 첫 외손자 아람이의 첫돌 기념사진과 동영상이 도착하여 아내와 나는 의젓하게 자란 아람이의 사진을 보고 또 감사의 기도를 드렸습니다. 큰딸애와 사위가 부모의 도움 없이 아이를 잘 키우고 있는 것입니다. 그런데 또 하나의 기쁨을 둘째딸 지혜도 지난달에 가져왔습니다. 임신이라고 했습니다. 전화기를 통해 둘째 지혜의 밝고 낭랑한 목소리가 흘러 나왔습니다. 병원에 다녀왔는데 태중의 아기가 건강하게 잘 자라고 있다고 했답니다. 목소리를 들으니 입덧으로 많이 힘들어 했던 목소리에 힘이 붙어 있어 이제는 괜찮다고 하였습니다. 우리 가족은 모두 넘치는 복을 받고 있는 것 같습니다. 지환이도 작년에 학부를 졸업하고 취업으로 많이 고생하고 있으나 끈기 있게 열심히 노력했으니 금년 말에는 좋은 결과가 있으리라 생각합니다.

이제는 아내가 건강하기만을 기원합니다. 아내에게 좋은 친구가 되어 주기를 기대합니다. 나의 친구가 되어서 같이 낚시도 가고, 등산도 가고, 하고 싶었던 운동도 하며, 미국으로 손자도 보러 가려면 아내가 건강해야 합니다. 아내는 본래 건강했던 몸이었습니다. 그런데 지환이를 출산한 뒤 알레르기성 피부질환을 앓기 시작하고부터 기관지에, 비염에, 천식으로 많이 힘들어 하고 있습니다. 아내는 발작적으로 기침을 하거나 호흡이 힘들어지면 모든 일에 의욕을 잃어버리고 때로는 자포자기하는 태도를 보여 나의 마음을 너무 아프게 했습니다. 자기 자신을 위하여서도 건강해야 하겠지만 가족을 위하여서 자신의 건강관리를 잘해야 한다는 것이 저의 지론입니다. 내가 아파 병이 나는 것은 아내를 아프게 하는 것이며, 아내가 아파서 고통 하는 것은 나의 고통으로 인식되고 있다는 것을 아내가 알고 있었으면 좋겠습니다.

정년퇴임하고 이제 시간이 많이 있으면 아내와 같이 가기로 한 해외여행을 하고 싶습니다. 대만, 필리핀, 홍콩, 마카오, 태국 등 갈 곳이 많은데, 아내가 아프면 모든 것이 수포로 돌아가고 말 일들입니다. 그래도 이제는 아내의 피부질환은 거의 완치된 것 같아 얼마나 감사한지 모릅니다. 이제 기침소리만 멈춰진다면 좋겠습니다. 하나님께서는 나의 기도와 아내의 기도를 꼭 들어 응답하실 것입니다. 24세의 철부지 나이로 시집와서 30여 년의 짧지 않은 세월을 시어머니 모시며 살아온 아내입니다. 고맙고 또 고마운 아내가 이제 건강을 되찾아서 마지막 날까지 즐겁고 행복한 나날들을 보냈으면 좋겠습니다.

아름답고 품위 있는 딸을 둘씩이나 키워 믿음직하고 장래가 촉망되는 사위를 얻었고, 손자까지 둔 아내는 이제 고마운 친정어머니, 자상하신 장모님, 좋으신 외할머니가 되어야 합니다. 또 당당하고 고귀하신 시어머니가 되어야 하고 편안하고 사랑받는 아내의 위치도 절대로 포기해서는 안 되는 자리인 것을 알아서 반드시 건강을 찾아 주었으면 좋겠습니다. 매일매일 무릎 꿇어 기도하는 아내의 모습을 하나님께서는 사랑하실 것입니다. 우리의 몸이 하나님의 전인 것 같이 귀한 하나님의 권속이며 우리와 관계되어 있는 모든 사람도 그처럼 귀한 하나님의 사람임을 잊지 말아야 할 것입니다.

　아내의 기도는 우리 가정과 우리의 사랑하는 자녀들을 위하여 멈추지 않을 것입니다. 아내가 기도하는 시간만큼 자신의 몸을 귀하고 소중하게 관리하는 것, 그것이 하나님을 진실로 사랑하는 사람이 해야 하는 소중한 일임을 잊지 말아야 할 것입니다. 아내와 나는 서서히 우리의 모든 이웃에게 모범이 되는 아름다운 모습으로 늙어가고 싶습니다. '9.9.8.8.2.3.4' 까지는 못한다 할지라도 '6.6.7.7 골골골' 은 아니어야 하기 때문입니다. 우리의 삶, 저 높은 곳을 향하여, 같이 힘을 합하여 최선을 다하는 아름다운 모습의 표본이 될 수 있도록 노력할 것입니다.

3. 배움, 저 높은 곳을 향하여

1) 초등학교 교사와 야간 대학생

월촌초등학교에 입학하여 6·25직후의 참담하던 시절을 보냈습니다. 교실이 불타고 없어 막 입학한 1학년은 얼마 동안 학교의 뒷동산에 올라가 풀밭에 앉아 공부했습니다. 3학년 여름방학을 마치고 2학기에 벽골제로 유명한 벽량초등학교로 전학하였습니다. 벽량초등학교 동창 모임은 벽골회로 지금도 친구들을 만나면 옛이야기로 시간가는 줄을 모릅니다.

김제중에 입학하여 약 12㎞의 거리를 거의 매일 걸어서 통학했습니다. 요즘은 벽골제의 지평선 축제가 훌륭한 지방 문화축제로 자리를 잡아 사람들의 관심을 받고 있습니다. 그러나 내가 중학교 3년간 벽골제 유물 앞을 지나다닐 때에는 들판의 논가에 서 있는 그저 커다란 돌덩이였습니다. 당시는 비포장 자갈길에 먼지가 유난히 날리던 길이었습니다. 그 때 책가방은 지금처럼 어깨에 멜 수 없는 두 개의 손잡이 끈으로 이어져 들고 다니는 책가방이었습니다. 가난하고 어려운 가정 형편 때문에 당당한 체격으로 자라지 못한 약골로 무거운 책가방을 들고 등하교 왕복 길이 힘들었습니다. 그러나 학교에 다닐 수 있다는 것만으로 행복하였습니다.

학교에 걸어서 가는 길 오는 길에 나는 늘 노래와 찬송을 부르곤 했습니다. 또 영어 단어를 외우는 것은 퍽 효과적인 공부가 되기도 했습니다. 장학금을 받을 수 있다는 권유와 졸업 후 덴마크로 유학을 갈수 있다는 희망으로 농업고등학교에 입학하였습니다. 5·16 이후 군사정권의 중농정책과 맞물려 농업고교의 교육과정은 전공과 실습위주의 수업이 많았습니다. 대학입학을 위한 영어, 수학, 국어, 사회와 과학과목의 수업은 늘 부족했습니다.

형님의 결혼과 분가로 인하여 얼마 안 되는 논이었으나 농고를 졸업한 나는 진학을 포기하고 농사일을 시작하였습니다. 1년간의 농사일은 농촌일이 얼마나 힘이 들고 어려운 것인지를 깨닫게 했습니다. 나는 가출하다시피 전주로 나와 교육대학을 목표로 입시공부를 했습니다. 먹는 것, 입는 것, 잠자는 것 어느 하나 제대로 갖추지 못한 여건이었습니다. 그러나 다시 농사일을 할 수 없다는 각오로 열심히 노력하였습니다.

다행이 운도 좋아 1966년에 전주교대 입학시험에 합격하게 되었습니다. 대학에 합격하고 나니 어려운 살림이었지만 어머니께서는 입학금을 납부해 주셨습니다. 또 친척들은 대학생이 입는 교복과 구두도 사 주셨습니다. 세상을 다 얻은 기분이었습니다. 교육대학은 곳곳에 음악적인 분위기에 싸여 있었고 친구들도 많아 매일매일 행복하고 보람된 시간 속에 열심히 공부했습니다.

졸업할 때는 성적도 괜찮아서 1968년 3월부로 부안 마포초등학교 교사로 초임 발령을 받았습니다. 처음 5학년을 담임하면서 열과 성을 다하여 학생들을 가르쳤습니다. 36명의 학생 중 7~8명의 학생이 한글을 깨우치지 못하고 있는 실정에 오직 열정 하나로 학생들의 학력신장에만 몰두했습니다. 코피를 흘릴 정도로 열성을 다하였지만 6월이 되면서 학부모님들의 원망이 들려오기 시작하였습니다. 농촌이라 어린아이들일지라도 일찍 귀가하여 부모님의 일손도 도와야 했기 때문입니다. 심부름과 또는 동생을 보는 일, 부엌일을 돕기도 하는 등 할 일이 많다는 것입니다. 그런데 학교에서 학생들을 귀가시키지 않고 선생이 잡아두고 있으니 불만이 터져 나온 것입니다.

당시 나는 그런 부모님들이 원망스럽고 이해할 수 없었습니다. 나는 음악시간에 여러 가지 노래들을 많이 가르치고 마포초등학교 교가를 작곡하여 가르치기도 했습니다. 10여 년 전 어느 날 당시의 학생들이 어른이 되어 졸업 30주년 동창회에 초대한다는 전화를 받았습니다. 그래서 5학년 때의 담임을 잊을 수 없다는 제자들을 만나는 반가운 자리에 나갔던 적이 있었습니다. 가르칠 때의 꼬마들이 반백이 다 되어 이제 같이 늙어가는 중년의 신사와 숙녀가 되어서 엎드려 절을 하는 것입니다. 선물도 받고 참으로 즐겁고 교사가 된 보람을 느끼게 하는 시간이었습니다.

한 친구의 이야기가 정말 잊을 수 없는 기억으로 남습니다. 그는 아들이 마포초등학교에 다니게 되어 운동회 때 학부모 임원으로 초대받아 참석하였답니다. 운동회를 시작하면서 전교생이 부르는 교가제창을 따라 불렀답니다. 5학년 시절에 그 교가를 작곡하여 열심히 가르쳐 주시던 선생님이 생각나 보고 싶었다는 이야기가 나를 감동하게 했습니다. 교가뿐 아니라 운동회 때 부를 수 있는 응원가, 아이들과 바닷가에서 체육시간, 미술시간, 음악시간을 보내며 작곡한 동요를 가르치기도 했습니다. 그때까지 한 번도 실시하여보지 못했다는 수학여행의 추억도 만들어 주었습니다.

종환이가 감나무에서 떨어져 놀랐던 일, 이 녀석을 업고 산길을 달려 내려와 계란에 소주를 타서 먹이고 잠재웠던 기억이 생생합니다. 지금은 군산에서 버스 운수업을 하고 있다는 소식을 다른 친구들에게 듣고 안심하기도 했습니다. 1968년 4월 입영통지서를 받고 그해 3월에 초임으로 들어와 같이 근무하게 된 아름다운 여선생님과 헤어져 군에 입대했습니다. 그리고 3년의 군 복무를 완수하고 돌아와 1972년 5월 계화초등학교에 부임했습니다. 나의 20대 중·후반은 이곳 계화초등학교에서 많은 일화를 남기게 되었습니다.

당시 계화도는 간척공사가 끝나고 얼마 지나지 않았으므로 농경지로 활용하기 전 허허벌판으로 방치되어 있는 상태였습니다. 누구든지 먼저 들어가서 줄을 긋고 작물을 재배하여 소득을 할 수만 있다면, 그렇게 해도 되는 땅이었습니다. 당시 한창이던 새마을 사업은 소득증대와 같은 개념으로 생각되던 때이었으므로, 이 땅에 유채를 파종하는 사람들이 많았습니다. 학교가 있는 마을과 간척지 갯벌 사이에는 바다 물길이 있어서 이를 건너기 위해서 조그만 전마선을 타고 노를 저어 건너야 했습니다. 방과 후 시간을 이용하여 반 학생들과 물을 건너가서 광활한 땅에 유채를 심었습니다.

그러나 배를 타고 건너는 위험 때문에 수확은 포기하고 다른 사람에게 경작권을 넘겨주는 값으로 학용품을 받아 학생들에게 나누어 준 일도 있었습니다. 밤에는 학생들을 위한 공부방을 마을마다 정하여 두고 찾아다니며 야간 학습을 돕기도 했습니다. 그리고 교회의 찬양대를 조직하여 합창 활동도 하였습니다. 때로는 이동식 가설극장을 운영하기도 했습니다. 이 고장 출신의 재일교포가 학교에 기증한 TV를 발전기와 함께 지게에 짊어 지고 동네를 순회하며 상영하는 일이었습니다. 대나무 장대에 높다랗게 TV 안테나를 세워 들고, 발전기와 소형 TV를 지게에 짊어지고, 어두운 산 고개 길을 넘어 다니며 도로도 없고, 전기도 들어오지 않는 마을을 찾아 새마을 문화 사업을 펼친 것입니다.

학교의 가을 운동회는 온 섬마을의 운동회가 되고 축제의 날이 되기도 합니다. 계화초등학교의 교가와 운동회의 응원가를 작곡하여 가르치기도 했습니다. 또 리듬밴드 합주단을 만들어 밴드 퍼레이드를 펼친 일은 당시 재학생이면 모두 기억하는 최고의 운동회 순서이었습니다. 교장선생님께서 생일잔치하는데 쓰시겠다는 경비 중 일부를 사모님으로부터 기부금으로 받고, 교사들이 얼마를 더하였습니다. 거기에 학부모의 협력을 얻어 우리 반 학생들이 1인 1악기 음악활동을 전개했습니다. 오직 열성으로 연습하면서 지금은 절대 불가능할 매도 때려가면서 가르쳤습니다. 미안하다! 오직 선생님의 열정으로 매를 맞았던 당시의 학생들에게 용서를 구하는 마음에 이 글을 씁니다.

섬마을 5학년 어린이들에게 국군 의장대의 모습으로 행진하는 동작을 가르치려 했습니다. 지금 생각하면 처음 생각부터가 잘못된 것이었습니다. 그러나 나와 학생들은 상당한 시간 연습을 계속하여 결국 성공적으로 해냈습니다. 북 치고 피리 불고 각종 악기로 오후 학교 교정이 떠들썩해지면, 섬마을 할머니들께서 학교 운동장으로 모여들기 시작했습니다. 학교에서 학생들이 굿을 한다며 구경 나오시는 것입니다. 난생 처음 보는 구경거리가 학교에서 매일 진행되었던 것입니다.

운동회 전날 밴드부 복장이 없어 읍내 학교에서 입지 않는 복장을 빌려 왔습니다. 학생들의 품에 맞추기 위하여 나누어 입혀 보았는데 이것이 큰 사고가 되었습니다. 그 학교에서는 다른 새 옷을 준비하였던 관계로 우리에게 빌려 준 그 옷을 학교 창고에 보관했었던 것입니다. 여기에 쥐들이 다니면서 쥐벼룩이 서식하고 있었던 것입니다. 옷을 입어본 학생 모두가 쥐벼룩으로 인하여 몸을 긁고 가려워서 악기를 연주할 수 없는 지경이 된 것입니다. 벼룩을 박멸한다고 학교 아저씨께서 채소의 살충제인 농약 BHC 하얀 분말을 학생들 온 몸에 뿌려서 가려움이 멈추기도 했습니다. 지금 같으면 유해 농약을 학생들의 몸에 뿌렸으므로 크게 사건이 되어도 될 일이었습니다. 그렇게 해서 다음 날 운동회에 우리 반 학생들은 밴드부 복장에 몇 달간 연습한 실력을 자랑스럽게 발휘했습니다. "계화도의 새로운 역사를 썼다"는 축사를 듣기도 했습니다. 자랑스러운 우리 반 학생들을 데리고 학교 역사상 처음으로 2박 3일의 수학여행을 전주와 익산으로 다녀왔습니다. 학생들은 처음 기차를 타 보았다고 가족과 동생들에게 자랑했습니다.

이렇게 열심히 학생들과 공부하던 중에 전주대 야간부 음악대학에서 학생을 모집한다는 소식을 들었습니다. 교육대학을 졸업한 사람에게는 2학년에 편입학이 가능하였기에 1975년 3월 전주대 음악교육학과에 편입하여 새로운 꿈을 펼치려 했습니다. 편입 시험에 합격하고 교장선생님과 상담했으나 불가하다는 말씀으로 저를 말리셨습니다. 교대 시절 존경했던 김성지 교수님께 상담했는데, 교수님께서는 지금은 어렵고 힘들지라도 난관을 뚫고 결행하라고 용기와 힘을 불어넣어 주셨습니다. 그날 전주에서 계화도까지 통근에 사용할 자전거를 사서 달렸습니다. 교장선생님에게 야간대학 학업의 결심을 말씀드렸으나 역시 회의적이셨습니다. 공식적인 허락은 할 수 없으나 묵인하겠는 것입니다. 발생하는 사건에 대하여 모든 책임은 본인이 해결하기로 하고 묵인하여 주셨습니다.

대학의 야간 수업시작은 계절에 따라 대체로 오후 6시 30분에서 7시에 시작하여 밤 10시 30분이나 11시에 종료하였습니다. 이른 아침에 부안으로 떠나는 버스를 타고 통근해야 하기 때문에 전주의 하숙은 완산동 근처의 큰 누님의 집에서 하기로 하였습니다. 새벽 5시 30분 부안행 첫차 직행버스(당시 죽산으로 가는 동진강 다리가 없었으므로 백산으로 돌아갔음)를 타고 부안에 도착하면 7시가 되었습니다. 부안 시외버스 터미널 바로 옆 자전거 점포에 맡겨둔 자전거를 찾아 페달을 빠르게 밟으면 계화초등학교까지(약 15~16km) 1시간여에 걸려 도착하였습니다. 아침 식사는 완산동 터미널에서 빵과 우유 등으로 준비하여 부안으로 가는 버스 안에서 해결하였습니다. 이렇게 통학, 통근 버스에서 가고 오는 시간을 이용하여 학교의 과제들을 공부했습니다.

1시간 30분을 터덜거리는 비포장도로를 달려, 다시 논, 밭길을 1시간 정도 자전거를 타고 달리는 것은 오직 음악을 공부하겠다는 강한 의지(이 의지는 교육대학 재학당시에 만났던 진영의 소식으로 더욱 강하게 되었는지 모릅니다. 진영은 벌써 음악공부를 마치고 음악교사가 되어 있다는 소식을 듣고 있었습니다. 진영과의 이야기는 언제 다시 정리할 때가 있을 것이나 '소국'은 진영으로 인하여 작곡된 가곡 작품입니다)로 가능했습니다.

비라도 오는 날이면 참으로 죽을 맛이었습니다. 우의를 입으면 빗물에 땀이 정말 비 오듯 우의 안에서 쏟아져 속옷을 완전히 적시고도 남아 흘러내렸습니다. 비 내리는 논길과 밭둑길에서는 자전거를 타고 달려보지 않은 사람은 도저히 상상이 안 되는 일이 발생했습니다. 논, 밭의 점토가 자전거의 바퀴에 달라붙게 되면, 그 흙이 바퀴보다 크고 많아져 자전거 페달을 아무리 밟아도 앞으로 굴러가지 않는다는 말을 알 수 있을까요? 여름 무더위에 빠르게 자전거 페달을 쉬지 않고 1시간 밟았다고 생각해 보십시오. 그 더위와 땀으로 적셔진 속옷! 비 오는 날의 모습!

추운 겨울에는 또 어떨까요? 계화도는 유달리 바람이 많은 지역이었습니다. 어느 해 겨울에 바람이 너무 세게 불어와 하교시간에 집에 가는 학생들이 바람에 날려가지 않도록 줄로 묶어서 하교시켰다는 이야기를 들은 적이 있었습니다. 바다를 막은 뚝길을 자전거로 달리다 보면 추위도 추위지만 코와 귀, 그리고 입이 얼고 시린 것은 말할 것도 없습니다. 그보다도 세차게 불어오는 바람에 자전거가 앞으로 나가지 못하고 오히려 뒤로 밀리는 현상이 나타나기도 했습니다.

대학교에서 배우고 또 발표해야 할 독일가곡과 이태리가곡, 오페라의 아리아까지 이런 곡들을 나는 자전거를 타고 달리며 연습했습니다. 이렇게 부르는 노래들을 길가에서 만나는 사람 중 몇 사람이나 알아듣고, 그런 저를 누가 이해할 수 있었을까요? 비가 오나 눈이 오나 오직 앞만 바라보고 아침, 저녁으로 거의 정신없는 몸놀림으로 자전거를 타고 달렸습니다. 그러면서 저는 사람들이 알아들을 수 없는 이상스러운 말로 노래를 불렀던 것입니다. 그것도 어디 조용조용하게 부르는 것입니까? 발성 연습을 겸해야 하는 저로서는 있는 힘을 다하여 힘껏 불러야 했습니다. 그러니 마을마다 동네마다 입에서 입으로 조심스럽게 퍼져나간 소문이 저의 귀에도 들어

오고 말았습니다. 박 선생이 정신이 이상해졌다는 소문입니다.

　오히려 그와 같은 소문이 저를 더 편하게 했습니다. 소문은 소문일 뿐이고 기왕 발생한 소문이니 그렇게 보는 사람은 그렇게 볼 것이요, 학교에서 가르치고 배우는 일과 교무 업무 처리에는 완벽을 기하였습니다. 때문에 이를 의식하지 않고 노래를 부르고 발성연습을 하는 것이 더 자유로웠습니다. 지금도 그때 저에게 배웠던 제자들과 종종 소식을 전하며 추억들을 이야기하노라면 그 시절이 한없이 그립기도 합니다. 이렇게 열심을 다하던 중 전주 문정초등학교로 전보되었습니다. 이곳에서는 교장선생님의 특별하신 배려로 1학년을 담임하였는데 1, 2, 3반 중 저는 2반을 맡았습니다. 받아쓰기 시험이나 학력고사 등을 보고 나면 통계가 발표될 때마다 우리 반이 언제나 꼴찌를 하였습니다. 처음으로 같은 학년 간에 성적이 비교되는 규모의 학교에 근무하면서 초등교육 교사로서의 한계를 느꼈습니다. 이 학교는 규모도 크고 전주시 근교였으므로 합창부를 조직하여 합창지도를 하였습니다. 그러면서 아내를 만나게 되었던 것이 저에게는 가장 큰 소득이라고 해야 할 것입니다. 1978년 2월 아내와 결혼하고 3월에 영생고 교사로 발령을 받아 군 경력을 포함한 10년의 초등교사의 생활을 마감하였습니다.

2) 고등학교 음악교사와 교회음악박사

　계화도에서 출·퇴근길은 뚝길, 논길, 밭둑길을 자전거로, 그리고 시외버스로 1시간 30분을 달려서 야간대학에 등교하였습니다. 밤 11시까지 배우는 주경야독의 시간은 나에게 더없는 보람의 시간들이었습니다. 이런 나의 이야기는 교수님들께서 빈둥거리는 학생들에게 학업 의욕을 높이는 자극적 자료로 활용되기도 했답니다. 많은 이야깃거리를 남기고 졸업하여 중등 음악교사 자격을 취득했습니다. 이제 이 자격증으로 중등임용고사를 거쳐 공립 중·고등학교의 교사로 채용되어 나가거나, 또는 사립 중·고교 교사로 임용되어 들어가는 길이 있었습니다.

지금의 전주대, 당시 영생대의 학교법인에는 부설학교로 영생공업전문대와 영생고, 그리고 영생여상이 있었습니다. 학교 재단 사무국으로부터 영생고에서 교직생활을 시작해 보라는 통보를 받았습니다. 임용고사를 거쳐 교육청의 발령을 받는 것은 어렵지 않으나 100% 시골학교로 들어가야 하는 것이 싫었습니다. 계화도에서 야간대학을 다니던 시절이 떠올라 주저 없이 영생고의 근무 제의를 받아들였습니다. 이 일은 어떻게 보면 행운이었습니다. 더욱 마음에 끌리는 것은 학교법인 재단도 큰 규모이고, 같은 교정 안에 영생대가 있어 공부를 계속할 수 있을 뿐 아니라 기회가 되면 대학에서 가르칠 수 있겠다는 생각도 했습니다.

1978년 3월 1일자로 영생고 음악교사로 부임했습니다. 33세의 늦은 나이에 결혼하였고 전주시내 고등학교로 근무지가 결정되었으니 경사에 경사가 겹쳐 하나님께 감사의 찬송을 드렸습니다. 이제는 전공한 음악을 통하여 학생들과 언제나 즐거운 수업을 하면서 가까워질 수 있었습니다. 고교평준화 정책이 시행되기 전에 이 학교는 대학진학률이 높지 않았습니다. 오히려 고등학교를 졸업하고 취업을 위한 학교생활을 하는 학생들도 많았습니다. 음악시간에 열심히 수업에 임하게 되자 조금씩 학생들이 음악에 관심을 보이기 시작하였습니다. 이런 학생들에게 음악공부를 권하고 진로지도를 시작하였습니다.

성악을 하겠다고 나서는 학생(희중, 종대, 석환, 성수, 영인, 일장), 플루트(광중, 병로), 첼로(병태), 비올라(호봉, 진학), 바이올린(종근, 은준, 명래, 정호), 작곡(경로)을 하겠다는 학생까지 음악적인 분위기가 일어났습니다. 16명 정도의 학생들에게 음악대학으로 진학하겠다는 꿈을 가지게 하였습니다. 지금까지도 정확하게 이름이 기억나는 학생들입니다. 같은 교정에 음악대학이 있었던 관계로 밤 늦은 시간까지 연습을 시키고 호되게 규율을 잡아 강훈련을 시켰습니다. 그러나 1년 후 영생여상으로 근무지를 옮기게 되어 진학하는 결실은 보지 못했습니다. 이 학생들 중 연세대, 중앙대, 전북대, 원광대, 전주대학교 등으로 진학하였고 지금은 중등학교 음악교사로 또는 교향악단의 단원으로 다양한 음악적인 일들을 하고 있습니다. 이들이 전국적으로 흩어져서 활동하는 관계로 자주는 만나지 못하나 어쩌다가 만나는 기회가 있을 때면 제 이야기를 하면서 진정한 은사라는 말을 한답니다. 대학에 진학시키고 졸업하는 결실은 보지 못한 제자들이지만 그 시절을 아름답게 기억하게 하는 친구들이 되었습니다.

영생여상으로 옮겨서는 상업고교의 특성상 교과과정에 그렇게 강하게 얽매이지 않고 조금은 자유롭게 운영할 수 있었으므로 특별활동으로 합창단을 조직하였습니다. 이 학생들은 졸업하고 바로 취업을 하는 관계로 주산과 부기 등 기능의 급수를 올리기 위하여 오후시간에는 대부분 학원에서 과외지도를 받고 있었습니다. 그러므로 합창연습을 할 수 있는 시간은 학교의 일과가 시작되기 전 새벽시간밖에 없었습니다. 합창부 학생들이 대체로 학교 주변에서 자취하거나 하숙을 하고 있었으므로 학교에 일찍 등교시키는 것이 가능했고 학교에서도 좋아했습니다. 지도교사와 학생들 모두 열심히 연습하여 전북학생 음악경연 대회와 밝고 맑은 우리 노래부르기 대회에 출전하여 전라북도 최우수상을 모두 차지하는 쾌거를 이루었습니다. 2년간의 짧은 기간에 영생여상은 합창으로 유명한 학교가 되었습니다.

합창지도가 즐거웠습니다. 학교생활이 즐거웠습니다. 교직원들과도 서로서로 격려하고 좋은 관계를 유지하며 즐거운 직장생활이 되었습니다. 이렇게 오직 합창활동으로 모든 열정을 다하고 있을 때 상산고등학교가 개교를 맞아 교사를 채용하는 과정에 홍성대 이사장님과 면담을 할 기회가 있었습니다. 이사장님의 음악교육에 관한 말씀에 이력서를 내고 소정의 과정을 거쳐 1981년 3월 1일자로 상산고 음악교사로 부임하게 되었습니다. 개교 당시 20여분의 교사 중에는 서울대와 연세대, 고려대 등 대부분 일류대 출신들이 많았습니다. 긴장도 되고 좀 더 공부해야겠다는 생각을 굳게 하고 대학원에 진학하기로 결심하였습니다. 그런데 가까운 곳에 있는 음악대에는 아직 대학원이 설립되어 있지 않았습니다. 1983년 서울에 있는 중앙대에 합격했으나, 학교의 형편으로 서울까지 다니며 대학원 공부가 가능하겠느냐고 이사장님께서 난색을 표하셨습니다. 우선 뜻을 접고 1년 동안 학교일에 열심을 다했습니다. 1년 뒤 이사장님의 특별한 배려와 동료들의 적극적인 도움을 받아 대학원 공부를 시작할 수 있었습니다.

1주일 동안에 이수해야 할 수업시수도 24단위에 특별활동 2시간까지 합하여 26시간을 수업하면서 월·목요일에는 대학원 수업을 들어야 했습니다. 학교에서는 거의 매일 8시간씩 수업을 하였습니다. 미술시간과 조화를 이루어 가면서 학생들의 수업에는 지장이 없도록 처음부터 계획하고 시작한 일이었습니다. 대학원 수업을 들으러 갈 때는 고속버스가 서울 강남터미널까지 3시간 30분, 중앙대까지 보통 택시를 타고 15~20분의 시간이 걸렸습니다. 대학원에 다니며 공부하는 일이 아내와 아이들에게도 자랑스러웠습니다. 특히 제자들에게 떳떳하고 자랑스러운 모습으로 보일 수 있었기 때문에 힘든 줄 모르고 행복했습니다.

한때 학교에 불어닥친 학내문제로 인하여 마음이 아프고 어려움도 있었으나 상산고 교사로서 당당하고 긍지를 느끼며 생활하였습니다. 음악교육에 관한 이사장님의 특별한 관심과 배려로 학교생활은 어려움 없이 진행되었고 1986년 2월 대학원을 졸업하고 석사학위도 받게 되었습니다. 상산고에서는 상산인의 찬가 '거상이 간다'를 작곡하여 가르쳤습니다. 이 작품은 상산과 함께 오래도록 영원히 남을 것으로 생각되어 가장 보람된 일이 될 것 같습니다. 이어서 졸업가로 '먼 훗날 사람 있어 묻거들랑'과 응원가 '코끼리 타령'을 남겨 두었는데, 아직은 많이 활용하고 있지 않습니다. 그러나 언젠가는 이 두 곡도 상산고를 위하여 잘 활용될 작품이 될 것이라고 생각합니다.

본래 인문계 남학교였던 상산고에서 나는 다양한 가곡과 여러 나라의 민요, 가능한 많은 악곡을 가르쳤습니다. 가창 중심의 교육과정을 운영하면서 교양과 상식을 위한 고전음악 감상시간도 많이 가졌습니다. 감상 노트를 작성하여 고전 음악에 관한 상식과 교양을 넓히도록 강조하기도 했습니다. 초창기에는 매년 학급별 학년별로 상산합창경연대회를 열었습니다. 또 초청음악회를 매년 1회씩 개최하여 학생들의 품위와 낭만 그리고 꿈을 심어주기도 하였습니다. 이러한 음악행사들은 학생들에게는 꿈과 즐거운 추억을 심어주는 것이라는 확신을 가지고 했습니다. 이런 행사를 개최하고 교실에서 학생들과 대화하여 보면 정말 행복했다는 이야기며, 정말 좋았다는 반성과 격려의 말을 들었습니다. 이럴 때는 음악교사로서 긍지를 가지고 학생지도에 임하였습니다. 그러나 상산고에 근무하는 동안 언제나 행복하고 즐거운 것만은 아니었습니다. 학교 지도자들의 관심과 단편적인 대학 입시의 결과에 따라서 이런 행사들이 조금씩 축소되었고 결국에는 없어지고 말았습니다. 음악행사와 활동이 단지 시간 낭비로 보이거나 학습 분위기를 해치는 것으로 보이는 이해부족의 소견이었습니다.

이런 일들은 음악교사로서 참으로 안타까운 일이었습니다. 이렇게 합창경연대회와 초청음악회가 취소되는 일들은 너무 마음이 아팠습니다. 학생들에게 교과시간에 가르치는 수업만으로 나의 음악활동을 다하기에는 아직 하고 싶은 일이 너무 많았습니다. 전북성악회의 멤버로 활동은 계속하고 있었으나 합창에 대한 꿈을 펼쳐보고 싶었습니다. 합창지휘자 공부를 하기 위하여 여러 가지 방법을 모색하던 중 1994년 연세대의 연합신학대학교에 입학하였습니다. 연합신학대학교에서 교회음악지도자 과정을 개설하고 찬양대의 반주자와 지휘자 과정으로 단기간 1년 과정의 신입생을 모집하였습니다. 과정도 짧아서 좋았고 수업시간도 지방학생들을 위하여 오후 1시에 시작하여 밤 11시에 끝나는 강행군 코스였습니다. 하루 8시간의 강의가 매주 금요일에 진행되었습니다.

학교에 출근하여 1교시 수업하고 고속버스를 타고 강남 터미널까지, 그리고 지하철 3호선으로 을지로3가역까지, 거기에서 다시 2호선을 갈아타고 신촌역에서 내려 연세대까지 등교하는 것입니다. 11시에 수업을 마치고 돌아오는 길은 강남 터미널에서 심야우등고속버스로 전주에 도착하면 대개 새벽 2~3시가 되었습니다. 이렇게 힘들고 어려운 수업이었으나 지휘 공부시간은 너무 즐겁고 행복했습니다.

학생합창부가 아닌 일반인을 대상으로 하는 전주남성합창단을 조직하여 지휘자가 되었습니다. 또 한국합창총연합회의 활동을 계속하면서 전북합창연합회의 회장을 맡아 전북합창제를 개최하여 지방합창문화의 발전을 위하여 무엇인가를 하고 싶었습니다. 이렇게 본격적으로 합창활동을 진행하는 중 1998년 8월 수원행정연수원에서 7차 교육과정 개편 연수에 음악과 전북대표로 참석했습니다. 이 자리에서 한국중등음악교육연구회 회장을 맡아 중등음악교육을 위하여 무엇인가 할 일을 찾았습니다. 학교현장에서 음악교사들이 시급하게 사용해야 할 컴퓨터 음악프로그램에 대한 연차교육을 전국적인 규모로 실시할 것을 결의하였습니다. 2회에 걸쳐 한국중등음악교육 연구회가 자체 연수를 실시하였습니다.

제1회는 1999년 8월 13일부터 15일까지 2박 3일 동안 전주대에서 실시되었습니다. 그리고 다음해 2000년 8월 10일부터 12일까지 2박 3일간은 충북 서원대에서 실시하였습니다. 당시 연수 교재에 실었던 인사말을 다시 읽어보면서 그때의 감회가 새롭습니다. 매사에 열정을 가지고 한국음악교육의 현장학습에 무언가 도움을 줄 수 있을 것으로 보고 열정을 다했습니다. 많은 회원들의 권유를 물리치며 2년 단임직을 주장하면서 그 자리를 물러났습니다. 모든 단체의 모습들이 그렇게 되어야 한다는 저의 생각을 실천했던 것입니다.

그 후 한국중등음악연구회가 이와 같은 현장교육과 교사들을 위한 실질적 사업이 계속되지 못하고 다른 연구회와 연합하였습니다. 대학교수들이 중심이 되어 대단한 학술연구단체로 탈바꿈하는 듯했으나 단체의 순수성을 잃고 유명무실화되었을 때 많이 괴로웠습니다. 그 후 2000년부터 2003년까지 전북중등음악연구회를 발족하여 회원들과 현장교육에 필요한 음악교육 자료와 이론을 연구하고 적용하는 사업을 계속하였습니다. 교육부와 교육청으로부터 연구비를 받기도 하여 많은 도움이 되었고 보람도 있었던 시기였습니다. 이와 같은 연구활동이 공립학교에 근무하시는 선생님에게는 승진과 관계하여 많은 도움이 된다는 것을 알고 기꺼이 후배 교사들에게 자리를 내어주었습니다.

이즈음 상산고가 자립형 사립고로 체질을 개선하는 변화가 왔습니다. 참으로 많은 말들이 오가고 교사들의 처우와 신변에 관한 수많은 억측과 소문이 나돌았습니다. 그러면서 설상가상으로 정부가 62세로 정년을 단축한 이후 연금법에 관한 불길한 소문이 돌기 시작하였습니다. 교장선생님이 바뀌고 신임 교사 채용에서 박사학위 소유 이상, 외국 유학자 선발 등으로 기존의 교사들에게 고뇌의 시간도 있었습니다. 기존의 교사들이 무엇인가를 해야 되지 않겠는가? 또는 어떻게 해야 하는 것인지 생각들이 많은 때였습니다. 그러던 차에 지금은 중앙대학교에 계시는 김충 박사로부터 Midwest University를 소개받았습니다.

정년을 6년여 남겨 놓은 상태에 친구들의 교감 승진과 교장 승진으로 동창회 때마다 축하의 박수를 보내야 했습니다. 진심으로 축하해 주면서 부러움이 없었다면 솔직한 표현이 아닐 것입니다. 노래부르는 성악가에서 지휘자가 된 지금, 언제까지 이 일을 할 수 있을 것인가? 때가 되면 이것 또한 후배에게 넘겨주고 박수를 받으며 물러나고 싶은 것이 진솔한 저의 마음입니다. 모든 연구 단체들도 물려준 상태에서, 노래하는 무대를 내려왔으니 이제 지휘자의 자리에서도 곧 물러나야 할 것입니다. 그리고 교단에서까지 물러나오면 다음에 나는 무엇을 할 수 있다는 말인가? 그리고 무엇보다 정년을 얼마 남겨 놓지 않은 늙은 평교사의 모습이 마음에 걸리는 것이었습니다. 교감이나 교장으로 승진은 못했으나 다른 사람들이 부러워할 만큼 연구와 연주활동으로 나 자신만의 고유 영역을 쌓아 명성도 얻었습니다. 그러나 지금까지 살아온 나의 과거를 뒤 돌아보아 정년까지 그냥 쓸쓸하게 앉아 기다리기는 싫었습니다. 그래서 Midwest University에 입학서류를 제출했습니다.

생각해보니 할 수 있는 것은 음악이며 가르치는 일을 평생 했고, 나의 근본이 되는 사상은 기독교 사상이므로, 이러 요소들을 결합하여 할 수 있는 일을 생각하고 교회음악박사학위과정을 택했습니다. 학교는 미국에 있는 대학이나 온라인으로 학점을 이수할 수 있다고 했습니다. 과제가 만만치 않고 특히 on-campus 수업을 12학점 이상 들어야 했습니다. 또 세계 각처에서 열리는 세미나에 참석하여 학점을 이수할 수 있는 기회가 주어진다는 것입니다. 무엇보다 논문을 통과하여야 학위를 받을 수 있다는 이야기는 당연한 것이었으나, 가장 두려운 과정으로 염려가 되었습니다. 기도했습니다. 힘주시고 능력이 되시는 하나님의 도우심과 특별하신 은총을 간구하고 시작했습니다. 다행히 연세대 연합신학대학원에서 이수한 신학과목 학점들을 인정받아 나머지 72학점을 이수했습니다. 2006년 1월부터 논문을 준비하고 이듬해 1월부터는 논문작성을 위한 연구를 시작하였습니다.

정치계와 학계, 그리고 예술계 유명 인사들의 논문 표절과 박사학위 위조 사건이 사회적으로 큰 파장을 일으키고 있던 때였습니다. 신중하게 주제를 잡아 연구하고 논문을 작성해야 했습니다. 그리고, 누구도 손대지 않았던 분야에서 주제를 잡아야 했습니다. 2006년 9월 처음으로 발행한 한국찬송가를 분석하고 연구하기로 결정했습니다. 찬송가가 발행된지 6개월여밖에 되지 않은 기간이었으므로 아직 이 찬송가로 발표한 연구 논문은 없었습니다. 지도교수 전희준 박사님의 동의와 적극적인 지도로 연구와 논문작성은 순탄하게 진행되었습니다. 2월에 허리 디스크 수술과 8월에 어깨 인대파열 수술을 받았으나 연구와 논문 작성을 쉬지 않고 계속하였습니다. 2008년 2월과 3월에 걸친 논문 심사 1차와 2차 심사를 통과하고 3차에서는 제출하는 것으로 모든 과정을 완수했습니다. 그리고 6월에 본교에 들어가 졸업식과 학위를 받는 자리에서 우수 논문 수상의 영광도 안았습니다. 어려운 과정에서도 지켜주시고 인도하시는 하나님의 크신 은혜에 감사하며, 지혜를 주시고 건강까지 지켜주신 주님을 찬양하며 영광을 돌려 드립니다.

지난 40여년의 교직생활과 50여년을 훌쩍 넘긴 배움의 시간들을 뒤돌아보면서 어느 것 하나 나의 의지로 된 것이 아니었음을 깨달았습니다. 모두가 하나님의 섭리 가운데 진행되어 왔음을 발견하였습니다. 이와 같은 하나님의 크신 권능과 섭리를 알고서 어떻게 찬양하지 않을 수 있겠습니까? 지금 이 글을 써내려 가는 순간에도 주님을 찬양하며 감사와 영광을 돌려 드리려 합니다.

상산고를 떠나기 4개월을 남겨둔 시점입니다. 수업에 들어가는 시간 시간들이 소중하고 새로움으로 다가옵니다. 더구나 자립형 사립고로 바뀐 뒤 만나게 된 학생들은 전국에서 모여든 인재들로 수업시간이 참으로 즐겁고 보람된 시간들이었습니다. 60이 넘은 나이에도 박사학위를 위하여 매일 밤, 늦은 시간까지 음악실에 남아 공부하는 선생님을 존경할 줄도 아는 학생들입니다.

가창, 기악, 감상, 창작의 모든 영역에서 발군의 실력들을 발휘하여 가르치는 선생님을 놀라게 합니다. 가정형편과 교육환경도 대부분 좋은 학생들입니다. 특기적성교육의 기회가 많았던 학생들이므로 저마다 악기를 연주할 수 있는 학생들이 많습니다. 자립형으로 바뀌는 첫 해부터 오케스트라 합주반을 조직하였습니다. 처음에는 외부에서 강사를 영입하여 적극적으로 지도하여 더욱 기능을 향상시키고자 하였습니다. 그러나 학생들의 생각은 달랐습니다. 악기를 연주하는 것이 학업성적을 올리기 위하여 필요한 건전한 여가활동으로 원했던 것입니다. 지도교사인 저는 뒤에서 필요한 일들을 도와주는 역할을 맡고 모든 운영은 자율적으로 되도록 지도했습니다. 지휘자까지도 자신들의 그룹에서 1년 동안 관찰하여 결정한 뒤 잘 따릅니다. 지휘자가 되는 학생은 모든 일들을 총괄하여 오케스트라를 운영하여야 합니다.

처음 지휘자의 자리에 올라 연습을 시키는 장면을 보면 지휘자가 오케스트라를 연습시키는 것인지 오케스트라가 지휘자를 연습시키는지 모를 정도로 우스운 장면이 연출되곤 합니다. 그러나 자신들이 선출한 지휘자의 권위를 위하여 단원들이 노력했고, 5월에는 사은음악회, 11월에는 동아리 축제에서 연주무대를 벌여 가장 권위 있는 동아리로 인정받는 단체가 되었습니다. 얼마나 대견하고 예쁜지! 여름방학이 시작되어 즉시 떠나는 2박 3일의 오케스트라 MT에 대한 관심도와 기대는 말할 것도 없고, 이 기간에 차기의 운영진과 각 파트의 리더들이 거의 선정되어 돌아옵니다. 필요에 따라 합창 활동은 희망 학생들로 구성하여 행사를 훌륭하게 치르기도 하였습니다. 학위 논문을 쓰는 과정에서도 문장의 오자와 탈자, 띄어쓰기 등 나의 난제들을 해결해 주는 도우미 역할도 훌륭하게 해낸 참으로 사랑스런 제자들입니다.

4개월 후에는 이렇게 귀엽고 사랑스런 학생들과도 헤어져야 합니다. 또 다른 세상으로 날아가야 하기 때문입니다. 가르치고자 하는 욕심이 과하여 때로는 이렇게 사랑스러운 제자들에게 매를 들기도 했고 꾸중하며 인격적으로 모독이 되는 언사도 행하였을 것입니다. 그동안 나와 같이하는 시간들을 가졌던 모든 사랑하는 제자들에게, 본의 아니게 매를 맞았거나 꾸중을 들으며, 인격적인 모멸을 당했던 사랑하는 제자들에게 용서를 구합니다. 그저, 그렇게 해서라도 가르치는 것이 교육애인 줄 알았던 부족하고 부덕했던 선생님을 용서해 다오….

이제는 학교를 떠나면 그대들과 친구가 되어 여생을 협력하고 같이하는 사랑의 이웃이고 싶습니다. '거상이 간다'를 부를 수 있는 수만 명의 제자들이 기다리는 새로운 세상으로 들어가려는 나는 두려움 없이 오히려 설레는 기대와 기쁨을 가지고 떠나 갈 것입니다. 그러기에 그 새로운 세상을 위하여 금년에 다시 Midwest University 신학대학원(Master Divinity)에 등록하여 신학공부를 시작했습니다. 학습방법은 교회음악 박사과정과 같은 것이나 논문이 없어 조금은 수월할 것 같아 시작했습니다. 박사과정에서 이수한 신학과목의 학점들을 인정받고도 학부과정의 신학학점이 없어서 75학점을 이수해야 했습니다.

신학대학원과정은 무엇을 하겠다는 생각으로 시작한 것은 아닙니다. 지금까지의 나의 모든 것을 지우는 과정이며, 하얀 백지의 도화지를 만드는 작업이라고 생각합니다. 저의 지나간 모든 생각과 경험들을 깨끗하게 지우고 백지 상태의 도화지로 만들어 하나님 앞에 내어 놓고 싶습니다. 그분의 뜻대로 쓰시도록 하고 싶습니다. 당신이 그리고 싶은 대로 그리시고, 쓰고 싶은 대로 쓰시도록 나를 내어 놓으려고 합니다. 정년을 맞은 뒤 상산학교를 나가서 무엇을 하겠냐고 물었던 분들에게 드리는 대답입니다.

시작한 공부이니 모든 학점을 이수하고 졸업하는 과정에 일단 충실하고 싶습니다. 지금은 아무런 다른 생각을 하지 않고 그렇게 하렵니다. 그러면서 조금의 시간이 생긴다면 산에도 가고, 여행도 하고, 할 수 있다면 낚시도 가고, 친구가 있으면 골프도 치러 가겠습니다. 어렵고 힘들게 열심히 살아온 지난날의 보상으로 이 정도는 누려도 되지 않겠습니까? 그렇게 하렵니다. 그래서 깨끗한 도화지로 일단 변신하고자합니다. 그리고 하나님의 뜻을 따르려고 합니다.

4. 음악, 저 높은 곳을 향하여

1) 성악가의 꿈

예배당의 풍금소리가 좋아서 그 소리를 들으려고 교회에 갔습니다. 찬송 부르는 것이 좋아서 많은 찬송을 부르게 되었고, 하나님께서 나에게 찬송을 잘 부르는 달란트를 주셨다고 믿게 되었습니다. 교회의 여름성경학교나 크리스마스 때에는 동요와 찬송대회에서 상도 많이 받았습니다. 중학교 시절에는 음악시간이 좋았고, 소풍 때에는 친구들과 선생님 앞에 나가서 노래를 부르기도 하였습니다. 교실이나 예배당 같은 실내가 아닌 자연 속에서 노래 부르는 것이 더욱 좋았습니다. 고교 시절에는 농업학교였으므로 음악시간이 없어 많이 아쉬웠습니다.

그러다가 교대에 입학하고 보니 온통 음악적인 분위기에 휩싸이게 되었습니다. 이수해야 할 학점 속에 오르간(풍금)과 피아노 실기가 있었습니다. 별도의 가창시간과 기악시간이 있어 매주 6~8시간의 음악수업을 받았습니다. 또 특별활동 시간에도 합창부에 들어 합창공부를 했습니다. 이런 환경 속에서 남성4중창단(히말라야시다)을 조직하여 활동하였습니다. 음악을 좋아하는 여학생들과 연합하여 서클(동아리) 발표회를 갖기도 했습니다. 많은 교수님들께서 칭찬과 격려를 해주셨고 주위 친구들이 부러워했습니다.

대학 1학년 때 학내 성악콩쿠르(황학콩쿠르)가 있었습니다. 당시 전북의 유명한 성악가이셨던 천길량 교수님에게 사사하는 친구들도 있었습니다. 저는 독학으로 성악을 공부하여 이 콩쿠르에 참가했습니다. 우리나라 가곡 '고향 그리워'로 출전했습니다. 저는 1~2학년, 남녀 전체에서 1등을 차지하였었습니다. 이 황학콩쿠르가 첫 데뷔 무대가 되었다고 할 수 있을 것 같습니다. 이후 노래 부르는 것에 자신감이 생겼으며 노래하는 것이 즐겁고 행복했습니다.

초등학교 교사가 되어 시골에서 근무하면서 퇴근 후 또는 밤 시간에 학교운동장에 나가 노래 부르기를 계속하였습니다. 학생들에게도 교과서 외에 많은 세계적인 민요와 쉽고 아름다운 가곡들을 찾아 가르쳤습니다. 계화도의 섬마을 선생 시절에도 바닷가에 나가서 노래를 부르는 것은 정말 즐겁고 행복했습니다. 더 좋은 노래를 부를 수 있는 사람이 되기 위하여 성악을 전공하고 싶었습니다. 학생들을 가르치는 일에도 열성을 다하면서 음악대학 입학을 위하여 성악공부를 시작했습니다. 그러나 섬마을에서 지도해주는 사람 없이 독학으로 성악을 공부하는 것은 위험한 것이었습니다. 성악적인 발성이 무엇인지 확실한 개념도 없이 큰 소리가 나올 수 있는 발성 연습에 집중했던 것입니다.

그것이 성대에 무리가 되어 성대 결절이 생겼습니다. 말을 해도 상대가 알아들을 수 없는 상황이 되었습니다. 음대 성악과 편입을 위하여 준비하던 과정과 학교 운동회 연습과정중에 발생한 난감한 상황이었습니다. 운동회를 마친 뒤 교장선생님과 상담하고 2개월의 병가를 받아 치료하기로 했습니다. 목을 쉴 수 있는 곳을 찾아 군산에서 배를 타고 5~6시간 서쪽 바다에 있는 어청도 섬의 등대로 들어갔습니다. 의사의 의견은 직업을 바꾸든지, 아니면 일단 2~3개월 일체 말하지 않고 성대를 쉬게 하여 본 뒤에 다시 검사해 보아야 한다는 것이었습니다. 정말 말을 하면 안 되는 것이므로 무인도 같은 곳에 들어가서 쉬고 나오라고 하였습니다. 의사표현은 연필로 써서 필담을 해야 한다는 것입니다.

성악을 전공하고자 하는 사람에게 사형선고와도 같은 것이었습니다. 많은 생각과 좌절 속에서 하나님께 간구의 기도를 드렸습니다. 일단은 어떤 경우에도 필담 할 것을 굳게 결심하고 또 다짐하면서 어청도의 등대를 찾아갔습니다. 말을 하지 않아도 생활이 가능한 곳을 찾아갔습니다. 나의 질병에 관한 것과 지켜야 하는 것들을 써 가지고 갔으므로 4명의 등대지기들이 이해하고 받아주었습니다.

10~11월 두 달 동안을 묵상과 기도, 독서와 산책, 바닷가에서 심호흡과 낚시를 즐기며 완벽하게 필담을 실천하였습니다. 결과는 대성공이었습니다. 바닷가의 맑은 공기와 해변의 염기가 더 좋은 상승작용을 한 것 같다고 의사 선생님께 말씀하셨습니다. 학교에 복직 후에도 매일 조금씩 말을 해가면서 꾸준히 성대의 원상회복을 위해 노력했습니다. 그리고 다음 해 3월에 꿈에도 그리던 음악대학에 편입하고 성악을 전공하는 성악가의 길로 들어섰습니다. 학부과정이나 대학원 과정을 다 마치고도 음악을 향한 끝없는 도전은 어디까지인지 짐작할 수 없었습니다.

대학교 졸업 연주회를 준비하는 과정에서 유학을 꿈꾸기도 했습니다. 대학 2~3학년 과정에서 지도교수였던 이종국 교수님께서 이탈리아로 유학을 떠나셨습니다. 그리고 새롭게 저의 성악 레슨을 맡으신 분이 젊은 김태현 교수님이셨습니다. 열정이 많았던 교수님은 저에게 특별한 관심을 보이시면서 이탈리아 유학을 권하셨습니다. 그러나 막연한 꿈과 동경을 따라가기에는 현실적인 문제점들이 눈앞을 가로막고 있었습니다. 무엇보다 어머니를 모시고 이제 막 새롭게 가정을 이루어 혼자가 아니었습니다.

성악의 꿈을 이루기 위하여 언젠가는 꼭 한 번 떠나야 하는 유학의 길이었지만 현실과 주위 여건들은 이를 허락하지 않았습니다. 유학의 꿈을 접는 대신 기회가 되는 대로 대학원에 진학하여 좀 더 연구하고 공부를 계속하여 실력을 인정받는 성악가가 되고 싶었습니다. 가르치던 교수님들이나 동료들의 칭찬은 있었으나 나의 생각은 달랐고 더 좋은 성악가로의 꿈은 언제나 저 높은 곳에 있었습니다.

1978년 5월 국민음악회가 주관하는 신춘음악회에 출연할 수 있는 기회가 왔습니다. 신춘음악회는 전국 음대 출신들 중 그 해 최우수학생들로 교수님 추천을 받아 개최하는 신인 음악가들의 등용문입니다. 성악과 기악 작곡까지 전 영역에서 선발되는 콩쿠르였으므로 음악을 전공한 사람은 모두가 그리는 꿈의 무대였습니다. 서울 국립극장 무대, 모든 사람들이 부러워하는 자리에서 노래하는 영광을 안았습니다. 성악가의 꿈이 이루어지는 것 같았습니다. 그리고 성악 동호인의 모임인 전북성악회의 회원이 되어 봄, 가을로 정기공연을 하면서 성악가의 길로 꾸준히 달려갔습니다. 정식으로 지휘 공부를 하진 않았으나 주일이면 합창 경험을 바탕으로 찬양대를 지휘하였습니다.

상산고로 직장을 옮기고 더 공부해야 되겠다는 필요성과 더 좋은 성악가의 꿈을 실현하기 위하여 중앙대 대학원에 입학했습니다. 대학원에서 장영 교수님에게 성악을 배우면서 서울 쪽에서 공부하는 친구들을 많이 사귀는 기회가 되었습니다. 참으로 유망 성악가의 자질을 가지고 있는 사람들이 많았습니다. 지방에서 서울까지 직장생활을 하면서 공부하는 힘들고 어려운 여건이었으나 열심히 공부했습니다. 2년간의 주어진 시간에 모든 과정을 완수했습니다. 대학원 졸업을 위한 종합시험에서 제2외국어로 독일어를 패스하는 과정이 가장 힘이 들었습니다. 농고를 졸업하였고 독일 리트 몇 곡을 외워 노래한 경험밖에 없는 저에게 독일어 소설을 읽고 해석하는 것은 정말 어려운 과제였습니다. 원어로 된 소설책을 모조리 외우다시피 하고 시험에 응시하였습니다. 이렇게 하여 종합시험을 통과하고 논문을 쓰고 독창회까지 모든 과정을 완수하고 석사학위를 받았습니다.

대학원을 졸업하고 성악가로서의 활동은 더욱 많아졌습니다. 독창회와 각종 음악회, 방송국에도 여러 번 출연하였습니다. 이런 공연에서는 세속적인 오페라의 아리아나, 세계적인 가곡과 한국 가곡을 주로 많이 부르게 되었고, 찬양을 할 수 있는 기회는 그렇게 많지 않았습니다. 무대에서 오페라의 아리아와 가곡을 부르고 나면 박수갈채와 칭찬을 받기도 하였습니다. 교회에서 찬양대를 지휘하는 일은 전공한 음악 실력으로 찬양대원들과 합창연습을 하여 예배시간에 한 순서에서 그저 지휘하는 정도였습니다. 교회에서 매주 습관적으로 찬양대를 지휘하는 것보다 세속적인 무대에서 노래하는 것이 더욱 긴장되고 기대되었습니다. 또 그런 기회가 되면 많은 시간을 들여 연습하고 무대에 올라가 최선을 다하여 노래했습니다.

1991년 전주대에서 기획한 오페라 '춘희(La Traviata)' 공연에 남자 주인공역에 선발되어 정말 열심히 연습하였습니다. 오페라에 몇 번 출연할 기회가 있었으나 그때마다 발생한 문제들로 인하여 제대로 된 역을 해보지 못했습니다. 그래서 이번에는 이런 것들을 만회할 수 있는 기회로 만들고 싶었습니다. 연습에 나가는 일이 정말 신나고 즐거웠으며 뿌듯한 마음으로 멋지게, 또 성공적으로 주인공 역을 소화해 내고 말리라 다짐하면서 열심히 연습했습니다. 여름이라 무더운 날씨때문에 가벼운 옷차림을 했어도 피아노 앞에서 2~3시간을 계속하여 발성 연습을 하면 온 몸이 땀으로 흠뻑 젖기 일쑤였습니다.

어느 무더운 날 오후에 그렇게 연습을 하다가 잠깐 쉬기 위하여 소파에 누웠다가 잠이 들었었나 봅니다. 얼마의 시간이 지난 뒤에 잠에서 깨어보니 날이 어둑어둑해지고 몸이 으슬으슬 추운 느낌이 드는 것이었습니다. 연습으로 인해 흐르는 땀을 미처 씻지 못하고 잠깐 쉬려고 했었는데 깊이 잠들었던 것입니다. 몸을 씻고 옷을 챙겨 입는데 자꾸 추운 느낌이 온 몸에 스며드는 것 같이 소름이 끼치는 것입니다. 인후 쪽이 간질거리고 잔기침이 나오기도 하였습니다. 결국 병원에 가보니 무리한 연습으로 성대 결절이 재발했다는 것입니다. 음악대학에 편입하기 위하여 연습 중에 성대 결절이 15~16년 만에 재발한 것이었습니다. 다행히 처음 발생했을 때보다는 상태가 조금은 양호한 것이니 조심하여 성대를 사용하라고 했습니다. 그러나 노래를 부르는 것은 당분간 불가능하다는 것이었습니다. 다음날부터는 말을 해도 다른 사람이 저의 말을 잘 알아들을 수 없을 만큼 목이 부어 발성하기 어려운 지경에 이르렀습니다.

이렇게 오페라에 대한 기대는 무산되고 말았습니다. 거의 1년여 동안을 노래하지 않고 목을 쉬었습니다. 가능한 한 작은 목소리로 상대가 알아들을 수 있을 정도로만 조심하였습니다. 학생들도 나의 상황을 이해하고 잘 협조하여 주어 오히려 다른 때보다도 수업 분위기가 조용하고 좋았습니다. 때로는 조용한 목소리가 사람들의 주위를 집중시키는 강한 힘이 있다는 것을 이때 깨달았습니다. 시간이 얼마 지나고 난 뒤 목소리가 많이 회복되었습니다. 오페라에서 멋진 무대를 꿈꾸던 것은 단념했으나 아직 성악가의 꿈을 접을 수는 없었습니다. 그래서 다시 성악 활동을 시작하였습니다. 교회의 찬양대를 지휘했으나 주로 전북 성악회와 방송국 출연, 각종 행사에서 특별출연 등 성악가로서의 길이었습니다.

그러나 무대로 오르기 전 연습 과정에서부터 점점 전과 다르다는 것을 느끼기 시작하였습니다. 전에는 자신 있게 발성했던 고음이나 강하게 발성이 필요한 센음(ff)에서 문제가 발생하고 있었습니다. 점점 무대가 두렵고 싫어지기 시작했습니다. 바라고 동경했던 성악가의 꿈은 이런 것이 아니었습니다. 나의 노래를 들은 사람들은 괜찮다고 평가했습니다. 그러나 내가 듣는 나의 소리는 전과는 확실히 부정적으로 달라지고 있었습니다. 1995년 12월 5일 전북예술회관에서 전북성악회가 주최하는 오페라 아리아의 밤을 끝으로 나의 노래 무대는 접기로 결심했습니다.

때로는 저의 노래를 들어주었던 모든 분들에게 용서를 구하고 싶었습니다. 이런 나의 노래를 참고 들어주신 것에 대하여 감사하고 싶었습니다. 부끄럽다는 생각도 많이 했습니다. 그러나 이렇게 음악활동을 멈출 수는 없었습니다. 성악의 길이 아닐지라도 새로운 길이 있을 것이라고 생각했습니다. 하나님께서 또 다른 길을 예비하여 두시고 저를 사용하실 것을 기도했습니다.

2) 지휘자의 꿈

주일학교의 고학년이었을 때 어린이 성가대에 들어가 화음에 맞추어 노래를 하면 혼자 독창을 했을 때와는 다르게 풍부함과 충만함을 느낄 수 있었습니다. 중고교 시절에는 어른들과 청년들이 부르는 예배의 찬양순서에서 목사님의 설교보다 더욱 영적인 감동을 느끼기도 했습니다. 아름답고 고운 여성의 소리와 깊고 풍부한 느낌의 남성의 목소리가 조화를 이루어 아름답게 어울리는 것이 신비스러웠습니다.

나는 언제나 테너 파트에 들어가 찬양을 했습니다. 맑고 청아한 소리로 노래를 부르면 깊고 장중한 베이스와 부드러운 알토의 소리에 소프라노가 어우러져 천사들의 노래가 되는 것 같았습니다. 교대에 입학하여 전주의 큰 교회의 성가대 찬양과 김성지 교수님께서 지휘하시던 할렐루야 합창단의 합창을 처음 들었을 때, 놀라운 감격과 감동을 받았습니다. 교수님의 지휘하는 모습에서 합창소리가 지휘자의 음악으로 들려오는 것 같았습니다. 지휘자의 움직임으로 음악이 만들어지고, 표현되고 있음을 볼 수 있었습니다. 합창에서 들려오는 작고 섬세한 소리나 힘차고 장엄한 소리들이 지휘자의 손끝에서 시작 되고 있었습니다. 그것은 지휘자의 움직임으로 인하여 더욱 확실하게, 그리고 더욱 강한 감동으로 느껴지는 것입니다. 지휘자의 몸짓 하나하나에, 손끝 움직임으로 아름답고 멋진 소리가 음악으로 표현되는 장면은 참으로 감동적인 것이었습니다.

대학과 대학원 과정에서 모두 성악을 전공했으므로 지휘 공부의 기회는 없었습니다. 당시에는 합창 지휘과를 설립하여 학생을 가르치는 대학이나 대학원이 없었습니다. 뿐만 아니라 성악가로 활동하는 것이 즐겁고 충분히 보람있는 시간들이었습니다. 그러다가 오페라 연습과정에서 목에 이상이 발생했고, 나의 목소리에 만족하지 못하고 노래할 때마다 불만이 쌓여가는 것이었습니다. 훌륭한 성악가는 아닐지라도 좋은 성악가는 되고 싶었는데 그렇게 되지 못한 것입니다. 발성에 문제를 느끼면서 노래하는 것이 싫고 두렵기까지 하면서 본격적으로 지휘를 공부할 수 있는 방법을 찾아보았습니다. 일반 대학교나 대학원 과정에는 지휘과가 신설되었다고 할지라도 이제 그렇게 긴 과정을 공부하기는 어렵다고 판단하였습니다. 물론 한국합창총연합회가 매년 개최하는 합창 지휘자 심포지움과 몇몇 단체에서 실시하는 교회 찬양대 지휘자들을 위한 세미나에 꾸준히 참석하였습니다. 그러나 이런 교육을 통하여 배우는 지휘법은 단편적이고 하나의 체계를 정립하기에 한계가 있었습니다.

그러다가 연세대 연합신학대학원에서 교회음악지도자를 위한 지휘자와 오르간 반주자 과정이 신설되었다는 정보를 얻었습니다. 즉시 원서를 내고 학업을 시작하면서 곽상수 교수님을 만나게 되었습니다. 연세가 많으신 교수님의 열정은 매 시간 도전이 되는 강의 내용과 실기 연습이 되었습니다. 합창문헌과 교회음악, 그리고 예배음악 등 찬양에 관한 새롭고 놀라운 학문을 발견하는 기회가 되었습니다. 전주에서 매주 금요일에 서울까지 올라가 밤 11시까지 계속되는 수업이었으나 결석 없이 과정을 졸업하였습니다. 합창지휘 수업을 받는 것이 처음이고 또 합창지휘자 과정이었으므로 너무 보람되고 많은 것을 배우게 되었습니다. 합창 지휘자로서 새로운 길을 찾는 계기가 된 정말 좋은 수업이었습니다. 종교음악에서 교회음악과 예배음악이라는 개념을 정립하였습니다. 찬양의 의미와 종교적인 행위, 신앙적인 신념에 관한 것들을 이해하는 공부가 필요함을 깨달았습니다. 주일 아침마다 성가대를 지휘하면서도 항상 음악적인 면만을 생각했던 것들이 이제 신앙의 마음으로 종교적인 관점에서 보고자 하였습니다. 지휘자의 멋진 몸놀림이 아니라 음악으로 신앙적 고백을 노래하고 싶었습니다.

한국합창총연합회의 이사와 전북합창연합회의 회장의 입장에서 합창단의 지휘자가 되고 싶었습니다. 학교의 특별활동으로 진행되는 합창단 지휘자가 아니라 합창을 위하여 만들어진 합창단의 지휘자가 되어야 한다고 생각했습니다. 이런 뜻을 가지고 1996년 11월에 전주남성합창단을 창단하였습니다. 몇몇 친구들과 합창을 좋아하는 교인들, 그리고 뜻을 같이하는 의사선생님들이 함께했습니다. 30여명의 단원들로 1997년에 창단 연주회를 전북예술회관에서 가졌습니다. 창단공연은 남성들만의 독특한 음색과 다이내믹으로 청중들의 호응이 아주 높았던 성공적인 공연이었습니다.

매년 정기 연주회를 통하여 새로운 레퍼토리와 무대를 구성하고 지방자체단체들이 주관하는 문화행사, 시민단체와 사회단체의 초청 공연들을 통하여 활동 범위를 넓혀 갔습니다. 고정 팬들도 나타나기 시작하였습니다. 단원들의 수도 점점 늘어났습니다. 그러나 역시 한계가 있었습니다. 레퍼토리 선택과 합창적인 표현에서 역시 남성만의 소리로는 더 어떻게 할 수 없는 한계가 있었습니다. 이런 점들을 보완하기 위하여 여성합창단이 필요하다고 생각했습니다.

그래서 교회 성가대원들과 주위의 많은 여성분들의 도움으로 전주여성합창단을 창단하였습니다. 합창의 특수성으로 합창단원을 모집하고 보면 대체로 크리스천들로 구성되는 경우가 많습니다. 그러다 보면 창단된 합창단의 이름들이 기독교적인 색채를 강하게 나타나는 경향이 있습니다. 그러나 막상 합창단이 활동을 시작하고 무대를 만들어 가다 보면 종교적인 것으로 인해 표현과 활동의 제약을 받을 때가 많았습니다. 반면 기독교적인 것을 표방하고 내용적으로는 세속적인 경향으로 운영되고 있는 합창단도 많이 있었습니다. 가능한 기독교적인 색채를 강조하지 않고 불신자들까지도 같이 동화하는 선교단체를 만드는 것이 더욱 의미 있는 단체의 운영 방법이라고 생각했습니다.

전주남성합창단이나 전주여성합창단이라는 객관적 이름은 이렇게 붙여진 것이고, 내용과 운영에서는 사랑과 용서 그리고 조화와 배려를 중심으로 기독교적인 요소를 갖고 있었습니다. 단원들 중에는 원불교 신앙을 가지고 있는 사람과 가톨릭 신자도 있으며 무종교를 고집하는 단원도 있습니다. 그러나 종교적인 합창곡을 부르는 것에 누구도 이의를 제기하지 않고 지금까지 계속해 왔습니다. 물론 연주회 무대의 다양성을 고려하여 종교적 성가곡만을 고집하지 않고 세속적인 레퍼토리도 선택했습니다.

여성합창단을 같이 지휘하게 되므로 정기 연주회에서 두 합창단이 서로 협조적으로 교차 출연하여 여성, 남성, 혼성 등 합창의 모든 장르를 자유롭게 표현할 수 있었습니다. 또 전주대 평생교육원에 합창강좌를 개설, 전주여성합창단과의 보완적 관계를 유지하여 많은 도움이 되었습니다. 그러나 전주대 평생교육원의 체계가 바뀌고 여성합창단원들의 내적인 문제들로 이런 관계를 오래 지속할 수 없게 되었습니다. 결국 평생교육원의 합창단과 전주여성합창단은 흩어지고 몇몇 뜻을 같이하는 단원들은 지금도 서로 만나서 좋은 교제를 나누고 있다는 소식을 듣고 있습니다. 전주남성합창단을 창단하여 지휘자의 자리를 차지하였으나 이것들이 저의 것이라고 생각하지 않으려고 노력했습니다. 무엇이나 생명이 있는 유기체들은 호흡하는 것으로 언제든지 새로워져야 생명을 유지하는 것이라고 생각했습니다. 따라서 지휘자의 자리는 언제든지 그 합창단이 필요로 하는 사람이 들어와 새로운 모습으로 발전하기를 바라는 마음을 갖고 있는 지휘자가 되고 싶었습니다.

세속적인 표현으로 말한다면 물러나는 뒷모습이 아름다운, 박수를 받을 때 물러날 줄 아는 멋진 지휘자로 남고 싶다는 생각을 항상 했습니다. 전주남성합창단의 제5회 정기 연주회를 한국소리문화의전당 모악당에서 마친 뒤에 이런 나의 뜻을 관철하고 싶었습니다. 그리고 전문적 합창단을 만들고 싶었습니다. 그러나 그해 5월까지 전주남성합창단은 방향을 잡지 못하고 와해되는 위기에 이르고 있었습니다. 어쩔 수 없구나 하는 너무 속되고 평범한 이유 하나만으로 다시 남성합창단의 지휘자 자리에 올랐습니다. 또 다른 합창단을 만들고 싶었던 것은 고향 김제시립합창단이었습니다. 전라북도 6개의 시중에 유일하게 시립합창단이나 관현악단 등의 문화단체를 갖고 있지 못한 것이 늘 마음에 걸렸기 때문입니다. 한국합창총연합회의 이사와 전북합창연합회의 회장이 된 입장에서 김제시립합창단을 창단하는 것이 의미 있는 활동이 될 것으로 생각했습니다. 음악을 하는 후배들에게도 뜻있는 사업을 남기는 결과가 될 것으로 생각되었습니다. 무엇보다 아마추어 합창단을 지휘하는 것으로는 표현의 한계가 있어 전문합창단을 창단하여 지휘하고 싶은 욕심이 있었습니다.

곽인희 김제시장과 김제시의회 의원들 그리고 의장에게 시립합창단을 창단하자는 건의문을 작성하여 발송했습니다. 또 김제시에 근무하고 있는 친구들을 통하여 김제시에 시립합창단의 창단이 필요한 것임에 대한 여론을 형성하고 당위성을 역설했습니다. 정읍시와 남원시의 시립합창단 운영 조례들을 김제시에 발송하여 표본을 삼도록 문화공보과를 도왔습니다.

드디어 단원을 모집하게 되었고, 지휘자와 반주자 공개 모집의 쾌거를 얻어냈습니다. 그러나 나에게는 지휘자의 기회가 주어지지 않았습니다. 김제시립합창단 운영에 관한 조례규정에서 지휘자 초빙의 연령규정에서 벗어난 것이었습니다. 비록 그 합창단의 지휘자 자리에 갈 수 없게 되었으나, 고향 김제시에 시립합창단을 창단하는 여론과 여건을 만드는 한 부분의 역할을 했다는 자부심만 갖고 뒤로 물러났습니다.

전주남성합창단은 영호남 화합합창제를 위하여 포항 예술회관 초청연주, 전남 순천 여성합창단의 정기연주회 출연, 김제 지평선 축제, 세계소리문화 축제 등에 초청되어 연주하는 등 활동이 활발하였습니다. 2004년에는 해외 순회공연을 계획하여 9월 24일부터 29일까지 러시아의 블라디보스토크, 스파스크, 하바로프스크에서 감동과 감격을 안겨 주는 성공적인 연해주 지역 순회연주를 마쳤습니다. 연해주 지역 순회연주회에 참여한 전주남성합창단원들은 이때의 아름답고 감격적인 추억을 일생동안 영원히 잊지 못할 것입니다. 공연 장소에서 만난 고려인들의 애환을 듣고 무대에서 노래할 때는 마음에 울컥함을 억누르기 어려웠고, 러시아인들의 환대에는 한국인의 긍지를 갖게 되었습니다.

나는 여행을 즐기고 좋아하는 관계로 그동안 16개국 이상의 많은 나라들을 여행하면서 관광을 하였습니다. 그러나 합창단과 같이하면서 공연을 겸하여 여행하는 것은 패키지 관광여행과는 크게 다른 느낌과 보람이 있었습니다. 그리고 전주남성합창단은 한 단계 더 높은 연주단체로 격상되어 공식적인 전라북도의 문화단체로 인정받고 문예진흥기금을 지원받는 단체가 되었습니다. 제8회 정기연주회에서는 (한·러문화교류/러시아 민속예술과 함께하는 사랑음악회) 러시아의 민속예술단을 초청하여 그들을 민박으로 머물게 하면서 한국을 알게 하는 문화적 외교관 역할을 훌륭히 했습니다. 2006년에는 전주시와 자매 결연을 맺고 있는 일본의 가나자와 시민합창단의 초청을 받았습니다. 9월 30일부터 10월 3일까지 가나자와시 창립 기념 축제에 참가했습니다. 가나자와 시민 예술회관에서 시민합창단과 합동공연을 통하여 우의를 다지고 전주시장의 친서를 전하기도 했습니다. 가나자와 시청을 방문하여 시장의 환영인사를 받는 등 민간 외교사절의 역할을 수행했습니다.

일본에서 공연을 마치고 관광과 귀국길에 우토로 마을에 들렀던 것은 참으로 우연이었습니다. 우토로 마을은 1945년 일본사람들이 대동아전쟁을 표방하고 이곳에 비행장을 건설하기 위하여 조선인 5000여 명을 강제 징용했던 노동자 수용소입니다. 일본은 패전하자 비행장 공사를 중단했고,

강제 징용된 조선인들만이 대책 없이 남아 마을을 이루고 있는 곳이었습니다. 일본 정부는 이들 조선인 노동자들에 대한 아무런 조치도 없이 이 터를 부동산 업자에게 매각했습니다. 이 땅을 사들인 업자가 자신의 땅에 무단으로 살고 있는 조선인 노동자들을 내보려고 하는 과정에서 심각한 문제가 발생했습니다. 강제로 징용되어 오던 시절에는 10~20대의 피 끓는 청년들이었을 것입니다. 그러나 지금은 80~90세가 넘어버린 노년의 모습으로 그동안 살아왔던 집과 터를 고스란히 빼앗기게 되는 것이었습니다.

다행히 몇몇 양심적인 일본인 민간단체들의 노력으로 유엔 인권위원회에 제소하여 얼마간의 값을 지불하면 이들에게 연고권을 허락하도록 권고되었습니다. 그들은 희망의 끈을 놓지 않고 모금운동을 하고 있었습니다. 이들이 살고 있는 현장은 열악하기 그지없어 우리나라 60년대의 모습을 보는 듯, 가슴이 아팠습니다. 일본인들의 이중적인 정치 현실을 눈앞에서 보고 한국 정치인들에 대한 회의가 일었습니다. 우리는 귀국하여 곧바로 2006년 제10회 정기연주회를 11월 5일에 한국소리문화의 전당 모악당에서 열었습니다. 일본 땅 안의 조선인 마을 우토로를 돕기 위한 자선음악회로 열었습니다. 얼마의 기금을 모아서 그곳 할아버지와 할머니들에게 보내드리면서 아직 한·일 간에 해결되어야할 역사들이 많이 남아 있음을 실감했습니다. 그리고 10회 정기연주회까지의 공연 실황을 녹음하여 전주남성합창단 합창곡집, CD 제2집을 발행하였습니다.

2007년 4월 14일에는 교회음악박사과정을 하고 있던 Midwest University에서 주관하는 'The Midwest Global Choir Festival 2007'에 특별 출연하여 정말 많은 인사들로부터 찬사를 받는 공연을 하였습니다. 그리고 2008년 1월 30일부터 2월 8일까지 9박10일간의 대장정으로 호주와 뉴질랜드의 순회공연을 실행했습니다. 당초의 계획과는 많이 상황이 달라져서 관광여행에 가까운 순회연주회가 되고 말았지만 참으로 멋지고 아름다운 추억을 만들고 돌아왔습니다. 시드니 오페라하우스에서 공연을 한 합창단이 몇이나 될까요? 공식적으로 초청되거나 프로그램을 만들어 무대 위에서 펼친 공연은 아니었습니다. 그러나 객석에서 즉흥적으로 공연하고 외국인들의 브라보 소리에 감동한 합창단 아니, 전주남성중창단이 되었던 것입니다.

또 크라이스트처치에서 한인 장로교회의 주일예배 특별찬양과 밀포드 사운드의 선상 콘서트, 세계 3대 미항이라고 자랑하는 시드니 항구의 유람선에서 펼친 선상 콘서트, 여왕은 없다는 퀸스타운의 야간콘서트와 오클랜드의 공항콘서트는 잊을 수 없습니다. 아름다운 호수와 만년설이 덮인 장엄한 산들, 그리고 끝없이 넓게 펼쳐진 초원과 그림 같은 집, 한가롭게 풀을 뜯는 사슴과 양떼들, 이처럼 아름다운 세상은 누구의 작품입니까? 우리는 마음껏 찬양을 돌려드렸습니다. '주 하나님 지으신 모든 세계 내 마음 속에 그리어 볼 때…' 하나님 창조의 세계는 참으로 아름다움의 극치를 이루고 있었습니다. 일정이 너무 길어서 많은 단원들이 참여하지 못했던 여행이었습니다. 그러나 돌아오는 길에는 오히려 언제 10일이 지나갔는지 떨어지지 않는 발걸음으로 비행기에 몸을 실었습니다. 단원들 간에 쌓은 돈독한 우정과 끈끈한 마음들을 서로서로 교감하면서 이제는 12회 정기연주회를 준비하고 있습니다.

전주남성합창단은 거의 공연 때마다 사회적으로 소외되고 도움이 필요한 곳을 찾아 작은 도움의 손길로 사회적인 여건과 여론을 환기하고자 했습니다. '영세민 집 고쳐주기 운동', '청소년을 위한 자선 음악회', '학대받는 아동을 위한 자선음악회', '조·손가정을 위한 자선음악회' 등을 개최하여 이웃사랑 음악회를 정착시켜 왔습니다. 이번 12회의 정기연주회를 마치고 이제 저는 이 자리를 명예스럽게 떠나고 싶습니다. 정말 박수를 받으면서 무대 뒤쪽으로 사라지는 멋진 모습을 보이고 싶은 마음입니다. 사람들은 말합니다. 당신이 아니면 안 된다고, 어떤 사람은 당신이 아니면 전주남성합창단이 와해되고 말 것이라고 합니다.

그러나 12년의 짧지 않은 시간동안 단원들에 의하여 이루어져온 역사가 있습니다. 능력과 분별력이 있는 사람들로 전주남성합창단원이 구성되어 있음을 나는 믿고 있습니다. 창단하여 정기 연주회를 거듭해 오면서, 5회 때와 10회 때에, 두 번 지휘자의 자리를 능력 있고, 또 이런 지휘자의 자리를 원하는 적당한 사람에게 물려주고 싶었습니다. 그러나 그때마다 쉽게 나의 뜻대로 할 수 없었습니다. 이번은 사정이 다릅니다. 학교에서 정년을 맞게 됩니다. 교회의 성가대 지휘자의 자리도 내어 놓으려고 합니다. 그렇게 하는 것이 작은 것일지라도 발전하는 후배들에게 길을 열어 주는 일이 될 수 있다고 생각합니다.

물론 남성합창단이 새로운 후임 지휘자를 만났을 때 단원들과 복잡하고 미묘한 정서적 문제가 발생할 수 있습니다. 직접 창단하여 12년의 시간을 같이해 온 지휘자와 같은 느낌으로 받아드리기 어려운 점이 있을 것입니다. 그러나 합창단의 활동은 음악을 통하여 목소리를 합하고 조화롭게 균형과 질서를 적용하여 재창조하는 예술이라고 생각합니다. 그동안 이와 같은 활동을 해 온 단체이므로 처음 시작에서는 어려움이 있을 수 있을 것이나 와해되지는 않을 것입니다. 정말 그렇게 되지 않기를 진심으로 원합니다. 편안한 마음으로 물러갈 수 있도록 협력하여 주시기를 단원 모든 분들에게 진심으로 부탁하고 싶습니다. 그렇게 하려고 의미 있는 레퍼토리로 제12회 정기연주회를 구성했던 것입니다. 꿈이 되었던 헨델의 Messiah를 Orchestra 반주로 기획했고, 앙코르곡은 '내 친구'와 '그대 그리고 나'를 준비하여 고별공연으로 생각하고 있습니다.

교회의 2008년 크리스마스 칸타타도 제가 직접 지휘하여 예배 드리려고 합니다. 마지막으로 지휘하고 박수를 받으며 떠나는 저의 모습이, 멋지고 열성적인 선배의 모습으로 후배들에게 보여지기를 원하는 것입니다. 이제 음악교사의 자리도, 교회 찬양대의 지휘자의 자리도, 전주남성합창단 지휘자의 자리까지 모두 뒤에서 열심히 연구하며 노력하는 후배들에게 내어주고 싶습니다. 그리고는 편안한 마음과 멋진 모습으로 그들의 초청을 받아 음악을 듣는 자리에 앉아 있고 싶습니다. 여기까지가 저에게 주어진 사명이며 그 일을 다 했다고 생각합니다.

약하고 부족한 저를 하나님께서 들어 쓰셨고 여기까지 높이셨습니다. 이제 신학을 공부하고 그분의 뜻에 따라 '다시, 저 높은 곳을 향하여' 가라 하시면 훌훌 편하고 담대하게 떠나려고 합니다.

5. 기행문

　여행은 언제나 떠나기 전 준비하는 과정에서부터 마음을 설레게 합니다. 그리고 여행기간에 발생할 수 있는 여러 가지 의외의 사건들은 두려움보다는 오히려 기대와 흥분으로 다가옵니다.

　초중고를 졸업하는 과정에서부터 가정형편으로 수학여행 한 번 따라가지 못했던 저는 교육대학에 다니면서 졸업여행으로 설악산을 처음 보았습니다. 이후 여행의 즐거움과 흥분을 즐기기 시작하였습니다. 결혼 전에는 무전여행이 유행처럼 번져 나갔었는데 당시 불편했던 교통 여건에도 불구하고 섬으로는 울릉도, 내륙으로는 무주 구천동 그리고 속리산 등 친구들과 여러 곳을 여행했습니다. 결혼 후에는 우리 부부가 다행히 교직생활을 같이하는 덕택으로 여름과 겨울, 특히 학기말 방학 기간에는 결혼기념일을 기준으로 거의 빠짐없이 배낭을 쌌습니다. 자가용 승용차가 많지 않던 1980년대 후반, 자라나는 아이들과 더불어 적극적으로 여행을 즐기기 위하여 중고차를 구입하였습니다. 자동차 'Mark V'가 우리 가족에게 많은 추억과 이야깃거리를 간직하게 해 주었습니다.

　참 많이 돌아다녔습니다. 1991년 여름, 미국의 워싱턴과 뉴욕, 나이아가라, 그랜드캐니언, LA, 그리고 하와이까지 첫 해외여행으로는 정말 환상적인 여정을 다녀온 뒤 국내보다는 해외여행에 더 많은 관심을 가지게 되었습니다. 또한 홍성대 이사장님의 후원을 통한 상산고 해외연수단으로 러시아의 모스크바와 상트 페테르부르크, 그리고 폴란드와 독일을 다녀왔습니다. 이후 아내와 함께 성지순례를 목적으로 이집트의 카이로와 스핑크스가 있는 피라미드, 시내 산, 요르단을 거쳐 이스라엘, 이탈리아의 로마와 소렌토, 나폴리를 보았습니다. 프랑스 파리에 있는 루브르 박물관, 그리고 스위스 관광을 겸한 정말 멋지고 의미 있는 성지순례 여행이었습니다.

영국에서는 런던과 스코틀랜드, 옥스퍼드와 케임브리지에서 약 한 달여 동안 머물면서 어학연수를 하였습니다. 그리고 학교의 동료 선생님들과 보르네오 섬 북부에 있는 인도네시아의 코타키나발루(4101m)를 등반하였습니다. 중국에서는 소주와 황주, 그리고 천하의 명산이라고 자랑하는 황산을 구경하였습니다. 일본은 아내와 두 딸 그리고 아들과 함께하는 배낭여행으로 후쿠오카에서 오사카, 도쿄와 교토를 답사했습니다. 그리고 나라를 관광하다 법륭사에서 그 유명한 담징의 벽화를 보기도 하였습니다. 이후 일본 가나자와 시민 합창단의 초청을 받은 전주남성합창단을 지휘하고 돌아오는 길에 우토로에 어렵게 살고 계시는 한국인 할아버지와 할머니들의 슬픔을 보기도 하였습니다.

전주남성합창단의 활동으로 러시아의 연해주 지역 블라디보스토크와 스파스크 그리고 하바로프스크에 순회연주 여행을 하였습니다. 올해 1월에는 호주의 시드니와 뉴질랜드의 남섬과 북섬까지 연주와 관광을 겸한 여행을 다녀와 정말 즐거운 추억을 만들었습니다. 특히 미국은 큰딸아이 덕에 몇 차례 다녀왔으나 2008년 6월 세인트루이스에 있는 Midwest University에서 교회음악박사학위를 받기 위해 방문하였고, 아내와 같이 캐나다의 로키 마운틴을 관광하면서 그 많은 만년설과 호수, 그리고 밴쿠버의 품위를 느끼며, 시애틀의 잠 못 이루는 밤을 보내기도 하였습니다. 이제 정년 이

후, 아껴 두었던 가까운 동남아 지역에서부터 멀리는 아프리카와 남미 여행까지 생각하면 벌써부터 마음이 설레기 시작합니다. 여기 여행의 느낌을 정리한 몇 편의 기행문을 실어봅니다.

1) 미국기행

여름방학(1991년)을 이용하여 미국을 여행하는 기회를 얻었다. 7월 31일~8월 13일 디트로이트, 뉴욕, 워싱턴, 미니애폴리스, 라스베이거스, 로스앤젤레스, 하와이 등지와 나이아가라, 그랜드캐니언 등을 관광하며 많은 것을 보고 느끼고 생각할 수 있었다.

태평양 상공을 나는 비행기 안에서

7월 31일 김포공항의 날씨는 몹시 무더웠다. 노스웨스트기의 내부는 공항의 열기와는 다르게 냉방장치가 완벽했다. 승객의 80% 정도는 동양계 사람들이고 그 중 대부분은 한국인 여행객인 것 같았다. 언론에서 들은 한국인 외국여행에 관한 많은 이야기들이 실감 나는 장면이었다. 나 같은 소시민까지도 미국여행을 위하여 비행기에 올랐으니 그 실태와 현실이 짐작되고도 남았다.

탑승객들 모두 자리에서 안전띠를 매고 있는데 이륙이 주는 긴장감으로 인하여 정적 같은 조용함만 흐르고 있었다. 그 가운데 한 아기의 울음소리는 더욱 긴장감을 고조시켰다. 많은 사람들이 창밖 사진을 찍는 등 바삐 움직이는 사이 나는 아까부터 계속 울어대는 아기가 있는 쪽으로 가보았다. 객실의 맨 앞자리에 30~40대 부부로 보이는 백인남녀가 우리나라 아기 5명(모두 생후 1년 미만으로 보임)을 의자에 누이거나 안고서 울음을 달래고 있었다. '세계 아기 수출 1위국' 이라는 기사의 제목을 언젠가 신문에서 읽은 기억이 되살아났다. 자신들의 불안한 미래를 느끼고 있는 것일까 아니면 지금 현실을 감지하고 있는 것인지 앙칼지게 울고 있었다. 가슴이 찡해 오는 것을 억누르려 얼른 자리에 돌아와 앉아 눈을 감아 버렸다.

태평양 상공을 지나 어느덧 지루한 비행에 익숙해질 무렵, 창밖으로 멀리 빙산인 듯 하얀 산이 떠 있는 것처럼 보였다. 얼마 후 눈 덮인 웅장한 산맥이 나타나고 다시 조금 뒤에는 바둑판처럼 좌우로 도로가 끝없이 펼쳐져 있었다. 직선으로 연결된 경작지 주변은 산의 모습이나 도시와 같은 사람들의 밀집 지역은 보이지 않고 그저 반듯하게 다듬어진 경작지만 거의 두 시간 이상 창밖으로 보였다. 캐나다를 거쳐 미국 땅 동부의 광활한 농토에 한반도 남쪽지역의 시골 출신인 나는 기가 질려 왔다. 넓이에 대한 개념이 상실되는 순간이었다.

바다인 듯한 호수를 지나 공업도시로 유명하다는 디트로이트공항에 도착했다. 이 도시를 상공에서 본 모습은 내가 상상하는 공업도시와는 다르게 수많은 호수와 숲, 그리고 잘 다듬어진 포장도로를 따라 멋진 집들이 유달리 많았고 집집마다 수영장을 갖추고 있는 주택들로 전원도시와 같은 인상이었다.

거지, 낙서로 얼룩진 뉴욕

엄격한 디트로이트공항의 입국 통관 절차를 밟고 다시 국내선 비행기로 옮겨 뉴욕에 도착, 호텔에 들어섰을 때는 저녁 7시경이었다. 뉴욕공항에서 관광버스로 호텔에 오는 동안 차창 밖으로 보인 도시 건물들은 온통 낙서투성이였다. 크고 작은 건물이며 거리와 입체교차로 등 공간이 될 만한 곳은 모두 여러 형태의 색깔로 그림과 글씨 그리고 기호 등으로 어지럽게 더럽혀져 있었다. 대부분의 건물들이 오래되어서 거리는 지저분했고, 고층건물 모퉁이 여기저기 쓰레기통 근처에서는 어렵지 않게 흑인 거지들이 웅

크리고 앉아 있거나 뒤적이는 모습을 쉽게 찾아 볼 수 있었다. 뉴욕 거리의 거지들은 이와 같은 여름에는 거리를 부랑하며 구걸하거나 쓰레기통을 뒤져 버려진 햄버거 부스러기나 음료수 등을 먹고, 밤이면 거리 아무 곳에서나 잠들고 또 그 곳에서 실례(용변)를 한다고 한다. 그래서 그런지 뉴욕의 새벽 거리를 소방차가 물청소 하는 것을 쉽게 볼 수 있었다.

관광의 도시 뉴욕

이 같은 뉴욕의 거리는 그것 자체가 관광 자료가 될 만한 것이었으나 뉴욕에는 많은 명소들이 있었다. 엠파이어스테이트 빌딩은 뉴욕의 얼굴에 걸맞게 맨해튼의 번화가인 5번가에 면하여 지상 102층, 높이 381m로 오랫동안 세계 제일을 자랑했다. 이제는 시카고의 103층인 시어스 타워와 뉴욕의 세계 무역센터 다음으로 세계에서 3번째 높은 건물이라고 한다. 다운타운 쪽에 세계 무역센터 건물은 보는 이에게 미국과 뉴욕에 대한 강한 인상을 남기게 하였다.

허드슨 강을 배타고 건너 찾아간 자유의 여신상(Statue of Liberty)은 작은 섬 리버티 섬에 있었다. 섬에 내려서 바라본 여신상은 그렇게 높게 보이지 않았으나 사진기에 넣으려니 상당한 거리에서 초점을 맞추는데도 자꾸만 잘렸다. 나중에 안내하는 사람의 말에 높이가 상상을 초월한 수십 미터나 된다는 것을 알고 뉴욕의 수백 미터의 빌딩 숲 속에서 나의 높이에 대한 감각마저 흐트러져 버렸음을 깨닫게 되었다.

뉴욕에는 가볼 만한 곳이 너무 많았지만 정해진 시간에 움직이는 나는 미 육군사관학교와 국제연합본부(UN) 그리고 도시 속의 도시를 이루고 있는 록펠러 센터를 보고, '러브스토리'의 촬영 현장인 로어 광장에서 사랑을 속삭이는 청춘 남녀의 마음도 짐작할 수 없이 시간에 쫓기어 대충 둘러보았다. 꼭 가보고 싶었던 메트로폴리탄 연주홀과 줄리아드 그리고 브로드웨이 캣츠는 엄두도 낼 수 없어서 아쉬웠다.

나이아가라폭포 관광과 봉변

나이아가라폭포 관광은 뉴욕에서 프로펠러로 가는 나이아가라관광 전용 경비행기로 떠났다. 버스를 타고 세 자매에 대한 전설이 얽혀 있는 세 자매성과 고트섬을 지나 강 아래로 배를 타고 폭포 밑에서 나이아가라를 올려다보는 장관이란 이루 말로 다 표현하기 어려웠다. 어떤 사람의 힘으로 이런 장관을 재현할 수 있을까? 물보라가 하늘로 날아오르고 굉장한 소리로 떨어져, 아니 쏟아져 내린다고 해도 모자랄 대폭포와 아름다운 무지개는 더욱 하나님의 위대하심을 경탄케 했다. 특히 우의를 입고 앞과 좌우로 쏟아지는 캐나다 쪽 폭포 속으로 접근하는 관광은 참으로 장관이었다. 이곳은 우리나라의 제주도와 같이 신혼여행의 메카로 더욱 유명하여 통칭 허니문 시티라고 한다는데, 이날도 많은 신혼부부들의 모습이 눈에 띄었다.

비행기로 뉴욕에 돌아와 저녁식사 후에는 쇼핑을 하러 나갔다. 이곳저곳 가게들을 구경하고 아이들 선물용 장난감을 사기 위해 한 가게에 들어갔

다. 아이들에게 줄, 깜짝 놀랄 만한 멋진 선물을 찾아야겠다는 생각으로 이곳저곳을 구경하다 목이 말라 진열대에 있는 콜라 캔 하나를 마셨다. 그리고 장난감 몇 개를 골라 계산을 하는데 난감한 일이 생겼다. 그 상점에서는 콜라 한 캔씩은 팔지 않는다는 것이다. 난 우리나라 슈퍼마켓처럼 다만 콜라 한 캔을 꺼내 마셨을 뿐인데, 한 박스(12개)를 다 사야 된다는 것이었다. 이런 낭패가!

이 가게에 들어오기 전 허드슨강을 따라 맨해튼의 야경과 그 황홀하고 멋진 경관에 감탄하며 뱃전에 기대서서 우리 가곡을 열창했었다. 내가 '떠나가는 배'와 '뱃노래' 등을 부르자 같이 동승했던 여러 나라의 많은 관광객들이 박수를 치면서 환호하였다. 국적을 묻는 사람들에게 한국인임을 밝혔다. 즐거운 마음에 뽐내듯 그들의 앙코르 요청을 받아 몇 곡의 노래를 더욱 열창하였다. 너무 열창을 했는지 목마름을 달래려 한 흑인여자의 감동적인 찬사도 뒤로한 채 가게를 찾아 마신 콜라 한 깡통이 나를 참으로 창피하게 만들었다. 충분하게 회화도 가능하지 못한 터라 한 박스의 콜라를 들고 호텔로 돌아온 것은 두고두고 남을 에피소드가 되었다.

세계 민주주의 국가의 정치 1번지 워싱턴 시

워싱턴시의 첫 인상은 뉴욕과는 너무도 달랐다. 워싱턴은 깨끗했고 고상하며 품위 있는 신사의 모습 같았다. 이 도시의 어느 곳에서나 보이는 워싱턴 기념탑은 그 높이와 위용을 자랑하듯 하얀 자태로 우뚝 솟아 있었다. 이 기념탑은 이 나라 국민뿐 아니라 이곳을 찾는 모든 관광객까지도 우러러보게 하였다. 이 탑의 동쪽으로는 미국 민주주의 역사의 산실이며 실제 오늘날 세계 민주주의 상징과도 같은 국회의사당이 웅장한 모습으로 어깨를 펴고 앉아 있었다.

뉴욕이나 LA 등 미국의 다른 도시와는 다르게 워싱턴시가 숲속에 묻힌 전원도시의 모습으로 보이는 것은, 시내 건물 높이를 국회의사당의 건물 높이 이상으로 건축할 수 없도록 규제하고 있기 때문이란다. 이 또한 미국인다운 발상이 아닌가 생각했다. 국회의사당과 워싱턴기념관 사이는 잘 가꾸어진 숲길 좌우로 각종 박물관, 미술관, 역사관들이 가득한데 특히 스미소니언박물관은 그 시설이나 규모에서 찾는 이들을 감탄시키기에 충분했다.

링컨기념관은 고대 그리스의 신전과 같은 건축양식으로 단순하였다. 그러나 장엄한 모습으로 정면에 워싱턴 기념탑과 그 너머 국회의사당을 주시하듯 대리석 의자에 앉아 있는 대통령의 모습은 무엇인지 모를 위엄과 인자함을 느끼게 했다. 석상 좌편에는 그 유명한 연설문이 있었는데 인권을 가장 중히 여겼던 그의 목소리가 들리는 듯했다. 돌계단 아래로부터 저쪽 워싱턴 기념탑까지 Reflecting Pool이 자리하여 워싱턴 기념탑이 물속 깊이 잠겨 비추이는 모습이 참으로 아름다울 뿐 아니라 신비로움을 느끼게 했다. 미국의 민주주의 역사를 과거로부터 현재 그리고 미래까지 비쳐 보여 주는 것 같았다.

링컨기념관 뒤로는 포토맥강이 유유히 흐르고 건너편으로 알링턴국립묘지와 위로 John F. Kennedy 대통령 기념관이 있었다. 백악관은 아담하면서도 엄숙한 모습인데 백악관 앞으로 국무부성, 사법부성, 상무부성 등 많은 정부 기관들이 기라성을 이루고 있어 더욱 그 위엄을 높이고 있었다.

과거와 현재가 공존하는 도시

시내 관광을 위하여 지하철을 이용했다. 기차표는 모두 무인 자동판매기에서 구입하여 승하차 하도록 되어 있었다. 출입구나 차내에서 사람들은 퍽 조용했으며 승강장이나 계단, 또는 객차 바닥에서 껌으로 더럽혀진 흔적은 거의 찾아 볼 수 없었다. 대부분의 사람들은 책을 읽거나 옆 사람과 이야기를 하는 중에도 조용했다. 차안에 승객들은 대부분은 자리에 앉아 여유로워 보였다.

박물관, 미술관 등의 관람은 모두 무료였다. 관광객을 위한 투어모빌은 매우 편리하게 운행되고 있었다. 특히 거리에서 교통경찰관의 모습을 찾아 볼 수 없었고 곳곳에 관광 안내소는 유용하게 이용할 수 있었다. 때때로 거리를 순찰하는 경찰관은 말을 타고 다녔는데 이 도시의 고풍스런 건축과도 잘 어울려 멋있어 보였다.

국회의사당 안의 분위기는 엄숙하게 느껴졌다. 대리석으로 디자인한 바닥이며 벽이며 천장이 온통 예술품으로 느껴졌다. 하지만 건물 밖 분위기와 건물 안 분위기는 전혀 달랐다. 권총을 휴대한 경찰관 또는 경비하는 사람들이 국회의사당이나 박물관에 삼엄한 경비의 눈길을 보내고 있었다.

국립미술관, 자연사박물관, 미국역사박물관, 항공우주박물관, 아시아전시관 등은 참으로 엄청난 규모이기에 말로 다 표현하기 어려웠다. 다만 그들은 과거 인디언과 흑인들에 대한 부끄러운 역사까지도 소중하고 상세하게 정돈하여 현대에 사는 미래의 미국인들에게 교육하고 있었다. 물론 관람객의 대부분은 미국인 어린이였다.

부끄러운 일과 이상한 일

스미소니언박물관에서 생긴 일이다. 아시아관에 코리아 코너가 있다기에 한번 찾아 볼까 하고 입구의 안내석에서 영어로 되어 있는 책자를 보고 있는데 안내석에 있던 노인이 와서는 묻는다. "일본 사람이냐"고. 그리고는 일본어로 되어 있는 안내 책자를 보였다. 아니라고 고개를 흔들었더니 이번엔 중국 사람이냐고 하면서 한문으로 되어 있는 안내서를 보인다. 난 얼굴이 확 달아올랐다. 부끄럽기도 하고 속이 상하는 것을 참으며 웃는 얼굴로 단호하게 "I am Korean"이라고 했더니 미국인 특유의 어깻짓으로 한국어 안내서를 준비하지 못해 미안하다는 표정을 짓는다.

지금도 나는 그가 미안하다는 말이 무엇을 의미하는지 확실히 이해되지 않는다. 그 박물관 안에서 한국에 관한 자료실을 나는 찾지 못했다. 특히 활자 즉, 인쇄술의 발달에 관한 자료들이 일본의 유물들과 함께 진열되어 있어 마음이 씁쓸했다. 더욱 마음 아팠던 것은 우리나라와는 다르게 일본 역사관은 교실 두 칸 넓이보다 더 넓은 공간을 차지하고 있는 것이었다. 각종 일본에 관한 자료들을 매우 상세하게 정리하고 전시하여 그곳에 많은 일본인 관광객들이 구경하고 있었다. 그곳에서 나는 인쇄문화에 관한 그들의 자료를 보았다. 해인사에서 본 적이 있는 대장경판과 같은 목판에 글씨를 양·음각하여 진열했고 그것으로 찍은 듯한 글씨와 그림 등이 그 옆에 진열되고 인쇄과정에 대한 설명 및 각종 모형을 상세하게 진열해 두었다. 세계 최고이며 독일보다 200여 년 앞선다는 긍지 높은 우리 문화에 관한 어떤 자료도 이곳에서 찾아볼 수 없어 안타까웠다.

착잡한 마음과 창피한 마음으로 중국관으로 옮겨 고대 중국악기들을 구경했다. 우리나라의 전통 악기들이 흡사 그것들과 많이 유사함을 확실하게 깨달았다. 모든 전시물들이 유리관 안에 정리되어 있고 설명은 모두 영어로 되어 있었다. 그런데 한쪽 구석에 우리나라의 편종과 같은 악기를 발견했다. 그러나 훨씬 원시적인 모습에 궁·상·각·치·우를 소리 내려는 듯

5개의 낡은 청동의 종, 마치 옛날 우리 할머니들께서 추운 겨울 외출하실 때 쓰시던 모자와 같이 생긴 모습으로 유리관도 없이 아무런 보호 시설도 없이 놓여 있는 것을 보았다.

나는 그 소리를 듣고 싶은 음악적 충동이 생겼다. 그러나 철저하게 경비들이 지키는 박물관인데 과연 괜찮을까? 왜 이 악기에는 아무런 보호시설을 하지 않았을까? 호기심을 누를 수 없었던 나는 손톱으로 튕겨 그 소리를 들을 양으로 손을 종 가까이 가져갔다. 그러자 튕겨 소리도 내기 전에 "삑—"하는 경보음이 울리는 것이 아닌가? 아이쿠 놀래라! 나는 종종걸음으로 옆방 다른 전시관으로 가는데 "쿵쿵" 경비원들이 빠른 발걸음으로 부산히 뛰어가는 것이 보였다. 더 이상 그 건물에 머무를 수가 없어 가슴을 누르며 살금살금 미술관으로 옮겨갔다.

미술관을 관람할 때는 그 수많은 작품들을 언제 어디서 이렇게 많이 모았고, 또 언제 이렇게 멋진 전시관을 만들어 전시하고 있을까 하는 생각과 함께 미술선생님이 떠올랐다. 그분이 이것을 보신다면 얼마나 감탄하실까? 여기서는 모든 작품들이 그대로 노출된 상태로 전시되어 있기 때문에 가방 등 소지품을 맡겨 놓고 관람하도록 되어 있었다. 조각품 전시실에서 로댕의 '생각하는 사람' 실물을 구경할 수 있었고 위대한 미술가들의 작품들이 너무 많아 작가나 작품을 다 기억할 수도 없었다.

환락의 도시 라스베이거스

라스베이거스로 가기 위하여 워싱턴 덜레스국제공항에서 국내선 비행기를 기다리고 있는데, 우리나라의 시외버스 터미널 출근시간 같은 부산한 분위기 속에서 구두를 닦는 사람들의 모습이 퍽 이색적이었다. 구두닦이 아저씨는 대기하는 손님에게로 작업을 옮기고 빈자리에는 또 다른 사람이 올라가 기다리는 모습이 참 우습게 보였는데, 구두닦이 의자로는 어울리지 않게 마치 '손님은 왕입니다' 하는 것을 시위라도 하는 것 같았다. 워싱턴에서의 비행기는 드넓은 사막을 날아 석양 무렵에 라스베이거스에 도착했다. 끝없이 펼쳐지는 사막 위에 여기저기 드러누워 있는 고속도로는 한없이 이어져 있고 가끔 보이는 넓은 호수는 하늘에서 보기에 어찌나 맑고 푸르던지 마치 옥색, 바로 그런 빛이었다.

라스베이거스는 사막 위에 인위적으로 건설한 환락의 대도시답게 호텔로 가는 버스를 기다리는 동안 리무진 등 초고급 대형 승용차들이 미끄러지는 공항을 빠져 나가는 것을 보았다. 그리고 도착한 호텔은 서비스나 시설에서 지금까지의 어디에서보다 최고급이었다. 요금도 무척 싼값이었다. 그것은 카지노나 슬롯머신을 하기 위해 세계 각지에서 모여드는 도박사와 관광객을 위한 것이다. 듣던 그대로 라스베이거스는 환락의 도시였다.

밤이 되자 그 황량한 사막 한가운데 불야성을 이루는 라스베이거스는 일확천금을 꿈꾸며 네바다사막을 건너온 사람들로 붐볐다. 거리는 온통 현란함의 극치를 이루는 휘황찬란한 네온사인 속에 가는 곳마다 초특급 호텔과 카지노, 도박사, 화려한 의상의 아가씨와 호화쇼…. 그러나 이곳이 미국 내에서 가장 범죄율이 낮고 치안상태가 가장 훌륭하다는 말에 또 한 번 놀라지 않을 수 없었다. 카지노에서 일하는 서비스걸 중에는 몇몇 백인과 멕시코계를 제하고 대부분 흑인 아가씨였는데 그들의 미모와 뛰어난 각선미에 또 놀라고 말았다. 몸에 찰싹 달라붙는 핫팬츠와 가슴만 살짝 가린 브라 같은 티셔츠만 입은 그들은 빼어난 몸매와 미모로 또 날렵한 몸놀림으로 그 많은 사람들 사이를 돌면서 일하고 있었는데 그 모습은 참으로 아름다운 하나의 장면으로 동화되어 있었다.

이 도시의 모든 분위기와 여행 중의 추억 만들기를 위하여 난 투숙하고 있던 호텔의 카지노에서 60달러를 환전하여 슬롯머신을 시작했다. 각선미가 뛰어난 흑인 아가씨가 무료로 가져다준 맥주를 조금씩 마시며 코인을 넣고 당기고 쏟아지는 돈 소리에 시간가는 줄 모르고 얼마간 즐겼다. 그랜드캐니언 관광을 위하여 잠을 자 두어야 할 것 같아 시간을 보고 남은 돈을 확인하니 60개의 코인이 9개밖에 남지 않았다. 60달러를 거의 잃은 것이다. 동전을 하나씩 넣고 마지막을 기대 반 흥미 반으로 당기고 있는데 카지노홀을 청소하던 멕시코계의 사나이가 나를 향에 무어라 말을 하였다. 그 말은 알아들을 수 없고 하는 양으로 보아 동전을 한 개씩 넣지 말고 세 개씩 넣고 해보라는 말 같았다. 특유의 빠르고 강한 말투와 몸짓이 우습기도 하고 착하게 보이는 눈빛과 표정이 익살스럽기도 하여 알았다고 말하고 마지막 남은 동전 3개를 넣고 당기게 되었다. 생면부지의 외국인 그와의 대화는 몸으로 충분했으며 오히려 몸짓과 표정으로 주고받는 대화는 외국인 간에 상호 신뢰와 친근감을 더해 주는 장점이 있었다.

세 개의 동전을 신중한 마음으로 넣고 우리는 서로 씽긋 웃었다. 이제 끝으로 핸들을 당겨서 공탕이면 호텔방으로 올라가 잘 것이고 설령 몇 개의 동전이 쏟아진다 해도 이 멕시코 사나이에게 넘겨주고 내일의 그랜드캐니언 관광을 위하여 잠이나 자 두리라 생각하였다. 오른손에 힘을 넣어 핸들을 서서히 당기다가 힘껏 꺾은 뒤 놓았다. 7 빙빙.. 또 7 빙빙빙.. 딸기, Bar, 수박, 체리.. 그리고 7!! 와!!

행운의 7 세 개가 옆으로 나란히 걸린 것이다. 이 멕시코 사나이 남미 특유의 열정으로 브라보를 외치며 손을 번쩍 드는데 그 손에 긴 자루비와 쓰레받기가 들려 있어 더욱 동작이 커보였다. 이 소동에 주위의 가지각색의 인종들이 덩달아 어리둥절해 하거나 같이 박수를 치는데 슬롯머신의 동전 쏟아지는 소리가 요란하였다. 옆에서 같이 즐기던 한국인 관광객이 개평을 요구해 한 움큼 퍼주고도 환전하니 80달러였다. 본전을 제하고도 20달러의 순 외화를 벌어들인 것이다.

대협곡, GRAND CANYON

미국은 각종 자원이 풍부한 나라임을 우리는 배워 알고 있다. 그런데 이 대협곡 그랜드캐니언에 와서 다시 한 번 이 나라의 관광자원에 감탄하지 않을 수 없었다. 그랜드캐니언을 관광하는 방법으로 나는 쌍발 관광비행기를 타게 되었다. 20인승 정도의 소형 비행기로 지금까지 타고 다니던 점보 제트기에 비하면 과학시간에 우리 학생들이 만들어 날리던 글라이더와 같은 비행기에 올라 안전띠를 매고 앉아 출발을 기다리는데 조금은 불안한 생각이 들었다. 이윽고 바람개비가 돌고 기체가 기우뚱 거리면서 땅을 멀리하고 하늘로 솟아오른다. 하늘은 맑고 구름 한 점 없는 쾌청한 날씨였다. 안내에 의하면 그랜드캐니언 관광에는 최적의 날씨란다. 우리나라 고속버스 안내방송 같은 이어폰을 통하여 영·불·중·일·한국어 방송으로 주위의 경관을 소개하는 안내 방송이 계속된다.

비행기는 붉은색 황토 빛이 형형색색으로 수백 수만 층을 이루며 사진에서만 보던 그랜드캐니언의 위를 날고 있었다. 사방 어디를 보아도 대협곡이다. 때때로 흙탕물이 흐르는 계곡이 보이는가 하면 쪽빛보다 더 파란 호수도 보인다. 그랜드캐니언의 생성은 지각의 융기나 습곡에 의한 것이 아니고 해발 2000여m의 높이에서 흐르는 콜로라도강이 수만년의 세월에 거쳐 대지를 침식하여 만들어 낸 것이라고 한다. 그런데 그 너비가 5~29km나 되는 곳도 있고 깊이가 수 km나 되는 곳도 있으니 그 규모는 세계 제일이며, 그야말로 대자연이라는 말을 실감케 하였다. 이 협곡은 전망대의 위치에 따라 조망하는 지점에 따라 각각 다른 경관을 즐길 수 있고 특히 아침과 저녁의 태양의 연출에 의해 신비스러움의 극치를 이룬다고 한다. 관광의 대중을 이루고 있는 남벽에는 비행장, 은행, 병원, 호텔 등 모든 편의시설들이 공해로부터 완전히 벗어난 선경이며 이러한 시설들이 숲 사이에 있어 대협곡과 강한 대조를 이루며 조화를 이루는 듯했다.

Imax 극장에서 상영되는 영화로 그랜드캐니언을 보았지만 현지에서 보는 느낌은 더욱 감동적이고 실감났다. 단지 관광버스를 이용하여 이곳저곳 놀라운 대자연의 조화를 대략 겉모양만 보았으니 아쉬움이 남는다. 진짜 멋진 관광은 암벽을 타고 계곡 아래로 내려가 뗏목을 타고 콜로라도 강을 따라 폭포 등을 관광해야 참 맛을 즐길 수 있다는데 LA로 떠나야 하는 관광일정에 쫓기는 나로서는 상상으로 만족해야 했다. 기념품 가게 앞에서 관광객이 주는 담배나 얻어 피우고 앉아 있는 인디언 젊은 청년의 살찐 모습을 함께 카메라에 담는 것으로 마음을 달래며 라스베이거스로 돌아오는 비행기에 올랐다.

오후 2~3시의 그랜드캐니언 상공은 성난 기류가 흐르고 있었다. 조금 전 사진을 같이 찍어 준 젊은 인디언과 앞으로 그들의 후손들의 모습은 어떻게 변해갈까 생각하며 저 멀리 계곡 아래 인디언 마을을 찾고 있는데 덜컹덜컹 기체가 요란하게 흔들리기 시작하였다. 한을 품고 죽어간 수만 인디언의 영혼이 나의 연민의 정에 교감함인가? 기우뚱거리고 덜컹거림이 비포장 시골 자갈길을 달리는 경운기에 탄 것 같았다. 무서움과 두려움도 저만큼, 멀미가 나기 시작하는데 남녀 구별이 없다. 풍랑으로 뱃길이 험하던 제주도 수학여행이 생각났다. 계곡을 벗어나 원시림의 숲 상공에서는 좀 안정이 되었다. 8월의 작열하는 태양빛에 달구어진 협곡의 열사가 내뿜는 복사열로 상층에 난기류가 형성되어 비행기의 요동이 시골길 비포장을 달리는 마을버스의 흔들림보다 심했다.

LA의 한국인

'로스앤젤레스' 라는 말은 스페인어로 '천사의 마을' 이라는 뜻이라는데 본래 이곳 역시 사막 지역이라 한다. 공항에서 시내로 들어오는 시가지의 모습은 뉴욕이나 워싱턴의 그것과는 사뭇 다른 모습이었다. 거리의 가로수는 야자수 같은 열대성 식물들이 키다리로 서 있어 이국적 정취를 더하고 있으나 거무스름한 회색도시의 모습은 사막지역에 세워진 거대한 모습으로 미국의 힘을 과시하는 듯했다. 이 도시의 식물들을 위하여 멀리 그랜드캐니언의 콜로라도 강물을 하루에 수십만톤씩 끌어다 쓴다고 한다.

한국 사람들이 많이 산다는 한인타운의 한 식당에서 저녁을 먹기 전 근처에 있는 필름가게에 들러 서툰 토막영어로 카메라 필름을 찾았다. 안쪽에서 젊은 여자 점원이 나오면서 낭랑한 목소리로 "코닥을 드릴까요, 현대 칼라를 드릴까요?" 하고 반가운 한국말로 반겼다. 미모의 한국인 아가씨였다. 미국 여행 중 선물센터나 상점에서는 처음 만나는 한국인이었다. 어찌나 반갑고 편안한 마음이 들었는지 모른다.

그 아가씨의 말에 의하면 LA의 코리아타운에서는 영어 없이도 별 불편 없이 살 수 있단다. 이곳 코리아타운은 미국 내 최대의 한국인 밀집지역으로 30만 명이 넘는 한국인이 살고 있는 것으로 추산되며 교포 중 40% 이상이 식품, 의류, 생활용품, 병원, 한약방 등 심지어 운명 감정소도 운영하고 있어 미국 속의 작은 한국이라고 한단다. 최근엔 부동산 중개업, 복덕방 개업이 두드러져 역시 땅과 집에 대한 한국인의 집념을 이 광활한 미국에 와서도 유감없이 발휘되고 있다는 말에 묘한 기분을 감출 수 없었다. 이러한 강한 집념과 억척스러운 생활력이 다른 민족에 비해 근면과 성실로 괄목할 만한 성장 추세를 보여 160여 업종에 수만여 업소로 사업이 번창하고 있다고 한다. 근년에 들어서는 주거 지역을 글렌데일, 샌패르난드밸리, 로렌하이츠 등은 물론 멀리 오렌지카운티까지 확산시키고 있으나 흑인들과 마찰이 심각하단다. 그러나 한인들 사이에서도 이제 당당한 미국 시민권자로 권리와 의무 그리고 미국적인 사회의식과 이웃사랑이 생활에 필요한 것을 많이 의논하고 있다고 한다.

꿈의 나라 디즈니랜드

동화책의 그림 같은 정문을 들어서자 그곳은 이미 꿈과 놀이의 즐거운 나라였다. 곳곳마다 수많은 사람들이 행복한 모습으로 즐기는데 이곳을 찾는 전 세계 사람들의 성별과 연령을 불문하고 그들을 매료하기에 충분하겠다는 생각이 든다. 구석구석 오밀조밀 형형색색 갖추고 꾸며진 시설들이 어린이들의 꿈을 육성할 뿐만 아니라 교육목적의식이 내재되어 있음을 볼 때, 허술한 듯 하나 빈틈없는 이 나라 어른들의 깊은 사고에서 민족의식이 없는 미국사회가 국가의식으로 강하게 뿌리내리게 되는 어느 일면을 보는 것 같았다.

Main Street U.S.A.에서 펼쳐지는 퍼레이드 쇼는 그 규모나 화려함, 생동감 넘치는 구성과 진행의 짜임새가 빈틈이 없었다. 쇼가 진행되는 동안 특히 인상 깊었던 것은 길옆에 주저앉아 퍼레이드의 처음부터 끝까지 부모들과 같이 앉아 구경하고 있는 꼬마들의 모습이었다. 아동기 가정교육이 엄격하다는 그들의 가정교육 현장을 실제 보는 것 같았다. 꼬마들은 즐겁고 신기한 눈빛으로 거리의 쇼를 구경하고 있었지만, 함께 즐기는 부모들은 아이들이 자유롭게 움직여서 어느 누구에게도 눈총의 대상이 되지 않도록 엄격하게 앉아 있도록 엄격하게 규제하고 있었다.

퍼레이드는 30~40분 계속되었는데 피날레는 완벽하게 갖추어진 음향시설로 이들의 국가 '성조기여 영원하라'가 연주될 때는 "이들이 국가의식을 심화하기 위하여 어떻게 노력하고 있는가" 하는 점을 보는 듯했다. 이러한 모습은 이날 밤 할리우드볼에서 있었던 The Great American Concert에서도 볼 수 있었으며, 공공장소에서 그들이 지키던 질서의식과 시민정신은 나의 마음을 숙연하게 하였다. 흔히 국내에서 느끼기로 퇴폐하고 저속한 문화의 대부분이 미국의 대중문화와 같은 것으로 동일하게 생각되어지는 어떤 경향도 있다고 보았지만, 실제 이번 여행 중 할리우드볼 음악회와 공원, 박물관, 미술관 등에서 본 그들의 문화는 이와 같은 생각이 완전히 편협한 것임을 느끼게 하였다.

최근 우리 대중문화에는 왜색적인 것이 문제시되고 있는 실정이기에 할리우드볼 야외음악회의 감동은 더욱 잊을 수 없었다. 청중의 모습이나 기획되고 진행되는 모든 것에서 말이다. 야외 노천음악회의 음향을 위하여 항공기의 운항을 금지하는 탐조등을 하늘 높이 비추고 또 청중들의 관심과 참여도는 정말 배울 만한 한 부분이다. 1991년 '상산춘추'에 기고한 바 있는 대로 할리우드볼 여름 페스티벌 중 The Great American Concert를 접할 수 있었던 것은 나에겐 큰 행운이었으며 영원히 잊을 수 없는 감동을 안겨주기에 충분했다.

할리우드 거리의 히피족

8월의 태양 아래 할리우드 거리는 화려한 듯했으나 고즈넉하리만큼 한낮에는 한가했다. 뜨거운 태양빛이 작열했으나 건물 안이나 나무그늘에 들어가면 덥다는 느낌이 크게 불쾌하지 않은, 우리의 기후와는 사뭇 달랐다. 8월이 상쾌하게 느껴지는 거리였다. 이 거리의 명물로 자리 잡고 있는 중국인의 극장 앞 스타들의 손자국과 발자국이 있는 광장에서 나는 브룩실즈나 소피 마르소 같은 멋진 여배우를 만날지도 모른다는 막연한 희망과 기대로 이 거리를 한참 걸어 올라갔다. 화려하게 꾸며진 보석상, 의상실, 미용실 등의 쇼윈도에 사라진 스타 제임스 딘의 잘생긴 모습과 요염한 모습의 마릴린 먼로의 사진들이 유난히 눈에 많이 띄었다.

그리피스공원에서는 '이유없는 반항'의 촬영 현장이었던 곳에 제임스 딘의 흉상을 세워 두었던 것도 퍽 인상적이었다. 막연한 기대의 스타들은 만나기는커녕 이 거리의 전혀 다른 스타, 무서운 모습의 히피족을 문득 골목길에서 대면했을 때 너무 놀라 얼마간 가슴의 두근거림을 감출 수 없었다. 흉한 옷차림과 괴상한 머리모양 그리고 신발은 전쟁터에서 군인이 신는 목이 긴 가죽구두에, 어떤 녀석은 전투복 차림으로 길바닥에 털썩 주저앉아 빈 깡통을 앞에 놓고 구걸하듯 앉아 있기도 했다. 이 화려한 스타의 거리에 웬 거지꼴인가? 그들은 주위를 의식하지 않았으며 거기 그 자리에 그렇게 있었다. 다시 한 번 이 나라 문화를 실감할 수 있었다.

굉장한 저택과 잘 손질된 정원들이 있는 베벌리힐스를 지나 산마리노에 있는 헌팅턴 기념관을 찾았다. 철도사업으로 성공한 헌팅턴은 사저에 박물관을 만들고 역사적이고 세계적인 진귀품을 소장하였다고 한다. 또한 세계의 희귀식물로 고유의 정원모습을 꾸며 놓았는데 그 방대함과 아름다움 그리고 섬세함과 조화로움에 그저 감탄할 수밖에 없었다. 그가 세상을 떠날 때 이 거대한 정원과 박물관 및 모든 재산을 LA시에 헌납하여 지금은 시민자치관리위원회가 관리한다는 말에, 미국인들은 생전에 자신이 누린 부를 자녀에게 상속하지 않고 국가나 공익단체에 기증한다는 이야기를 실감하게 하였다. 이토록 자유로운 나라, 그 화려한 거리, 비록 히피족들이 거리의 한 모퉁이를 차지하고 있을지라도 시민들은 국가에 대한 애정과 자부심, 사회의 질서와 긍지가 대단한 사람들로 보였다. 이러한 사람들로 사회를 구성하고 있는 한 이 나라는 아직 강대국이요, 일등국민으로 남을 것이라는 생각을 하게 했다.

와이키키 해변의 낭만이 있는 섬 하와이

여행 일정과 비행기 사정에 의해 호놀룰루행 비행기는 밤에 이륙하여 야간에 비행하게 되었다. 마침 옆자리에는 데이비드라는 젊은 미국인 청년과 동승하게 되었다. 처음엔 꿈과 낭만의 섬 하와이의 와이키키 해변을 같이 거닐 수 있는 아름다운 몸매의 갈색 머리와 푸른 눈의 아가씨가 나의 옆 좌석에 앉을지도 모른다는 기대가 있었다. 하지만 그런 설렘 같은 것은 LA공항에 드리운 밤안개와 함께 완전히 사라져 갔다.

이 친구는 구척장신에다 몸무게가 147kg이란다. 마침 좌석이 비행기 후미 화장실 가까이에 있는 2인석인데 공교롭게 이 거구와 같이 앉자니 내가 생각해도 불도그 옆에 동승한 삽사리 모습일 것 같다. 자리가 비좁고 불편한 데다 이 친구 구레나룻과 턱수염이 무성하고 험악한 모습이 위압적이었지만 말씨나 표정이 친절하고 상냥하여 내가 가장 좋아하는 이탈리아의 세계적인 테너 파바로티와 같이 여행하는 느낌이었다. 데이비드는 애리조나 출신으로 대학에서 박사학위과정을 마치고 잠깐 시간을 얻어서 호주로 휴가를 떠나는 것이라고 했다. 내가 한국에서 고등학교 음악교사라고 소개

했더니 대단히 반가워하면서 자기도 음악을 매우 좋아한다고 했다. 재즈와 록 그리고 클래식 음악도 좋아하며 체스를 즐긴다고 했다.

이것저것 대화 중에 동양권 놀이에 대해서 이야기하다가 우리나라 전통놀이 윷놀이를 이 친구에게 가르쳐 주기로 했다. 준비된 윷이 물론 없었으므로 동전 4개를 윷으로 이용하기로 했다. 의자에 붙어 있는 테이블에 종이를 펴서 윷판을 그리고 휴지를 접어서 말을 만들어 손짓 발짓 짧은 영어를 다 동원하여 놀이 방법과 규칙을 설명해 주었다. 데이비드는 우리의 이 민속놀이에 대한 깊은 관심을 가지고 매우 흥미를 느끼며 게임을 즐겼다. 이 친구와의 윷놀이 덕분에 그 긴 야간비행도 크게 지루하지 않았다. 나는 호놀룰루공항에 자정이 조금 지나서 내리게 되었고, 데이비드와 아쉬운 이별을 하게 되었다. 이번 여행 중 가장 잊을 수 없는 한 대목이 되었고 그 친구는 어디서든 한국에 대하여 말하고 우리의 민속놀이 윷놀이를 충분히 즐길 수 있을 것이다.

공항에 내리자 자정이 넘은 탓에 레이를 걸어주며 허리를 흔들어 춤추며 환영하는 하와이안 홀라아가씨는 눈에 보이지 않았다. 대신 관광회사에서 나온 안내인이 '알로하' 하는 인사와 함께 꽃향기 물씬 풍기는 레이를 목에 걸어 주는 걸로 만족했다. 다음날 아침 창으로 밀려 들어오는 하와이의 아침 태양은 참으로 맑고 찬란했다. 더욱 놀라운 것은 해변의 긴 비취의자에 엎드려 일광욕을 즐기고 있는 대부분의 여자들이 비키니 차림마저 거추장스럽다는 듯 거의 나신을 드러내 놓고 있었다.

참 이국적인 장면이 아닐 수 없었다. 하와이의 자연 풍광은 우리의 제주도가 이곳에 조금도 뒤질 것 같지 않았다. 필리핀의 독재자 마르코스와 이멜다가 은거했다는 곳을 지나면서 우리의 초대 대통령 이승만 박사는 이 섬 어디에서 망명생활을 했을까 생각해 보았다. 다이아몬드레드, 해양공원과 선셋비치 등 관광지와 파인애플 농장과 사탕수수 밭을 지날 때는 우리의 선조 이민자들이 일본인에게 나라를 빼앗기고 이국만리 이곳 농장에

서 토한 긴 한숨소리가 들리는 듯했다.

오하우섬 일주관광을 마치고 오후에 야자수 우거진 와이키키 해변에 도착하였다. 이곳은 우리나라 7월 말경의 해운대나 변산 해수욕장같이 붐비거나 요란하지는 않았다. 한가하게 그저 각자 맑은 물, 깨끗한 모래, 싱그러운 바람과 멋진 사람들이 서로 어울려 그들만의 시간을 즐기고 있을 뿐이었다.

밤의 정취는 더욱 아름다웠

다. 모래밭 근처 호텔들에서 비추어지는 불빛으로 해변은 정열적인 붉은 빛으로 타오르고 있어, 분위기가 더욱 이국적이었다. 나는 이날 밤 해변 어느 곳에서도 소란하다거나 들떠 흥청거리는 모습은 찾아보지 못했다. 그저 어려 보이는 청소년 5~6명이 해변가 벤치에서 술인 듯 보이는 음료수를 마시며 이야기를 하고 있을 뿐 전혀 주위 사람들에게 피해를 주거나 눈총을 받을 만한 모습들이 아니었다. 그런데 경찰관들이 나타나 그들을 검문하고 뭔가 타이르듯 귀가 조치하였다. 그 청소년들은 경찰관에게 반항하거나 얼굴을 붉히거나 큰 소리 없이 그 자리를 떠났다. 전 미국을 통틀어 이 하와이주가 범죄율이 가장 낮고 최고의 치안 상태를 유지하고 있다는 말이 이해가 되었다.

와이키키의 밤바람은 더욱 싱그러웠다. 방금 물에서 나와 바닷바람으로 그 바닷물기가 말랐는데도 몸으로 느껴지는 감각이 눅눅하거나 찝찝하지 않고 상쾌했다.

좁은 국토 상채기 투성이의 산하

8월 13일 오전 10시 하와이는 쾌청한 날씨였다. 출국수속을 마치고 김포로 향하는 노스웨스턴 점보 제트기에 탑승하였다. 14일간의 미국여행, 어떤 호기심과 동경을 안고 시작한 여행, 많은 것을 보고 느끼며 생각하게 했던 기간이었다. 하늘에서 내려보는 하와이는 드넓은 태평양 한가운데 조용히 엎드린 채 그 수많은 사연과 이야기를 간직하고 있었다. 그리운 조국 대한민국으로 향하는 귀국 비행기 안에서 지난 7월 31일 김포를 출발하여 알래스카 상공에서 내려다본 빙하와 눈 덮인 로키산맥, 바다와 같이 넓기만 하던 오대호와 디트로이트, 뉴욕과 워싱턴, 나이아가라와 자유의 여신상, 미 국회의사당과 백악관, 워싱턴 기념탑과 링컨 기념관, 수 많은 박물관과 미술관, 라스베이거스, 그랜드캐니언, 할리우드거리, 헌팅턴정원, 와이키키해변과 진주만 등을 머릿속에 그려보았다. 한꺼번에 너무 많은 것을 보고 느꼈지만 이것들을 교단에서 사랑하는 제자들에게 어떻게 가르치며 전달해야 할까? 곰곰이 생각했다. 이제 무사히 귀국한다는 안심과 여행의 피곤함을 달래며 태평양 상공 어디쯤인가에서 잠을 청하였다.

얼마나 시간이 흘렀을까? 누군가 우리나라가 보인다는 소리에 잠을 깨고 창밖으로 눈을 돌렸다. 과연 비행기는 동해 남부 어느 지점을 통과하여 육지 위에 있었다. 우리나라의 산하 모습을 카메라에 담기 위하여 창가에 기대고 보니 호수와 길, 마을과 산, 뿌연 대기 속으로 희미한데 아마 안동호 근처를 지나는가 보다 생각하며 몇 장 사진을 촬영하였다. 비행기 고도는 점차 낮아져 구불구불 도로들이 서로 얽혀 있고 옹기종기 마을과 경작지, 산과 강줄기 모두 정다운 조국의 모습인데 다만 아기자기하다는 표현 외에는 아름다운 모습이었다고 말하기 어려웠다.

요 며칠 동안 보아온 것과는 너무 다르게 무질서한 도시와 마을 어느 곳 하나 시원하게 느껴지는 곳 없이 오밀조밀 비좁은 모습으로 박혀 있었다. 그리고 산속에는 웬 묘지들이 그렇게도 많이 눈에 띄는지, 숲으로 뒤덮여 있으리라 생각했던 우리의 산은 마치 묘지를 위해 있는 것 같았다. 여드름으로 피부병을 앓고 있는 청소년의 얼굴 같아 보였다. 골프장을 만드는지 도로를 건설하는지 산자락은 온통 상처투성이요, 몸살을 앓고 있는 모습이 역력하였다. 보기에 민망하고 안타까운 모습이었다.

과연 우리의 산하는 어떻게 되어 갈까? 답답한 마음으로 몇 장 사진을 찍고 있노라니 곧 비행기가 착륙하니 자리에 앉아 안전띠를 매라는 기내 안내방송이 나온다. 우리나라 상공을 20여분 날아왔을 뿐인데 벌써 김포란다. 이렇듯 좁은 국토에 수많은 묘지들, 거기에다 호화 분묘 파문까지 일으키는 조상숭배사상, 추석 성묘를 위한 귀성 전쟁과 교통지옥, 과연 이러한 것들이 언제까지 우리 민족의 절대적인 가치로 인정되고 미풍양속이라 하여 미화되고 고집되어야 할까? 정말 깊이 생각하게 하는 것들이다. 김포공항의 한여름 열기가 얼굴에 확 덮여 왔다. 13일전 떠날 때와 돌아온 지금 변한 것이라고는 아무 것도 없었다.

이번 여행은 내 일생에 잊을 수 없는 좋은 경험이 되었고 많은 것을 배우게 하였다. 또한 내가 더욱 풍부하게 생각하고 많은 것을 보고 듣게 해주었다. 어려운 가정 살림에서 이런 기회를 이해하고 도와준 아내에 대한 한층 고마운 정을 느낀다. 이제 더욱 알차고 훌륭한 생각과 삶의 모습으로 가정에서나 학교에서 자녀와 학생들을 가르치는 아버지요 선생님의 자세로 서 보리라 다짐하며 여행기를 마친다.

2) 러시아는 이제 더 이상 동토의 땅이 아니었다
　(5박6일의 러시아기행)

– 연해주(블라디보스토크. 스파스크. 하바로프스크)지역
순회연주회를 마치고 –

2004년 9월 24일 (금요일)

거의 1년의 준비기간을 갖고 드디어 러시아 순회 연주를 떠나는 날 아침, 어찌 흥분되지 않으며 긴장되지 않겠는가! 모처럼 추석 연휴기간을 이용하여 떠나는 연주여행이어서 가족 모두를 대동하기로 했다. 준비하는 과정에서 여권을 갱신하거나 여행경비를 입금하고 비자를 신청하는 등 이번 여행과 관계되는 잡다한 일들을 진행하면서도 힘들게 느껴지지 않았다. 지난밤 가방을 꾸리면서도 평소 느끼지 못했던 야릇한 감정이 있었고 아내 역시 짐을 챙기는 표정이 어제와는 다르게 보이는 것 같기도 했다. 목적지인 러시아 동쪽 연해주지방은 여기보다 계절이 먼저 온다고 하여 아내가 몇 가지 옷을 넣었다는 탁송화물용 하드백이 제법 묵직했다.

여행을 떠나는 날 아침은 일반적으로 즐겁고 흥분되는데 왠지 미안한 마음, 아니 어쩌면 허전함이 느껴졌다. 거실 벽에 걸려 있는 가족사진을 보니 언제나 그 모습 그대로 1남 2녀와 우리 부부, 다섯 식구의 모습이 그 안에는 있다. 그런데 멀리 해외여행을, 그것도 러시아까지의 연주여행을 큰 딸 지은이가 같이 갈 수 없는 것이 이렇게 마음에 애잔함으로 걸리는 것은 아비 된 사람의 마음일까?

덕진종합경기장 정문 앞, 합창단원들과 가족들이 서로 반가운 인사를 나누며 상기된 표정들이 역력했다. 지난해 제7회 정기연주회에서 러시아 민요를 몇 곡 공연한 것이 계기가 되어 서기향 치과 원장님의 발의로 계획되었고, 모든 단원들이 처음으로 연미복을 맞춰 준비한 해외공연. 많은 우여곡절 끝에 드디어 출발하게 된 것이다. 한 가족이 같은 시간에 한자리에 모여 저녁 식사 한 번 하기도 쉽지 않은데 우리는 50여 명의 다양한 성품과 직업, 종교, 나이를 가진 성인 남성들이 모였다. 그것도 고유 명절인 추석에 짧지 않은 기간 동안 순전히 자기부담으로 관광도 아닌 공연을 위한 순회연주회를 갖는 것이다.

우리는 참으로 어려운 일을 하고 있으며 반드시 성공할 것이라는 다짐과 격려를 하고 뜻을 모아 드디어 인천공항으로 향하는 버스에 몸을 실었다. 합창단은 지휘자인 나와 반주자, 그리고 단원 24명에 여성중창단과 부채춤을 준비한 단원, 가족들이 24명 등 모두 50명이었다. 러시아 말들을 외워 '쓰바씨바(감사합니다-러시아말)'로 서로 감사를 표하고 웃으며 즐기는 시간 어느새 인천공항에 도착하였다.

나는 1968년 군 생활 때 김포비행장에서 근무한 바 있다. 그리고 해외여행을 위하여 김포공항을 이용한 것은 1991년도에 미국여행이 처음이었다. 그동안 영국과 유럽, 동남아 등의 여행들을 모두 김포공항을 이용했기 때문에 인천국제공항에서는 처음으로 출국하는 것이다. 오늘 새롭게 인천공항의 위용을 보면서 우리의 외형적 국력을 보는 것 같아 마음이 뿌듯하였다. 출국수속을 모두 마치고 탑승장 대합실에서 창밖을 보니 크고 많은 우리나라의 국제선 비행기들이 보여 지구촌이라는 말을 실감할 수 있었다.

이윽고 블라딕보스토크행 러시아 항공 XF744 비행기가 승강구에 붙이는데, 크기도 아시아나나 대한항공의 국제선 비행기에 비하여 작고 기체 페인트가 퇴색되어 실망스러웠다. 단체 여행객의 대접이 늘 그렇지만 비행기가 작고 협소한데다, 좌석 또한 이코노미 클래스로 비행기 뒤쪽에 앉으니 비행기 소음은 왜 이렇게 시끄러운지 어서 공항에 도착하기를 기다렸다.

별로 길지 않은 비행이었는데도 지루하고 힘들었다. 오후 7시 반경에 도착한 블라디보스토크의 공항 역시 우중충하고 협소하였다. 1994년 모스크바 공항에서 받았던 첫 인상 역시 오늘과 크게 다르지 않았다. 러시아의 개방정책 이후 10여 년이 지난 지금 아직 러시아의 형편을 짐작하게 하는 하나의 단면을 보는 것 같았다. 합창단에서 준비한 양로원과 고아원의 선물용으로 가지고 들어오는 옷가지들이 양이 너무 많아 영업용이라며 공항에서 관세를 적용하려고 하여 통관이 힘들고 시간이 많이 걸렸다. 얼마간의 뇌물로 10시가 훨씬 넘어 공항을 빠져나와 어두운 시내 길을 버스를 타

고 호텔로 향하였다.

거리는 어두웠고 신호등도 별로 눈에 띄지 않았다. 도로 중앙선 역시 흐려져 잘 보이지 않는 길을 달려 11시경 호텔에 도착했다. 이곳은 고급호텔로 캐나다 사람이 경영하는 곳이란다. 그러나 주위가 너무 어둡고 가끔 총을 맨 경비군들의 모습이 보여 소련의 KGB와 미국의 FBI들이 등장하는 할리우드 첩보영화 분위기가 느껴졌다. 다행이 호텔 방은 깨끗하고 침구와 가구들이 잘 정돈되어 있었다. 전주에서 출발하여 버스, 비행기, 다시 버스로 수천 ㎞ 달려온 몸의 피로를 따뜻한 샤워로 풀었다. 온몸이 나른하여 잠을 청하면서 내일 아침에는 일찍 일어나 호텔 가까운 근처에 멋진 해변이 있다 하니 찾아보리라 생각하고 두 번째 찾아온, 러시아의 첫 밤을 맞이하였다.

2004년 9월 25일(토요일)

아침 7시 30분, 모닝콜을 받고 밖에 나왔다. 아침에 보니 호텔 주변이 제법 잘 가꾸어지고 공기도 맑아 기분 좋은 아침을 맞이할 수 있었다. 프런트 데스크에서 유달리 아름다운 러시아 아가씨에게 바닷가로 가는 길을 물었다. 1994년 여름 모스크바에서 경험했던 것에 비하여 아가씨의 모습은 너무도 많이 달라져 있었다. 러시아는 더 이상 거리감 없는 반가운 모습이었다.

호텔 주변은 러시아의 여러 곳에서 볼 수 있는 자작나무(유달리 몸통이 은백색으로 빛남) 숲이 잘 가꾸어져 있었다. 정문에서 얼마쯤 걸어 나와 오른쪽 길을 따라 400~500m 걸어 나오니 조그마한 기차역이 있었다. 역 플랫폼에서 만난 몇 사람의 러시아인들은 이른 아침 일터를 찾아가는 모습으로, 형색이 그렇게 좋아 보이지는 않았으나 그들의 모습에서도 변하는 러시아의 모습을 느낄 수 있었다. 공항에서 호텔까지 안내하던 현지 가이드의 안내에 따라 이곳이 블라디보스토크에서는 부유한 사람들이나 또는 외교관, 주로 외국인들이 머무는 곳이라는 것을 알 수 있었다.

숲 속을 10여 분 산책한 후 호텔에 돌아오니 단원들이 정원을 산책하는 모습을 볼 수 있었다. 모두 기대와 희망에 들떠 밝은 모습들이었다. 오늘 일정은 시내관광 후 내일 연주계획이 잡혀 있는 스파스크시로 옮겨가야 했기 때문에 아침 식사를 마치고 모두 짐을 정리하여 버스로 향했다. 버스 창밖으로 시내 주변의 자작나무숲과 바쁘게 움직이는 시민들의 모습을 볼 수 있었다. 특히 재미있었던 것은 거리를 다니는 버스 중에 한글로 한국의 행선지가 표기된 버스들이 그대로 운행하고 있었던 것이다. 가이드 설명에 의하면 한국에서 수입한 중고버스들이 이곳에서는 아주 인기가 있고 고급차로 인정을 받을 뿐만 아니라 한글을 그대로 지우지 않고 다니는 것이 외제차라는 선전효과가 있다는 것이다. 또한 거리의 간판 중에 삼성전자와 아파트 창가 에어컨 송풍기에 빨간색 LG마크에 우리나라 전자제품의 우수성을 이 거대한 땅 러시아에서 입증하고 있는 것 같아 참으로 뿌듯했다.

블라디보스토크는 165.9만 km²(러시아 총 면적의 1%)이고, 이곳에는 230만 명(러시아 인구 1.5%)의 인구가 살고 있다고 한다. 더운 계절은 8월이며 30도 이상의 기후를 보일 때도 있다니 아파트 창가 LG 에어컨의 선명한 마크에서 그 실상을 알 것 같았다.

이 도시는 모스크바로부터 멀리 떨어져 있지만, 관광지로 안내받은 곳들은 주로 과거의 군사시설들이었다. 또 지하의 요새 안에서 러시아의 승리와 비극, 자유와 속박, 과거와 미래가 표현되어 있음을 느낄 수 있었다. '동방을 점령하라' 라는 뜻의 블라디보스토크는 태평양의 커다란 업무 센터와 또한 동서양 문화의 교류센터로 발전되어 갈 것이라 한다. 그러나 아직 시가지는 정비되어야 할 곳이 많았고 외국인들이 주로 찾는 관광 명소에도 오물들이 곳곳에 흩어져 있었다. 과거 그토록 위용을 자랑하던 함포들은 관광객을 위하여 전승기념공원 안에 박제된 모습으로 전시되어 있었다. 하지만 매일 12시에 이 전승기념공원에서 대포를 쏘아 국가의식을 고

취시킨다는 말을 들었을 때 배고프고 헐벗은 국민에게 국가의식이란 과연 무엇을 의미하는 것일까? 곰곰이 생각하게 하였다.

옛 소비에트연방국가의 극동 함대사령부가 있는 항구답지 않게 바다물결은 잔잔하고 항구는 평온했다. 물속에서 무서운 용맹을 과시해야 할 잠수함은 육지에 올라와 길게 가로로 누워 그 뱃속에 저를 찾는 평화의 관광객들을 불러들여 배부른 나른한 오후를 즐기고 있었다. 항구에는 '양만춘'이라고 한글로 표시된 대한민국의 군함도 보였다. 구 소련의 극동군 함대를 몰아낸 그 자리에 대한민국의 함대가 장악하여 당당히 위용을 자랑하고, 제복도 산뜻한 대한민국 해군들이 삼삼오오 짝을 이루어 다니는 모습을 곳곳에서 볼 수 있었다. 블라디보스토크 항구 개항 100주년을 맞아 당국의 초청을 받은 우리 해군이 이곳에 입항하였고 오늘 저녁 축하공연도 있다는 것이었다.

오늘 밤 같이 공연을 갖자는 이들의 간청과 공원 야외무대 한편에서 소리를 맞추고 있는 우리나라 전통 풍물패들의 펄럭이는 옷자락을 아쉬운 눈길로 바라보며 우리는 다음 목적지를 향하여 서둘러 출발했다.

블라디보스토크에서 북으로 약 150㎞ 떨어진 스파스크로 이동하는 도중, 철도사각지(블라디보스토크, 훈춘, 하얼빈, 하바로프스크)인 우수리스크는 블라디보스토크에서 모스크바를 잇는 9000㎞가 넘는 TSR, 즉 시베리아 횡단철도가 지나는 교통의 요지였다. 이곳의 '하얼빈 레스토랑'에 들러 무려 8가지 음식의 코스 요리로 즐겁고 맛있는 식사를 했다. 그리고 리허설을 대신하여 러시아의 황혼 길을 달리는 차내에서 우리의 민요와 가곡, 러시아의 민요와 성가곡 등을 부르며 여행의 추억과 낭만을 즐겼다. 버스가 달리는 동안에도 내일 연주를 위하여 악보를 외우느라 애쓰는 조병연 선생님과 이형구 선생님, 강만춘 원장님의 모습이 보기 애처로울(?) 정도였다.

고려인들이 집단촌을 이루고 사는 마을의 한글 표시가 보여 우리 민족의 역사적 배경을 다시 한번 생각하게 하였다. 블라디보스토크에서 떠나 7시간 정도 걸릴 것이라는 안내와는 다르게 별 지루함 없이 노래와 낭만을 즐기고 추억을 만들어 가며 목적지 스파스크에 거의 도착해서 한 검문소를 통과 할 때였다. 그곳 러시아의 경찰들은 대단히 경직되어 있었고 관광객을 배려하기보다는 오히려 눈살을 찌푸리게 하는 모습이 역력했다. 세명여행사 강희억 이사의 설명에 의하면 요즘 러시아에는 중국 쪽에서 넘어오는 불법체류자가 많다고 했다. 러시아에서 관광객은 여권과 함께 숙박 확인서를 발급받지 않으면 경찰들의 수시 검문에 걸려 고초를 당하게 된다는 것이었다. 기분 좋지 않은 검문소를 지나 저녁 9시가 조금 넘어서 스파스크에 예상보다 빨리 도착하였다.

투숙하게 될 호텔은 연꽃이라는 이름의 호텔인데 한국의 여인숙 정도의 시설이었다. 하지만 레스토랑 겸 무도장을 갖추고 있어 체크인 하는 동안에도 요란한 음악소리와 함께 남녀가 짝을 지어 춤추는 모습을 볼 수 있었다. 이 호텔은 스파스크 제일의 숙소이고 호텔광장이 곧 스파스크 시민광장으로 큰 화단과 레닌동상이 있어 상당히 멋진 주변을 가진 곳이었다. 그러나 여행 설명회 때 듣던 대로 말이 아니었다. 엘리베이터도 없어 4층까지 그 무거운 가방을 들고 올라갈 수밖에 없었고, 화장실은 쪼그리고 앉아야 하는 변기에 욕조도 없었다. 샤워기에서 더운 물은 나오지 않았으며, 침대는 좁고, 모기 때문에 여러 사람들이 잠을 설쳐야 했다.

잠자리에 들기 전 몇몇 단원들은 레닌 동상 옆에서 한국에서 가져온 팩소주와 함께 이국의 정취를 만끽하는 동안 열성적인 부채춤 단원들은 내일을 위하여 미리 설치해 둔 무대에서 현지 리허설을 하고 있었다. 그때 조금 남루한 차림의 고려인 할아버지들이 찾아와 호기심 어린 눈빛으로 구경을 했다. 그런대로 정확한 그러나 북한식 발음으로 이곳에 일하러 꽤 먼 곳에서 왔다고 한다. 고달픈 현지 고려인들의 과거와 현재가 이 할아버지의 얼굴에 깊은 주름살로 파여 있었다. 안타까운 마음으로 날이 밝으면 구

경 오시라고 전했지만 돌아가는 그분의 뒷모습에서 가슴 뭉클하게 밀려오
는 어떤 감정은 과연 무엇이었을까?

나는 먼저 호텔 방에 들어갔다. 삐걱거리는 나무계단을 올라 복도를 지
나면 광장 쪽으로 한쪽 벽에 나무로 만든 침대가 하나 있는 허술한 독방이
었다. 합창단의 지휘자라고 특별히 독방을 배려했나 보다. 작은 방이지만
광장 쪽으로 창문이 있어 저쪽 무대가 너무도 잘 내려다보이는 4층의 방이
었다. 모든 시설들이 참으로 열악했던 이 호텔 좁은 방안의 작은 나무침대
에 걸터앉아 맞은 이 밤. 아! 아름다운 이 밤이여! 행복하고 황홀한 밤으로
장식되어 영원히 잊을 수 없는 추억의 밤이 되었다. 나 언제 이토록 가슴
조이며 긴장으로 흥분의 밤을 맞은 적이 있었던가? 나의 삶에서 영원히 잊
지 못할 추억으로 장식될 이날 밤, 흥분된 마음은 두려움과 떨림의 긴장
속에서 온몸으로 전해져 폭발하는 듯했다. 처음으로 경험하는 특별한 느
낌은 더욱 기분 좋은 나른함으로 꿈속에 서서히 빠져들게 했다.

2004년 9월 26일(일요일) 맑음

누군가 각방의 문을 두드려 잠을 깨우는 확실한 모닝콜로 하루를 시작했
다. 오늘은 3회의 공연 계획이 잡혀 있다. 서둘러 아침 식사를 마치고 스
파스크 한인교회(시온교회)에 예배와 특별찬양공연을 위하여 거리로 나섰
다. 호텔에서 교회까지는 걸어서 10분 정도로 도로는 생각보다 넓었으나
주위는 정비나 청소가 되어 있지 않았다. 그러나 우리가 도착한 시온교회
는 건물도 깨끗하거니와 이곳의 대부분 건축물과는 다르게 시멘트 건물이
아닌 자연석 돌을 붙인 석축 외형이 눈에 띄게 아름다웠다.

예배 1부는 목사님의 설교를 한국말과 러시아말 통역으로 현지 고려인과
러시아인 30여 명이 예배를 드렸다. 2부 순서로 우리 남성합창단의 공연과
여성중창단의 공연이 진행되었다. 피아노가 아닌 키보드 오르간 반주로 크
기와 음정 등 모두가 어설프고 불안한 상태였으나 분위기만은 매우 감동적

이었다. 9곡의 성가곡을 모두 우리말로 연주했는데 현지 러시아 할머니, 할아버지들은 알아들으셨는지 모두 힘찬 박수를 보내며 행복해 하셨다. 얼굴에 유달리 주름이 깊었던 고려인 할머니들의 눈가에 촉촉하게 적셔지는 물기에 오히려 연주하는 단원들이 더욱 감동했다. 목사님의 말씀으로는 오늘 블라디보스토크에서 특별한 행사가 있어 이곳의 교인들이 많이 참석하지 못했다며 퍽 미안해 하셨으나 우리는 청중의 많고 적음에 관계없이 감동적인 예배와 찬양공연을 첫 무대로 러시아의 성공적 공연을 예견했다.

다음은 스파스크 시민의 날 행사 특별출연이 우리를 기다리고 있었다. 석별의 아쉬움을 이야기할 겨를도 없이 시민광장으로 나왔다. 11시가 조금 넘은 시간인데도 시민광장은 이미 군중으로 가득 메워져 있었다. 합창단이 도착한 후 스파스크 시장이 등단하여 연설을 했다. 그 풍채가 참으로 대단해서 키는 1m 80㎝쯤으로 몸무게가 200㎏은 넘을 듯했다. 목소리가 우렁우렁 한데다 얼굴은 험상궂게 보였다. 그러나 시장은 기분 좋은 표정으로 손짓과 몸짓을 섞어 일장연설을 마쳤다. 아마도 한국에서 찾아온 합창단을 환영한다는 인사인 듯했다. 전주에서 떠날 때 준비해 온 김완주 전주시장님의 기념품을 통역의 안내에 따라 이한진 단장이 전달했다. 단상 위의 두 사람의 외모가 너무 대조적이어서 웃음을 참을 수 없었다. 그렇지만 장내 분위기는 흐트러지지도 않았고 오히려 차분하고 엄숙하게 진행되는 것이 이상하게 느껴졌다. 시민들이 시장에게 겁먹은 것은 아니었을까?

통역자가 전주남성합창단을 관중에게 소개한 뒤, 말끔하게 차려입은 연미복의 합창단이 등단하자 장내는 일순 긴장감 같은 것을 느끼게 했다. 우리는 오페라 합창과 우리나라 가곡, 그리고 전통 민요를 불렀다. 러시아의 민요 몇 곡을 앙코르곡으로 불렀을 때는 관중들이 박수치고 환호하며 같이 불러서 문화외교사절이 이런 것이구나 하는 기쁨을 갖게 했다. 남성합창에 이어 민속 무용팀이 우리 고유의 한복에 전주의 특산품인 태극선을 들고 무대에 올라 춤을 선보였다. 우리가 보아도 아름다운 한복의 맵시에 부드러운 춤사위, 태극선에서 저고리로 그리고 치마를 흘러내려 버선코까지 이어지는 선의 아름다움을 여기 이 사람들은 어떤 느낌으로 받아들이고 있을까? 우리네 여인들의 춤에도 열렬히 박수를 보내 주는 시민들이었다.

시민들의 모습은 참으로 다양했다. 그동안의 해외여행에서 이런 모습, 이런 광경은 처음이었다. 하루 온종일 그 자리를 뜨지 않고 무대에서 펼쳐지는 각종 공연에 참으로 즐거워하며 박수를 보내는 그 열정과 끈기에 감탄하지 않을 수 없었다. 또 무대에서는 민속 공연과 어린아이들의 공연이 밤늦은 시간까지 계속되었다. 관객과 출연자 모두가 진지한 모습으로 서로를 사랑하고 아끼고 존중하는 모습, 그러한 시민의식과 프로 정신이 세계일류 문화를 만들어 온 것은 아닐까?

우리나라 어느 연주자의 이야기가 떠올랐다. "내가 며칠 사이에 이렇게 연주실력이 늘었는지 놀랐다." 그가 콩쿠르에 떠나기 전 연주회를 가졌었고, 콩쿠르에서 입상하여 귀국 공연을 갖게 된 기간은 겨우 3~4개월 차이였다. 그런데 관객의 박수소리가 너무 달라서 자신이 무대에서 크게 놀랐다는 이야기인 것이다. 종종 공연장에 가보면 정말 의미와 수준에서 객석이 차고도 모자라야 할 공연이 한산하고 썰렁해 마음 아플 때가 있었다. 반대로 공연 수준은 별것 아닌데도 모 대학출신에 외국 유학, 어느 콩쿠르 등의 화려한 프로필에 그저 공연장이 터져라 관람객이 모이는 것을 볼 수 있었다. 그런 한심한 공연 문화를 보았던 일들을 생각하니 마음 한 구석 허전함을 어찌해야 하는가?

광장 주위에서는 각종 토속 음식을 즉석에서 요리하여 많은 사람들이 먹고 마시며 즐겼다. 특히 돼지고기를 꼬치에 꿰어 자작나무 장작불에 구워 먹는 것이 일미라 하였다. 어떤 할머니는 물레와 같은 기구를 돌려 실을 빼고 있었는데, 어린 시절 어머니의 모습을 생각하게 하는 광경이었다. 이곳 시민의 날 축제에서 꼬마들을 위한 유일한 놀이 기구로 말이 끄는 수레가 있었는데, 조금은 불결하게 느껴지는 수레 위에 앉아 발을 흔들며 좋아하는 꼬마들이 얼마나 예쁜지, 마치 장인의 솜씨로 잘 만들어 놓은 인형을 보는 듯했다. 이 놀이 기구라도 타보려고 부모의 손을 끌고 줄을 서 기다리고 있는 아이들의 순박한 모습에서 우리나라 1960~70년대의 어느 시골 장터의 모습을 떠올리게 하였다.

기념이 될 만한 장면들을 살필 즈음 단원들의 시선이 온통 한 곳으로 집중되고 있었다. 무대에서 미인 선발대회가 시작된 것이었다. 러시아 젊은 여인들의 아름다움은 이미 1994년도 모스크바와 페테르부르크의 여행 때 본 바 있어 잘 알고 있다. 무대 위에 나타난 미녀들은 팔등신이 아니라 구등신, 십등신이었다. 적당히 솟아 오른 가슴에 다리는 어찌 저리도 길며 굴곡이 깊지 않아 참으로 매끈한데, 높은 구두까지 신고 무대 위에 오른다. 아마 이 장면이 단원들에게 최고의 볼거리가 되었을 것이다. 경연대회를 마친 아가씨들은 무대 아래로 내려와 연미복을 갖추어 입은 우리 합창 단원들과 커플이 되어 기념촬영을 하는 등 멋지고 아름다운 추억 만들기에 여념이 없었다. 이들과 더불어 사진을 찍으며 이색적인 이들의 축제를 시간 가는 줄 모르고 같이 즐겼다.

오후 4시에 시작하기로 되어 있는 시민문화회관 공연장의 겉모습이 조금은 초라하게 느껴졌다. 하지만 무대도 넓었고 공연장 안은 500~600석의 객석을 갖추고 있었기에 겉모양과는 달리 우리들이 준비한 프로그램을 진행하기에는 손색이 없어 보였다. 이번 공연은 우리들의 프로그램 외에 이곳 스파스크시에서 한국으로 파견할 민속 예술단체를 선발하는 공연을 같이 진행했다. 남성합창과 여성중창 그리고 부채춤 등 모든 순서 순서마다 환호하며 열광적으로 박수를 보내주었다. 문화와 풍속은 서로 다를지라도 음악과 예술이 한데 어우러지는 참으로 멋지고 아름다운 국제예술제였다. 특히 이곳 청소년들이 준비한 공연 내용은 러시아 전통 민속무용들로 매우 역동적이었으며 학생들의 진지함에 감동하지 않을 수 없었다.

앙코르곡까지 끝이 났는데도 객석에서는 자리를 뜨지 않고 박수를 보내는 시민들, 엄지손가락을 치켜세워 최고라고 표현하는 사람들, 비록 차림새는 허름하고 궁해 보일지라도 마음속에 예술적 감상과 그 예술을 사랑하

는 사람들, 그 사람들의 모습을 보며 내 가슴은 뜨거운 감동으로 벅차 올랐다. 단원들이 무대 뒤로 퇴장하여 밖으로 나오면서 더 큰 감동이 이어졌다. 누군가의 입에서 시작된 선율이 합창으로 발전하여 시민들과 한데 어우러져서 부른 노래 '카추샤'는 러시아의 남녀노소를 막론하고 모두가 좋아는 곡으로, 무대 위에서 연출한 공연보다 더욱 뭉클함을 느꼈다. 러시아 민요들을 공연장 밖 마당에서 함께 하는 이 문화 교류는 각본 없이 연출되었지만 모든 이의 얼굴에는 즐거움과 행복, 사랑 외에 그 어떤 감정도 끼어들 자리는 없었다. 우리 일행이 모두 버스에 올라 공연장 마당을 빠져나올 때까지 그들은 아쉬움과 사랑의 눈빛으로 손을 흔들어 환송했다. 몇몇 아이들은 버스를 쫓아오며 소리를 지르며 손을 흔들어 주었다. 이들의 밝은 표정에서 러시아는 더 이상 동토의 땅이 아님을 확인할 수 있었다. 영원히 잊을 수 없는 감동을 가슴 깊게 새긴 순간들이었다.

호텔에 돌아왔을 때는 또 다른 감동이 나를 기다리고 있었다. 마침 오늘이 나의 생일인 것을 알게 된 합창단원들이 이곳에 케이크를 준비하고 촛불을 밝혀 나의 59회 생일 축하 잔치를 준비한 것이다. 아침에 간단히 귓속말로 아내와 지환이, 지혜에게 생일 축하 인사는 받았지만 이렇게 외국 땅에서의 축하라니! 내가 진실로 사랑하는 가족들과 존경하는 친구, 그리고 고마운 합창단원들과 함께 하는 생일 축하 잔치는 말로 다 표현할 수 없을 만큼의 감동을 남겨 주었다. 고맙고 감사한 마음이야 모두에게 다 똑같지만 특히 정오 교장에게 감사의 뜻을 표하였다. 이 친구야말로 1960년대의 가난하여 헐벗고 굶주리던 시절, 대학에서 공부하고 동고동락하며 꿈을 키워오던 존경하는 친구라고 모두에게 소개했다. 평교사에서부터 교육청 장학관으로 근무하기까지 눈코 뜰 새 없이 바쁜 생활에서도 친구와 같이 하는 시간들을 위하여 지금까지, 그리고 이곳까지 함께 하여 이 순간을 같이 하고 있음이 진실로 고마웠다. 59번째 생일은 여러 모로 나에게 의미 있는 시간이었다.

Happy birthday to you! 이토록 멋진 합창단의 노래로 생일 축하를 받아 본 사람은 몇이나 될까? 이 감동, 이 고마운 마음을 어떻게 말로 다 표현할 수 있겠는가? 이제 나이가 들어 힘이 없어질 그날까지 이 합창단을 위해서 할 수 있는 일이 있다면 나는 그 일을 멈추지 않으리라 다짐하며 감사의 인사를 드렸다.

하바로프스크로 가기 위한 밤 11시 기차를 타려고 역으로 떠나는데, 광장의 시민들은 이제 본격적으로 축제를 즐기고 있었다. 중앙 무대는 이제 군중의 차지가 되어 빠른 템포의 음악에 맞추어 모두가 하나 되는 춤판이 벌어져 있었다.

역은 어두웠고 밤바람이 제법 차가웠다. 여행 설명회에서 듣던 대로 우리나라 11월 초순의 기온이다. 이윽고 동양의 연해주 블라디보스토크를 출발하여 유럽으로 달린다는 시베리아횡단열차(TSR)가 도착하였다. 열차는 유달리 커 보였으며 어둠을 뚫고 플랫폼으로 들어오는 모습이 위풍당당한 장군의 모습이랄까? 위엄이 넘쳤다. 말로만 듣던 시베리아 횡단열차에 올랐다. 4인 1실로 되어 있는 객실(쿠페)에는 전 객차로 연결되는 통로가 있었다. 옆으로 침대 둘이 객실 안쪽 중앙을 마주보며 2층으로 되어 있었다. 후에 들은 바로는 코를 심하게 고는 외국인과 러시아 여인과 함께 있던 낑낑거리는 개소리에 잠을 설친 단원들이 많았단다. 마침 우리 객실은 은홍기 선생님, 그의 아들, 나 그리고 지환이가 같이 있었다. 어젯밤 설친 잠과 낮 동안의 감동, 그리고 연주의 긴장으로부터 오는 피로가 몰려 불편한 침대인데도 곧 잠 속으로 빠져들었다.

2004년 9월 27일 (월요일) 맑음

기차는 이른 아침 시간에 하바로프스크역에 도착하였다. 간밤에 달려온 대평원과 원시림은 우리의 민족사와 관계 깊은 곳이었을 것이다. 어쩌면 고구려의 후예 대조영이 세웠다는 발해국이 아마도 이 지역이겠거니 생각하여 꼭 보고 싶었으나, 달리는 야간열차 안에서는 어두움 이외에 어떤 경관도 볼 수 없었다. 못내 아쉬움을 남겨둔 채 기차에서 내렸다.

역광장으로 나오니 기분이 퍽 상쾌해졌다. 이른 시간이기도 했지만 브라디보스토크나 스파스크와는 달리 청소도 깨끗이 되어 있었고 주위 환경도 잘 정돈되어 있었다. 공기 또한 싱그러웠고 햇빛은 더욱 맑고 밝았다. 거리의 건물들도 밝은 색채로 잘 정돈되어 있어 사뭇 다른 분위기를 느낄 수 있었다.

광장에는 이 땅을 발견한 엘로페이 하바로프의 동상이 우리를 정중히 맞아주는 듯 서 있었다. 탐험가 엘로페이 하바로프는 1649년 이곳을 발견하였고, 1858년 러시아는 이곳을 탐험가의 이름을 따 하바로프스크라 명명하였다.

먼저 호텔에 짐을 놓고 관광을 하기로 했다. 인투리스 호텔은 최고급 호텔이었다. 객실은 매우 밝고 창밖으로 아무르 강이 한눈에 들어오는 전망이 좋은 곳에 위치하였다. 아무르 강은 '아무르 강의 잔잔한 파도' 라는 노래로 잘 알려진 아름다운 강이다. 짐을 대충 정리하고 비로소 호텔 로비에서 루블(러시아 화폐단위)을 교환했다. 토산품과 기념품을 사야겠다는 마음으로 호텔을 나섰다.

재래시장의 여러 곳을 둘러보았으나 생필품과 식료품 상점에서는 특별히 살만한 물건이 없었다. 시장 안에서 고려인들의 모습을 많이 볼 수 있었으나 그들은 우리들에게 별로 관심이 없어 보였고, 말이 통하지 않기 때문에 반가움을 표할 수도 없었다. 특히 반찬류를 파는 곳엔 어김없이 고려인들이 있는 것을 보고 한민족의 맛을 내는 솜씨는 어디에서나 이어지는구나 싶었다. 레닌광장 근처 한인 식당에서 중식을 마친 뒤 무라비요바 아무르스코보 거리를 걸었다. 고풍스러운 벽돌 건물이 늘어선 이곳은 현지인들의 발길이 많아 1994년 모스크바를 연상하게 하는 풍경이었다. 걷다 보면 눈에 띄는 러시아 여성들, 특히 피부색과 날씬한 각선미, 그리고 그들의 몸매는 쭉쭉 빠져 아름답기 그지없었다.

멋진 거리를 벗어나 아무르강에 도착하여 유람선을 타고 하류 쪽 아무르 철교 부근까지 이동하며 여유 있는 오후를 보냈다. 아무르 강은 동시베리아와 중국 동북지방의 경계로 북쪽으로 흘러 오호츠크 해로 이어진다. 바다처럼 넓은 강에 산더미같이 목재를 싣고 배가 다닌다. 물 색깔이 검정색이기 때문에 중국에서는 '흑룡강' 이라고 한다. 하바로프스크의 도시를 끼는 강가에 시민의 휴식처가 되고 있는 '문화와 휴식의 공원' 이 있는데, 산책로가 잘 만들어져 있었다. 한반도보다 큰 호수인 바이칼에서 2000km를 흘러내려와 우수르강과 합쳐져 1000km를 또 흘러간다고 하니 진짜 장강(長江)이다 싶었다. 강폭은 4~6km라고 하니 이건 정말 바다 한가운데 떠 있는 기분이다.

하선 후 정교사원을 향하여 걸어갔다. 입구 주변의 광장과 높은 사원의 모습이 웅장했다. 강 바로 옆에 있는 정교회성당 광장과 성당내부를 관광하였는데 새롭게 단장하고 있는 그 규모와 화려함에 놀라지 않을 수 없었

다. 러시아가 개방이후 국민들의 수정공산과 사회주의를 위하여 정교회에 깊은 관심을 기울이고 있음을 엿볼 수 있었다. 정교회의 둥근 돔들은 금도금을 하여 그 광채와 장엄함, 웅장하고 찬란한 빛으로 러시아의 찬란했던 과거사를 말하며 현재의 잠재력을 과시하는 듯하였다. 강가를 따라 길게 이어지는 산책로는 숲이 잘 가꾸어진 공원을 끼고 있어 많은 시민들과 관광객들이 찾는 명소였다. 그곳의 한가로운 오후는 과거 전쟁과 냉전시대의 공포가 더 이상 없었다.

2004년 9월 28일(화요일) 맑음 (추석)

한국에 있었다면 오늘은 추석으로 차례와 성묘, 늦은 귀성길이다 하여 모두 분주하게 움직이련만 이곳의 우리는 평일의 아침을 한가하게 맞고 있었다. 오전에는 시내관광을 겸하여 백화점과 관광용품점에 들렀다가 러시아식 뷔페식당에서 점심을 먹었다. 손님 대하는 분위기가 딱딱하여 여간 어색하지 않았다. 식당의 종업원들의 태도는 마치 학교와 같은 단체 급식소의 질서 유지를 위한 선도부 같은 모습이었다. 얼굴에는 미소도 없었고 차례로 줄을 서라고 이리저리 지시하는 모습이었다. 그러나 음식 맛은 괜찮아서 모두들 배부르게 먹었다.

오후에는 하바시내에서 외곽으로 좀 떨어진 곳에 정원 목사님이 시무하신다는 전원교회로 이동, 순회 마지막 연주를 위하여 버스를 탔다. 스파스크의 시온 교회보다는 컸지만 변두리 비포장도로를 지나자 주변에 땅집(시 외곽에 밭이 딸린 작은 집)들이 많아 왠지 스산해 보였다. 목사님의 소개로 하바로프스크의 주위에서 시무하는 선교사님들과 인사를 나누고 간단한 다과를 즐겼다. 이곳 선교활동에 관한 이야기를 듣게 되자 선교사들의 힘든 상황을 짐작할 수 있었다. 언제나 위험이 따르는 이곳 먼 선교지에서 개척자의 사명으로 수고하고 애쓰는 주님의 종들을 현지에서 보고 새로운 마음을 다짐하였다. 그리고 최선을 다하여 아름답고 훌륭한 공연으로 이들에게 조금이나마 위로가 되리라 생각했다.

많은 선교사 가족들과 고려인, 현지인 등 우리를 포함한 100명은 가족과 같은 사랑과 애정으로 본당을 꽉 채우고 있었다. 이곳에서의 공연은 내 자신이 마음으로 다짐하였던 것 이상으로 성공적인 것이었다. 비록 반주는 피아노가 아닌 디지털오르간이었지만 그것은 문제가 되지 못했다. 나 자신이 먼저 뜨거운 사랑과 열정을 가지고 올라 지휘를 하였고, 노래하는 단원들 모두 마음속 깊이 애틋한 사랑의 느낌을 표현하고 있었다. 모든 곡 하나 하나에 열과 성을 다하여 노래하였고, 여성들 또한 노래와 환상적인 춤을 선사해 주었다. 계속되는 앙코르 속에서 비록 무대는 작고 객석의 청중도 적었으나 그 열기만은 어느 무대를 능가했다. 공연은 무려 3시간여 동안 계속됐다. 이런 감동은 국내 어느 무대, 어떤 사람들과 같이한다 하여도 맛볼 수 없을 것이다.

우리 합창단원과 여성공연단원 모두는 완전히 고무된 분위기와 상기된 마음으로 작별을 고하는데, 뜨거운 악수를 나누며 평강을 빌어주는 인사말로 서로를 안아주며 아쉬운 석별의 정을 나누었다. 쉽게 떨어지지 않는 발걸음으로 버스에 올랐다. 감동과 감격으로 시간의 흐름을 잊었다가 버스에 오르니 창밖에 둥근 보름달이 떠 있다. 저절로 탄성이 나왔다. 너무 감사하다. 러시아 땅에서 노래로 큰 선물을 하고 우리 한인들에게 큰 위로의 시간을 만들어 주었다는 것이 너무 뿌듯했다. 감격 어린 가슴으로 둥근 달을 보니 더욱 아름다워 보였다. 호텔로 돌아오는 내내 달을 보고 하나님께 감사의 기도를 드렸다. 터덜거리는 시골길에서 우리들의 이야기는 아직 흥분과 감격에 휩싸여 있었다.

서둘러 저녁식사를 마치고 11시가 다 되어 호텔로 돌아왔으나 추석날 밤을 그냥 지나갈 수 없었다. 러시아 정교회 성당 광장에서 달맞이 축제를 벌이기로 한 것이다. 단원들 대부분이 오늘 공연에서 받은 감격과 감동을 그대로 안은 채 광장에 모였다. 화단을 빙 둘러 강강수월래도 하고 노래도 부르며 즐기는데 그 모습이 러시아 젊은이들의 눈에 신기하였던지 그들도 합류하게 되었다. 함께 카카린, 카추샤를 불러대며 손에 손을 잡고 빙빙 돌면서 그저 흥겨운 소리로 박자를 맞추고 춤추며 즐거워했다.

얼마간 달맞이 놀이를 즐기고 늦은 시간에 호텔에 들어왔는데, 1층 로비 옆으로 이어진 레스토랑에서는 현지인들의 파티가 한참 무르익어 가고 있었다. 일행 중 몇 명이 새벽 2~3시까지 현지인들과 춤추고 즐기며 여행의 즐거움을 만끽하였다는 이야기는 다음날 아침에 모두가 알게 되었다. 나처럼 일찍 잠자리에 들었던 다른 단원들은 이 이야기에 아쉬움으로 한숨짓게 한 일이 되었다. 특히 몇몇 사모님들의 춤 솜씨는 러시아 신사들을 녹여 놓았고, 한국 아줌마들의 끼와 재치를 유감없이 발휘하였다는 무용담으로 귀국하는 시간까지 모든 이들에게 부러움을 사기도 하였다.

2004년 9월 29일(수) 맑음

벌써 귀국하는 날이 되었다. 생각하니 너무나도 아쉬웠다. 그러나 나에게 있어 이번 여행은 즐겁고 의미 있는 그리고 정말 보람 있는 여행이 되었다. 그동안 이곳저곳을 구경하며 틈틈이 사두었던 민속 기념품들을 정리하고 가방을 쌌다. 떠나기 전 호텔에서 가까운 향토박물관을 관람하고 공항으로 출발했다. 출국수속을 마친 단원들은 면세점에서 귀국 선물들을 사며 마지막 남은 루블화를 처리하기에 분주했다. 출국 심사대에서 딱딱하고 불친절하게 대하던 러시아 공항직원들과 생겼던 불쾌감은 어느덧 잊고, 이제는 곧 귀국하여 사랑하는 가족들과 만날 생각을 하며 그들에게 건네줄 선물준비에 바빴다.

아시아나항공기에 몸을 싣는 순간 떠나올 때와는 너무도 다른 감정을 느꼈다. 승무원의 "어서오세요" 인사가 그리도 반가울 수가 없었다. 비행기 내부가 깨끗하고 시설이 초현대식이라 지금까지의 모든 러시아의 환

경들과 비교되었다. 마치 우리의 국력이 훨씬 월등하다는 생각이 들며, 대한민국 국민인 것이 자랑스러웠다. 비행기의 안락함과 한국인 승무원들에게 친근감을 느꼈으나, 많은 추억거리를 만들어 준 러시아를 떠나는 아쉬움도 컸다. 언제고 기회가 주어진다면 다시 한번 마음을 먹고 TSR(시베리아횡단열차)로 7박8일 정도의 여행도 해보리라 다짐하였다.

연해주 여행의 즐거운 이야기를 나누는 동안 어느덧 한국 땅이 내려다보이기 시작하였다. 얼마나 마음을 졸이며 준비했던 순회공연이었던가! 다음 정기 연주회에 스파스크의 민속 예술단을 초청하여 우리 남성합창단과 협연하기로 약속한 일도 참으로 대단한 성과였다. 정기연주회 또한 성공적으로 진행되도록 세심한 계획과 준비를 하리라 다짐해본다. 무엇보다 이번 순회공연을 통하여 우리 남성합창단의 위상을 높인 것이 단원들에게 긍지를 심어주는 결과로 작용하여 앞으로 합창단의 운영과 활동에 크게 도움이 될 것으로 생각된다. 주위에 많은 공연 단체들이 있으나 해외공연을 경험하는 단체들은 그리 많지 않다. 하지만 우리는 그 일을 해냈다는 자부심과 보람을 가지게 되었다. 특별히 이 기행문을 위해 일정을 기록하시고 자료를 제공해주신 도병룡 원장에게 감사한다.

3) 호주 · 뉴질랜드 기행 (2008년 1월 30일 ~ 2월 8일. 9박 10일)

이번 여행은 호주 3일, 뉴질랜드 6일간의 일정으로 진행되었다. 전주남성합창단이 러시아 공연과 일본 가나자와 공연 이후 세 번째로 갖는 해외 순회공연이다. 단원들의 참여가 당초 계획했던 것보다 많이 줄어들었기 때문에 공연계획은 중창단 규모로 축소되었다. 처음엔 30명 정도가 참여할 것으로 계획했지만 막상 떠날 때에는 10여명만 참여하게 된 것이다. 경비 부담이 되는 경우도 많았겠지만 9박10일이라는 기간 해외 공연을 한다는 점에 약간의 무리를 감수하면서 진행했다.

일본 가나자와 공연 때부터 스스로 명예회원을 자청하였던 최용호 과장님이 부인과 같이 동행했다. 최 과장은 자신을 스스로 '놀부'라고 소개했는데 남성합창단이 해외 공연 갈 때만 따라나서고 연주에는 참여하지 못하므로 놀러가는 단원이라며 본인이 붙인 닉네임이란다. 우린 그 놀부 회원 덕분에 이번 여행에서도 많은 도움을 받을 수 있었다. 여행을 처음부터 계획하고 가장 적극적이었던 김영재 단장께서 떠나기 전날 갑자기 회사 일로 참석하지 못해 아쉬웠지만 사모님과 딸 수정 양은 인천공항에서 합류해 퍽 다행이었다. 이제 본격적으로 호주와 뉴질랜드, 9박10일의 관광 겸 공연 여행을 22명의 단원과 떠나는 것이다.

1월 30일

우리나라와는 정반대의 기후의 남반구 나라들을 여행하게 되어 모두들 설레며 즐거워하였다. 특히 함께한 단원 가족들의 표정은 더없이 행복해 보였다. 모두가 여행을 무사히 다녀올 수 있도록 기원했고, 또 협조하겠다는 의지를 밝혔다. 그리고 소진호 총무는 몸으로 서비스를 하겠다며 음악에 맞추어 춤까지 추어 우리들을 즐겁게 해 주었다. 여행은 언제 어디로 가느냐보다 누구와 같이 가느냐가 중요하다는 이야기를 나누며 너무 적은 수의 단원들이 참여하게 된 것을 못내 아쉬워했다.

1월 31일

오랜 비행시간 끝에 드디어 꿈에 그리던 호주에 도착했다. 우리는 대기 중인 관광버스를 타고 남반구에서 가장 크다는 시드니 아쿠아리움을 둘러보았다. 수많은 열대어들과 거북이, 상어 등 많은 바닷고기들이 여유롭게 헤엄치는 모습을 사진기에 담는 단원들이 어느새 현지의 아름다운 아가씨들과 같이 사진 찍기에 바쁜 모습이 즐거워 보였다. 수족관을 구경하고 130년이나 되었다는 전통 식당에서 점심을 먹었다. 여행 중에 먹는 것과 보는 것, 그리고 사는 재미가 한층 관광의 즐거움을 더하는 것이리라.

점심을 맛있게 먹고 푸른빛을 띤 산이라는 의미의 블루마운틴으로 향했다. 호주의 산맥은 고도 1100m인 블루마운틴 하나밖에 없으며, 1000m 고지에는 눈이 오지 않고 단풍도 없다고 한다. 현지 가이드의 말로는 한국의 아이들은 산을 그릴 때 뾰족 뾰족하게 그리지만, 호주 아이들은 윗부분이 일자형인 사각형으로 그린다고 한다. 그만큼 이 산맥은 1000m 고지로 평원을 이루고 있는 것이다.

코알라의 먹이인 유칼립투스 나뭇잎은 30%가 알코올 성분인데, 이 나무가 햇빛을 받아 동화작용을 하면서 알코올 성분을 내뿜는데 이것이 햇빛에 반사되어 푸르스름한 안개를 만들어 먼발치에서 조망할 때 산이 푸르게 보인다고 한다. 에코 포인트(echo point)에 올라 단원들은 원주민 마법사의 세 딸이 돌 화석이 되었다는 전설의 세자매봉을 바라보며 사진을 찍고, 야호를 외치며 들려오는 산울림을 즐겼다. 한국적인 모습을 여기에서도 유감없이 발휘하고 있는 것이다.

산책로를 따라 이동하면 과거 석탄을 캐던 탄광이 있다. 지금은 폐광이 된 이곳을 관광지로 개발했다고 한다. 석탄을 캐던 궤도 열차를 탔는데

52도의 가파른 경사를 450m나 내려갈 때는 다들 놀라서 탄성을 질러댔다. 하루에 3000명이나 방문한다고 하니 석탄보다는 관광객 입장료로 벌어들이는 수입이 훨씬 많겠다는 생각이 들었다. 지금도 호주는 중동의 석유만큼이나 석탄이 많은 나라이며, 철을 비롯한 기타 지하자원도 풍부하다. 총 면적이 768만㎡로 한반도의 면적의 36배에 달하지만, 인구는 겨우 2100만 명밖에 되지 않는 섬이면서도 대륙이고, 지구촌의 많은 선진국 중에서도 살고 싶은 나라 중 하나라고 한다.

블루마운틴에서 돌아오는 길에 페더데일 야생 동물원에 들러서 호주의 상징인 코알라와 캥거루를 비롯한 많은 야생동물들을 보고, 앞으로 2일간 머물 HOLIDAY INN ROOTY HILL 호텔로 돌아와 짐을 풀고 긴 여행의 첫 밤을 맞이했다.

2월 1일

아침에 호텔 식당에 들어서니 어제의 피곤은 말끔히 가신 듯 단원들과 가족들이 먼저 나와 있었다. 식사를 즐기며 모두들 서로 반갑게 아침인사를 나누었다.

이른 시간이어서 학생들이 호텔 마당을 지나서 길 건너 학교로 등교하는 모습을 볼 수 있었다. 아침 식사 후, 현지가이드의 안내를 받으며 버스에 올라 남부 휴양도시인 울릉공 해안으로 향했다. 이곳의 등대는 우리나라 CF에서도 나와 유명한 곳이라고 한다. 드넓게 펼쳐진 남태평양을 배경으로 푸른 언덕 위 하얀 페인트로 단장한 등대는 언덕의 가장 높은 곳에 자리 잡아 웅장하면서도, 푸른 바다와 어울려 아담하기까지 하였다. 우리가 도착했을 때 바람이 세차게 불고 약간의 빗방울이 떨어져서 더욱 들뜬 분위기로 누가 먼저라고 할 것도 없이 '비바람이 치던 바다'를 불렀다. 또 이어지는 '…한겨울에 거센 파도 모으는 작은 섬…' 어디를 가나 노래 부르는 것을 사랑하고 좋아하는 합창단원들은 가만히 있지를 못했다. 그곳의 많은 사람들이 바닷가 가드레일에 나란히 서서 노래 부르는 우리를 향해 원더풀을 연발하며 박수를 쳐 주었다. 단원들 모두는 한층 고조된 기분으로 로열국립공원으로 이동하여 섭라인에서 요트 전경을 구경하고 공원의 벤치에 앉아 휴식을 취했다. 그곳에서도 흑인영가며 성가곡 등을 차례로 불러 파트별 조율을 했지만 합창이 아닌 중창이 되고 말아 같이하지 못하는 단원들을 생각나게 했다.

그러나 즐거운 마음으로 멀리 공원 아래로 내려다보이는 남태평양 바다를 향하여 마음껏 노래를 부르며 점심을 기다렸다. 점심은 한국동포가 그곳까지 바비큐를 운반해 와서 공원에서 먹었다. 옆의 또 다른 자리에서는 호주 할아버지 할머니들이 버스에서 음식들을 내놓고는 맛있게 드시고는 짐을 잘 챙겨서 떠나셨다. 마치 그 모습이 우리네 시골 할아버지 할머니를 보는 것처럼 정겨웠다.

시드니 시내로 돌아오는 길에 하버브리지와 시드니 오페라 하우스를 가장 잘 볼 수 있는 곳에서 사진을 찍었다. 더들리 페이지라는 사람이 자신의 집과 재산을 시에 내놓아 관광객들이 자유로이 드나들 수 있는 명소가 되었다고 한다. 외국을 여행하다 보면 유명한 관광 명소가 과거 개인 소유주가 지역의 시나 국가에 헌납한 경우가 많은 것을 볼 때 우리나라의 현실과 견주어 또 하나의 가르침을 받게 했다.

호주의 시드니, 브라질의 리우데자네이루, 이탈리아의 나폴리는 세계 3대 미항이라고 어린 시절 학교에서 배웠다. 특히 시드니는 항구 앞에 커다란 섬이 있어 폭풍을 막아주기 때문에 천혜의 항구조건을 갖추고 있다고 한다. 누드로 선탠을 즐긴다던 본다이 비치 해변을 돌며 눈요기를 할 수도 있겠다는 단원들의 기대와는 달리, 바람이 너무 많이 불어 서핑을 즐기는 몇 명의 젊은이 외 선탠하는 사람은 한 명도 없었다. 대신 영화 빠삐용의 마지막 탈출 장면을 촬영했던 절벽 위에서 기념사진을 찍었다. 가파른 절벽 위에 서서 드넓은 남태평양 바다를 바라보며 자유를 갈구했을 실화의 주인공을 생각해 보았다.

이날 밤 부두에서 만난 호주여인에게 우리 일행이 같이 사진을 찍자고 제안하였는데 자신이 화장을 하지 않아 어렵다고 했다. 그러자 단원 중 제양해 씨가 그녀에게 직접 화장을 해주며 립스틱을 그려주었다. 조금은 지나치다 싶었으나 밝은 표정을 잃지 않고 같이 사진을 찍어 주는 모습에서 이곳 사람들이 외국 관광객을 대하는 태도와 타인을 배려하는 품위가 있음을 느꼈다.

야간 투어로 그림이나 달력으로만 보던 오페라 하우스와 하버 브리지를 보니 정말 아름답고 멋있었다. 그리고 지상으로 달리는 작은 열차를 타고 시의 야경을 구경할 수 있었다. 자원이 풍부한 이 나라도 영국을 닮아서 그런지 관광객이 볼 수 있는 곳을 제외하고 밤에는 거의 소등을 한단다. 다만 사무실 빌딩의 불빛은 환했는데 그것은 관광객을 위해 창 쪽에 불은 켜 놓고 퇴근하며 그 전기요금은 시에서 지원한다고 했다.

2월 2일

늘 마음으로 그려왔던 오페라 하우스를 방문하는 날이다. 세계에서 가장 아름답고 특이한 이곳 무대에서 공연하는 것이 나의 꿈이었으나, 오늘은 그저 바라볼 뿐이다. 사진이나 그림에서 봤던 것보다 훨씬 위용이 크고 웅장한 건축물이었다. 하버브리지를 배경으로 사진을 찍었는데, 오페라 하우스와 조화를 이룬 광경은 또 하나의 예술 작품이었다. 보통 사람들이 밖에서만 구경을 하지만 우리는 내부 투어 프로그램을 이용해 공연장 안을 볼 수 있었다. 1만154개 파이프로 구성된 세계에서 가장 큰 파이프 오르간의 소리를 듣지는 못했지만 자작나무로 아름답게 장식된 홀 내부 구석구석을 보는 재미가 보통은 아니었다. 2700석 규모의 큰 홀에서 내부 관광을 할 때에는 큰 소리로 말을 하는 것도 사진을 찍는 것도 금지되어 있다고 했다.

내부 가이드에게 우리가 전주남성합창단이라고 말하고 이곳에서 노래를 불러보고 싶다고 이야기했다. 세계적 명연주홀 무대가 아니면 어떠하랴, 공식적이지는 못할지라도 공연은 공연인 것을, 다른 내부 투어 관광 단체들에게 양해를 구하고 공연장의 무대 위는 아니지만 2층의 객석에서 즉석 공연을 시도하였다. 이렇게라도 공연해 보고 싶었던 나의 마음을 단원들은 알고 있었을까? 외우고 있는 몇 곡을 노래했다. 객석에 앉아 우리의 공연을 관람한 관광객들이 놀랍고도 부러운 표정으로 '원더풀' 이라고 외치며 박수를 보내주었다. 어찌 되었거나 전주남성합창단은 호주 시드니 오페라 하우스에서 공연을 하였고, 객석에서 우렁찬 박수갈채를 받은 것만은 틀림없는 사실이다. 단원 모두는 세계적 명소이며 훌륭한 오페라 극장에서의 공연을 성공적으로 끝냈다는 사실에 엄청난 자부심을 안고 밖으로 나와 기념사진을 찍었다.

오페라 하우스 관람을 마친 우리는 유람선 탑승을 했다. 배에서는 각국에서 온 관광객 단체별로 선착순 좌석 배치를 하고 순서대로 식사를 했다.

선상 중식은 방금 오페라 하우스의 공연을 막 성공적으로 마친 단원들과 가족들에게 더욱 특별한 맛으로 다가왔다. 즐거운 공연 뒷이야기를 나누며 이국적인 정취를 만끽했다. 식사를 마친 단원들은 유람선의 갑판으로 올라 나란히 자리를 잡고 오페라 하우스에서 가진 공연의 흥분을 감추지 못한 듯 즉석 선상공연을 펼쳤다. 우리 가곡도 부르고, 이태리 가곡도 부르고 찬송가도 빠트리지 않았다. 몇몇 중국 관광객들이 우리가 화음을 넣어가며 노래를 부르자 유심히 쳐다보며 경청해 주었다. 평화롭고 행복한 오후의 선상 유람은 매우 낭만적인 분위기였다. 특별히 이곳은 전쟁으로부터도 자유롭고 평화로운 곳으로 정평이 나 있어 많은 부호들의 별장과 호화로운 요트가 많았다. 우리는 그들처럼 많은 것을 가지진 못했어도 지금 이 시간 노래를 부르고 있는 한 세상에서 가장 행복하고 축복받은 사람이라는 생각을 떨칠 수가 없었다.

짧지만 의미 있고 즐거웠던 2박 3일의 호주 여행을 마치고, 비행기로 거의 5시간을 날아 뉴질랜드 크라이스트처치시에 도착했다. 공항에는 이번 여행에 우리를 초대해 준 주인공인 김경록 씨가 대기하고 있었다. 숙소까지 참으로 반갑게 또 친절하게 안내하는 모습에서 그의 고국에 대한 그리움과 이민생활의 다른 일면을 보는 것 같았다. 김씨는 남성합창단의 초기 창립 멤버로 활동하다가 이곳으로 이민을 결정하고 이후 거의 소식 없이 지내왔다. 이렇게 오랜만에 만나게 되니 그 반가움이 새삼 다르게 느껴왔다. 세상은 좁은 지구촌이라는 말을 실감하며 언제나 지금 만나고 있는 내 앞의 그 사람을 소중하게 여기고 살아야 된다는 교훈을 생각해 보았다. 밤이 늦어 무거운 짐을 챙겨들고 수디마호텔의 방을 배정받고 지구상에 남은 마지막 무공해의 땅 뉴질랜드 관광을 꿈꾸며 눈을 감았다.

2월 3일

꼭 한번 와보고 싶었던 나라인 이곳 뉴질랜드에서 첫날밤을 보내고 아침

140

에 일어나니 태양은 밝고 아름다웠다. 국토 면적이 26만8130㎢로 한반도
의 1.2배, 인구 410만에 주산업이 농업으로 농부들이 부자인 나라, 거짓말
을 하지 않고, 질서를 잘 지키며, 18세만 되면 부모로부터 독립한다는 뉴
질랜드. 길고 흰 구름의 나라(아오테아레아 : 마오리족 뉴질랜드 이름) 뉴
질랜드의 아침 공기는 맑고 신선했으며 햇빛은 온화하여 참으로 찬란하게
빛났다.

  오늘은 특별히 이곳 한인 장로교 예배시간에 공연이 계획되어 있다. 이
른 시간, 세계에서 두 번째로 큰 도시공원인 헤글리공원(54만평, 골프장
65개)을 찾아갔다. 이곳 크라이스트처치는 영국의 귀족들이 정착하여 향
수를 달래기 위해 곳곳에 작은 영국을 옮겨놓은 것 같은 착각이 들 정도로
지극히 영국식으로 건설된 도시라고 한다. 수도요금을 받지 않을 정도로
수량이 많고 빗물을 그냥 받아 마실 만큼 물이 깨끗한 곳으로, 국제공항을
갖춘 뉴질랜드의 남섬의 최대 도시이며, ‘정원의 도시’라는 별명이 있을
만큼 깨끗하고 잘 정리가 되어 있다. 우람한 나무와 아름다운 꽃이 만발하
였고 드넓은 잔디밭과 맑은 시내가 자연스럽게 흘러가고 있었다.

  헤글리공원을 빠져나와 크라이스트처치 한인장로교회로 향했다. 최승관
담임목사님이 시무하시는 이 교회에서 특별찬양 공연이 계획되어 있기 때
문이다. ‘주여 오소서’, ‘너 용기 잃지 마라’ 두 곡을 불렀다. 모처럼 모국
에서 온 남성합창단원들의 찬양은 성도들에게 많은 은혜와 감동을 안겨주
었다.

  그러나 다음 일정이 여유롭지 못하다는 가이드의 독촉에 못 이겨 예배
중간에 교회를 나와 버스를 타야만 했다. 이동거리가 멀고 운전기사가 하
루 8시간 이상을 운전할 수 없는 이 나라 법 때문이란다. 테아나우까지
700㎞ 이상을 달리며 시간도 절약할 겸 버스 안에서 도시락으로 점심을
먹었다. 고속도로 몇 시간을 달려도 대평원만 눈에 들어왔다. 간혹 띠를
이루는 흰 구름과 무지개가 보이기도 했다. 길고 흰 구름의 나라라는 ‘아

오테아레아' 라는 말을 실감했다.

가이드 신현길 씨가 버스기사 밥을 소개했는데 이곳에서는 버스기사를 코치라고 부른다. 우리를 태운 버스는 중국산으로 승차감이 떨어지고 소음은 심했으나 하루 종일 달리는 동안 에어컨이나 다른 기능에 문제는 없었다. 이곳에는 한국산에 비해 값이 싼 중국산을 쓰는 회사가 많다고 했다. "중국이 이제 우리나라를 앞질러 버스를 수출할 정도의 공업국이 되었구나" 하는 생각에 중국의 국력을 느낄 수 있었다.

차창 밖으로 보이는 풍경은 참으로 한가롭고 평화로웠다. 테카포 호수의 물빛은 매우 맑고 깨끗했다. 끝이 보이지 않는 울타리가 쳐진 들판에 양과 소, 사슴이 지천에 널려 있었다. 나무가 있을 만한 곳은 전부 베어 초지를 만들었기 때문에 짐승들에겐 천국이나 마찬가지일 것이다. 중간에 과수원이 딸린 120년이나 되었다는 과일 가게에 들러 과일을 사 먹었는데 정말 맛있었다. 외국에 가면 꼭 그 나라의 과일을 맛보는 기회가 있었는데, 나라마다 과일 맛이 다르고 맛도 좋지만 이곳 뉴질랜드 체리는 참으로 일품이었다.

푸카키가든에 도착하여 한국 사람이 운영하는 식당에서 저녁을 먹었다. 이곳에서는 연어회를 팔고 있었는데 만년설이 녹은 청정 호수에서 사는 연어라 세계에서 가장 깨끗하고 살이 쫄깃해 맛이 좋다고 했다. 식사 중에 은홍기 대원과 박상규 대원께서 자제분들이 원하는 대학에 입학하고 취업을 했다는 소식을 여행 중에 접하고 기쁜 마음으로 각 식탁에 연어로 한턱을 냈다.

푸카키 호수를 지나다 보면 100㎞나 떨어져 있음에도 가깝게 보이는 산이 있는데, 이 산이 바로 쿡산이다. 에드먼드 힐러리라는 분이 이곳에서 등산 훈련을 마치고 에베레스트 등반하는데 성공했다고 한다. 에베레스트 정상에 올라간 소감을 묻는 기자에게 "내가 산을 먼저 올라간 것이 아니라 세르파(포터)가 먼저 올랐다"고 말할 정도로 겸손한 사람이었다. 그는 거의 모든 재산을 사회에 환원했고, 일생을 봉사 활동으로 살다 간 분으로 뉴질랜드 5달러 지폐에 실릴 정도로 국민의 존경을 받는 분이라고 한다. 나도 할 수만 있으면 나누며 살고, 가지지 못한 자에게 나누어 주는 삶을 살아야겠다고 굳게 다짐을 해 보았다.

2월 4일

어제의 지루한 버스 여행은 타스만 해에 연결되어 있는 밀포드 사운드(Milford Sound)를 관광하기 위한 것이었다. 700㎞를 달려온 우리는 다시 120㎞ 더 지구의 남쪽으로 내려가기 위하여 일찍 버스에 올랐다. 빗물처럼 넘치는 동물이란 의미의 테아나우 호수는 면적이 352㎢이며, 깊이는 417m로 남북섬을 통틀어 2번째로 큰 호수이다. 어제처럼 넓은 초원을 몇 시간 달리고 나니 이제부터는 나무들이 눈에 들어왔다. 호머터널을 지난 후에는 숲이 원시림을 이루고 있어, 버스가 마치 숲에 갇힌 것처럼 느껴지기도 했다. 수백년은 되었음직한 거목과 원시림을 보며 뉴질랜드의 자연 비경에 다시 한 번 놀라게 됐다.

신이 만든 마지막 작품이라는 '밀포드 사운드(Milford Sound : 해협이란 뜻)'를 찾아 가는 길은 굽이굽이 산길을 통과해야만 했다. 점심나절이 되어 이 나라에서 남극에 가장 가까운 곳에 도착하였다. 날씨가 쾌청하자 가이드는 노래하는 분들이라 복 받았다며 이곳은 연간 200일 정도 비가 온다고 했다. 1986년 UN으로부터 세계자연보호유산으로 지정된 이곳은 해협이라기보다는 피오르드 14개가 양 곱창처럼 굽이굽이 바다로 이어져 있었다. 빙하가 녹아 바다로 밀려오면서 U자형으로 땅을 깊게 파고 계곡 양측에 수직절벽을 만들었다고 한다. 빙하시대가 끝나자 태즈만의 바닷물에 의해 구불구불한 해로가 만들어졌는데 이것이 바로 밀포드 사운드이다.

유람선에서 식사를 하며 태즈만 쪽으로 갔다가 뒤돌아 왔는데 이 선상관광 코스가 뉴질랜드 남섬 관광의 백미라고 했다. 바다에 연접해 있어 실제로 돌고래와 물개의 모습을 볼 수 있었다. 관광유람선에는 세계 각국에서 온 관광객이 많았는데, 한국인 관광객도 많아 점심에 나온 김치와 고추장 등은 한국에서 수입한다고 하였다.

　이곳 남섬에는 수천 개의 폭포가 있다. 높이가 155m나 되는 스탈린 폭포에 이르자, 산 위 바위에서 떨어지는 폭포의 물방울이 가랑비 오듯 쏟아지는 곳에 배가 잠시 멈췄다. 이 물방울이 머리에 떨어지면 머리가 희어지지 않는다고 하여 많은 사람들이 온몸에 뿌려지는 것을 재미있어 했다. 물방울과 함께 피어나는 무지개처럼 또다시 선상 콘서트가 자연스럽게 열렸다. 단원들은 '주 하나님 지으신 모든 세계'라는 찬송가를 시작으로 노래했다. 화음을 넣어 부르는 우리들 노래에 많은 외국인들이 좋아하며 원더풀을 외쳐 주었고, 어떤 이는 같이 와서 함께 부르기도 하고, 또 어떤 이는 나에게 와서 사인을 받아 가기도 하며 서로 명함과 주소를 나누었다. 노래는 국경이 없으며 만국의 공통언어가 될 수 있음을 실감하는 순간이었다. 음악을 하고 합창단을 지휘하며 이 같은 연주 여행을 할 수 있어 오늘을

같이한 합창단원 모두에게 감사한 마음뿐이었다. 밀포드 사운드 유람선 관광은 지금까지 20여개국 여행 중 최고의 순간으로 기억되기에 충분했다. 너무 즐겁고 행복한 기분을 간직한 채 우리는 다시 퀸스타운으로 향했다.

바다처럼 넓은 와카디푸 호수가에 삼삼오오 짝을 이루어 어둑어둑해진 이국의 아름다운 호수를 걸었다. 오늘은 최용호(놀부) 씨 생일로 모두가 호숫가의 선착장에 둘러서서 케이크에 촛불을 밝히고 축하해 주었다. 또 이 자리에서 단원들의 즉석 야간 콘서트를 펼치지 않을 수 없었다. 이렇게 아름다운 곳에서 뜻 깊은 생일축하를 받는 사람도 음악회를 펼치는 사람들도 모두 사랑을 확인하는 행복한 순간이었다.

2월 5일

여왕의 도시(Queens Town)에 여왕은 없다. 그러나 "세계의 모든 젊은 이들이 있다"라는 말이 유머처럼 들려온단다. 세계 최초 번지점프 장소로 유명한 카와루 강다리 위 높이 43m짜리 오랜 철교에 들렀다. 말 그대로 추락하는 것에 날개는 없지만 줄은 있었다. 한국 영화에도 나왔다는 이곳 번지점프의 아찔한 높이에 어지러울 정도였다.

테카포 호숫가에는 세계에서 세 번째로 작다는 선한 양치기 교회가 있었다. 이곳에 들어가기 전에 양몰이 개 동상이 있었는데 양치는 개들의 수고를 기리기 위해 세웠다고 한다. 마치 우리나라 임실 오수에 있는 주인을 구한 충성스런 개의 동상을 보는 듯했다. 선한 양치기 교회는 조그마한 매켄지 마을에 위치하고 있는데, 영국에서 이곳으로 온 매켄지라는 사람의 이름을 땄다고 한다. 그는 남의 양을 훔쳤다는 죄목으로 옥살이를 했는데, 개가 양들을 몰고 온 것일 뿐 자신은 죄가 없다고 주장하고, 출옥 후에는 마을을 일으켜 사람들을 돕다가 사라진 사람이라고 한다. 현재 이 교회는 마을에 사는 다양한 종교 즉 개신교, 가톨릭, 성공회 등을 믿는 사람들의 예배 처소로 사용된다. 이 교회에 들어가 목사님인지, 관리인인지 모르는 분에게 우리는 크리스천이라고 소개를 하고 합창단원으로서 찬양을 하고 싶다고 했다. 그분이 좋다고 하여 '주 하나님 지으신 모든 세계'를 화음을 넣어 노래했다. 20~30명이 예배할 수 있는 조그마한 교회에서 찬송이 울려 퍼지자 많은 관광객들이 감동해서 우리와 함께했다. 교회의 작은 창문으로 내다보이는 테카포 호수의 아름다운 모습에서 하나님의 지으신 창조의 세계를 바라볼 수 있었다.

선한 양치기의 교회는 규모는 작지만 큰 교회에 비해 더욱 본래의 의미를 잘 전해주고 있는 것 같았다. 우리 모두는 이곳에서 마치 부흥회를 마치고 성령의 충만한 은혜를 경험한 듯 경건한 모습과 마음을 가지고 그 작은 교회를 나왔다. '나는 선한 목자라 선한 목자는 양들을 위하여 목숨을 버리거니와…'라는 예수님의 말씀처럼 그 선한 목자가 바로 the Good Shepherd이기 때문에 더욱 가슴에 와 닿았다.

긴 버스여행 끝에 크라이스트처치에 다시 돌아왔다. 비원이라는 코리안 레스토랑에 들어가 저녁식사로 순두부국을 먹었다. 이곳에서 먹은 한국음식이 지금까지 먹었던 어떤 다른 한식보다 맛있었다. 가자미 고기가 추가로 나왔는데 이는 우리를 이곳에 초대했던 김경록 씨가 특별히 제공한 것이었다. 식후에 이 친구가 기어이 자기 집을 잠깐만이라도 방문해 주기를 간청했다. 그의 집은 공항에서 그리 멀지 않은 곳에 위치해 잠깐 들러 그의 부인과 두 딸들과도 인사를 할 수 있었다. 그리고 가정과 자녀들을 위해 기도하고 곧바로 공항으로 향했다.

김경록 씨는 한국에 있을 때 전라북도 지사의 통역을 맡을 정도로 영어를 잘하는 영어교사였다. 그는 이곳에 이민 온 후 언어소통에 문제가 없어 이곳 국제공항 직원으로 근무를 했다고 한다. 그래서 공항직원들과 친분이 있어서 우리를 비행기 게이트 앞에 세워 놓고 노래하기를 간청을 했다. 작은 공항이었지만 오고가는 사람들과 공항직원들은 우리가 부르는 노래를 아주 감동적으로 듣고 박수를 보냈다. 비행기에 탈 때 김씨는 일일이

악수를 하며 눈시울을 적시고 있었다. 평소 하마처럼 큰 입이 항상 귀에 걸릴 정도로 웃고 있어서 성경에 나오는 선한 사마리아인의 모습이 저렇겠구나 생각했는데, 그렇게 이별이 아쉽고 서운했던지 작별 인사를 하러 비행기 안까지 들어왔다. 표가 없으면 불가능한 일이었지만 그는 이곳 전직 직원이라 가능했었나 보다. 그가 보여준 사랑과 진실된 마음에 지면을 통해서나마 다시 한 번 더 감사를 드리고 싶다. 주님의 가호와 위로 속에 항상 평안하고 건강하시기를 두 손 모아 빌어본다.

2월 6일

한국 아주머니가 운영하는 식당에서 아침 식사를 하고 곧바로 오클랜드에서 남쪽으로 200㎞ 떨어진 세계 8대 불가사의라는 와이토모 동굴로 이동했다. 이 동굴은 1887년 이곳을 여행하던 영국 탐험가 프레드와 원주민 마오리 추장에 의해 발견되었다. 이곳에는 반딧불이(개똥벌레)가 어두운 동굴 속에서 집단으로 서식하면서 빛을 발하고 있었다. 마치 캄캄한 밤하늘에 별을 수놓은 것처럼 영롱하게 빛을 내고 있었다. 처음 이 동굴을 방문한 사람들은 다이아몬드가 빛을 발하는 것으로 착각했다고 한다. 작은 보트에 대원들이 나누어 타고 동굴 안내인이 위쪽에 연결되어 있는 밧줄을 잡아당겨 배를 움직였다. 15분 정도 보트를 타면서 말도 하지 못하게 했다. 자연보호에 철저한 뉴질랜드는 관광자원을 보호하기 위해 사진과 비디오 촬영을 금하고 있었다. '하지 말라'는 것은 해서는 절대 안 되는 준법 정신이 철저한 나라이다. 초등학교 때부터의 철저한 교육 덕분에 국가 청렴도 세계 1위를 유지하고 있는지도 모를 일이다.

빅애플에서 점심을 먹었다. 이곳은 뷔페식당으로 양식 스테이크를 먹을 수 있었는데 맛이 아주 좋아 단원들이 모두 만족해 하는 표정이었다. 식사를 마치고 밖으로 나와 보니 이곳이 전에는 아주 큰 농장이었나 하는 생각이 들었다. 마당 한 구석 녹슨 트랙터가 이 농장의 역사를 얘기해 주는 것 같았다. 이곳 사람들은 먹거리가 풍부하여 여유가 있는 것인지 1년 중 3개월을 해외여행으로 보내고 자신의 집은 전세를 놓는다고 한다. 지나친 욕심을 부리지도 않지만 욕심을 부리면 살 수 없는 나라, 여행 내내 부러움을 자아내는 나라가 바로 이 뉴질랜드였다. 그리고 이런 나라에 합창단을 인솔하여 공연과 관광을 하는 사실에 감사했다.

로토루아의 애그로돔에서 양털깎이와 양몰이 쇼를 보러 목장 안으로 들어갔다. 뉴질랜드에서는 해마다 누가 더 빨리 더 많이 양털을 깎는지 시합해서 챔피언을 뽑는다고 한다. 시연자는 가끔 한국어로 인사말을 하기도 했다. 관광객들 중 일부는 앞 무대에 나가 소 젖도 짜보고 그날 깎은 양털을 선물로 받기도 하는데, 우리 일행은 이곳 농장의 트랙터를 타고 농장을 한 바퀴 돌며 직접 소와 양과 사슴에게 먹이도 주며 즐기는 시간을 가질 수 있었다.

한국 젊은 청년이 우리들을 안내했는데 그는 유학을 왔다가 한국에 IMF 외환위기가 터지자 집에서 유학비를 송금 받기가 어려워 이 농장 저 농장에서 아르바이트를 했다고 한다. 다른 사람보다 더 열심히 일하여 농장 주인의 눈에 들게 되었고, 다른 곳으로 옮기려고 하자 주인이 같이 일을 하자며 잡는 바람에 이곳에 머물게 되었고 한국 안내원으로 일한다고 했다. 실제로 이번 여행을 하면서 느낄 수 있었던 것은 많은 한국 이민자들이 관광업에 종사한다는 것이다. 그만큼 이곳에 이민 온 동포들에게는 한국 관광객이 커다란 기쁨이요, 더 많은 소득을 얻을 수 있는 기회라는 생각이 들었다.

그 젊은 친구는 한국에 일자리가 없어 100만 명이 PC방에서 소일하고 있다는 얘기를 들었다며, 그 사람들 다 이곳에 보내 농사짓게 하면 좋겠다고 했다. 이 나라 인구가 400만 명밖에 되지 않는데, 그렇게 되면 뉴질랜드도 거의 한국 땅이 되지 않겠느냐는 농담을 덧붙였다. 우리는 그 말을 웃음으로 받았지만 상당히 의미심장한 말이었다. 그냥 흘려 지나치기엔 너무 부러운 말이기도 하였다. 또 우리나라의 교육현실이 안타깝기도 해서 몇 번이고 생각하게 하는 말이 되었다.

피곤한 몸을 회복하기 위해 폴리네시안 스파로 갔다. 뉴질랜드는 화산 활동이 진행 중인 나라이기에 온천이 많다. 이곳 스파에는 지하에서 올라오는 온천물이 큰 호수로 흘러가는지 호수 바로 옆에 위치해 있었다. 각 탕마다 물의 온도가 달라서 이곳저곳을 돌아다니며 온천욕을 즐겼다. 폴리네시안 스파는 뉴질랜드에서 가장 유명한 온천으로 1878년 프랑스 신부가 발견하여 1882년 요양을 목적으로 건립되었단다. 이 온천물은 라듐과 프리스트가 첨가되어 있는 광천수로서 근육통과 관절염에 특효가 있다고 한다. 이곳 시설에서는 자연을 아끼고 훼손하지 않으며 원형대로 보존하고자 하는 노력이 보였다. 우리의 상황과는 많은 것이 다르게 해석되고 또한 다르게 이용되고 있음을 볼 수 있었다.

저녁 식사는 이곳 마오리족의 민속춤(Maori Concert)을 보며, 전통음식 항이(Hangi)를 맛볼 수 있는 전통 식당으로 안내되었다. 항이는 커다란 돌을 뜨겁게 달군 다음 땅을 파서 만든 구덩이 안에 지열을 이용하여 이것저것 굽는 마오리 전통 음식이다. 감자, 호박, 고구마, 돼지고기, 양고기, 소고기 등을 푸짐하게 넣어서 따끈따끈 쪄냈기 때문에 그 맛이 정말 훌륭했다. 또 마오리 족들이 불렀던 노래, '포 카레카레 아나'는 예전부터 우리나라 젊은이들이 즐겨 부르는 '연가'로 친숙한 노래였다. 로토루아에는 큰 호수가 있는데, 이 노래는 그 가운데 위치한 섬과 관련되어 추장의 딸과 그녀를 사랑한 젊은이의 사연이 있는 것이란다. 추장이 그 둘을 갈라놓으려고 그 젊은이를 섬으로 보냈다고 한다. 그는 섬에서 '포 카레카레 아나'라는 노래를 부르곤 했는데, 이 노래를 들은 처녀가 그 섬까지 헤엄쳐서 건너가 사랑하는 이를 만났다는 전설이 있다고도 한다.

민속 쇼를 관람하고 숙소인 레이크우드 로토루아에 돌아와 짐을 정리했다. 그리고 호텔 앞마당에 모두 모여 지금까지의 여정에 대해 서로의 느낌을 나누는 시간을 가졌다. 단원들과 가족 모두가 이번 여행이 너무 즐겁고 소중한 추억을 만들게 되었다며 만족감을 표시했다. 밤은 깊어만 갔고, 나는 지금까지 어려운 일 없이 이토록 즐겁고 뜻 깊은 여행을 할 수 있게 하신 하나님께 감사드리고, 대원 한 사람 한 사람에게 고맙다는 인사를 나누었다.

2월 7일

오늘은 설날이다. 한국에서는 세배며 차례며 명절 기분이 들 것이나 우리는 이국 땅, 그것도 남반구의 먼 나라에서 설날 아침을 맞게 되었다. 어제 저녁 가이드에게 내일 설날인데 가능하면 아침식사로 떡국이 가능한지 넌지시 물었다. 식사를 한식집에서 준비하고 있으나 떡국이 될 수 있을지는 확실하지 않다고 했다. 기대 반 염려 반으로 식당에 들어갔는데 특별히 준비했다는 떡국이 식탁에 준비되어 있었다. 단원들 모두가 환호하며 먼 이국땅에서 먹는 설날 아침의 떡국에 행복해 했다. 서로들 덕담을 나누는 가운데, 지휘자의 특별한 부탁이 있었다는 가이드의 설명에 모두들 박수로 환호했고 모두들 맛있게 먹었다.

'까치의 설날' 이었는지 어제는 뉴질랜드의 국경일이었단다. 뉴질랜드가 원주민 마오리족과 오랜 싸움을 종식하고 합병하여 나라를 세운 날이다. 뉴질랜드에 온 유럽인들에게는 축제의 날이겠지만, 마오리족들에게는 치욕의 날이 아닐까 생각했다. 일본에게 치욕스런 합병을 당한 역사를 가진 국민으로, 원주민이나 뉴질랜드인 누구에게도 인사를 나누기에는 조금 묘한 느낌이 들어 그냥 지나쳐 버리고 말았다.

오늘은 테푸이아 마오리 민속촌과 지열지대 관광, 로토루아 시내 관광 후 오클랜드로 이동하게 되어 있었다. 테푸이아 마오리 민속촌 입구에 12개의 커다란 나무기둥이 동물모양으로 세워져 있었는데, 마치 우리나라 십이지 신상을 보는 기분이 들었다. 이곳은 지열지대로 땅이 뜨겁기 때문에, 원주민들은 땅을 파서 돌을 넣고 그 위에 음식을 넣어 익혀 먹었다고 한다. 냉장고 기능의 음식 저장 역할은 기둥을 박고 땅에서 떨어진 위치에 지은 창고가 했단다. 민속촌 바로 옆에는 현재도 화산활동이 진행 중인 것을 목격할 수 있는 간헐천이 있었다. 마치 커다란 가마솥에 팥죽을 끓이는 것처럼 연기와 함께 진흙이 부글부글 끓으며 소리를 내고 있었다. 이곳 사람들은 그 소리가 개구리 울음소리 같다고 하여 개구리 연못(frog pool)이라고 부른단다. 그리고 한 시간에 한 번꼴로 20~30m 정도 높이로 간헐천이 솟아올라 햇빛을 받은 증기에 쌍무지개가 되어 보이기도 했다. 땅에 앉아 지열을 느낄 수 있도록 넓고 평평한 콘크리트로 시설을 만들어 놓았는데 우리나라의 온돌방과 같았다. 그러나 바닥이 너무 뜨거워 오래 앉아 있을 수 없었다.

로토루아 시내에서는 박물관을 둘러보고 한글 상호가 선명한 종갓집(宗家)에서 점심 식사를 했다. 그리고 마지막 여행지이며 고국으로 출발할 국제공항이 있는 오클랜드로 향했다. 차창 밖의 깨끗한 들판을 보면서 많이 부러웠다. 자연을 아끼고 사랑하는 민족이라서 그런지 이들이 뉴질랜드를 청정지역으로 만들기 위해서 쏟아 붓는 노력은 실로 엄청나다. 2004년 그리스 올림픽에서 금메달을 딴 선수가 월계관을 가지고 입국하는 것을 막고 뉴질랜드의 나뭇잎으로 월계관을 만들어 다시 씌워서 입국을 허락했다는 일화가 있을 정도다. 그리고 가이드의 설명에 의하면 이곳은 안경을 낀 사람이 별로 없다고 한다. 맑은 공기에 가시거리가 멀고, 눈의 시신경에 좋다는 녹색의 넓은 들판까지 국민들의 시력을 지켜주고 있는 것이다. 유달리 안경 쓴 학생들이 많은 우리 학교 교정과 언제나 안개에 싸여 있는 것 같아 뿌옇게 보이는 모악산을 그려보았다.

오클랜드는 130만 명의 인구로 수도인 웰링턴의 3배가 넘는 큰 도시다. 그림 같은 오클랜드 시내가 한눈에 내려다보이는 해발 196m의 에덴동산에 올라갔다. 공원은 지진활동으로 인한 커다란 분화구에 물 없이 속이 비어 아주 커다란 토기처럼 생겼다. 마침 도착한 시간에 개기일식이 진행되고 있어 신비로운 광경을 볼 수 있었다. 에덴동산에서 내려다 본 오클랜드 항구는 한 폭의 그림 같았다. 또한 옹기종기 모여 있는 크고 작은 집들이 주변의 나무들과 조화를 이루고 있는 점이 퍽이나 인상적이었다.

2월 8일

아침에 서둘러 공항으로 이동을 해야 했다. 아쉬운 마음들을 달래며 마지막으로 호텔 앞에서 단체 사진을 찍었다. 공항으로 이동하는 중간 건강보조식품센터에 들러 구경도 하고 필요한 것을 구입하기도 했다. 자신들이 복용할 것과 또는, 선물용으로 구입하는 등 제법 상당한 물품을 구입했다. 뉴질랜드가 청정국가로 알려져 있어 다양한 무공해 건강보조식품을 개발하여 관광 자원으로 이용하고 있었다. 1차 산업과 2차 산업 그리고 3차 산업이 서로 협력하고 보완하면서도 관광산업을 중심으로 그 힘을 모으고 있는 이 나라의 모습을 짐작할 수 있었다. 그리고 오클랜드 공항 대기실에 있는 텔레비전은 우리나라의 삼성 로고가 선명한 액정 텔레비전이었다. 해외를 여행하면서 만나는 우리 기업들의 광고판을 보면 어찌도 이리 반갑고 우쭐한 기분이 드는 것일까?

12시 15분, 오클랜드를 출발해 고국으로 돌아오는 11시간의 긴 비행을 시작했다. 어떤 단원은 피곤한 몸으로 좁은 비행기 의자에서 눈을 붙이고 있었고, 또 어떤 단원은 비행기 창 밖에 펼쳐지는 길고 흰 구름의 나라 아오테아로아(Aotearoa)를 내려다보고 있었다. 이번 여행은 전주남성합창 단원들과 가족들이 9박10일을 함께 하며 서로를 배려하고 마음을 나눈 참으로 행복한 시간이었다. 더군다나 어디를 가든지 만국의 공통언어인 음악을 통해서 우리의 언어와 정서를 전달하고, 또 보여줄 수 있었던 것은 합창단의 공연이 있었기에 가능했다. 시드니 오페라 하우스 객석 공연을 시작으로, 시드니 미항의 유람선상 즉석공연, 크라이스트처치의 한인장로 교회 예배시간의 공식공연, 밀포드 사운드의 선상공연, 퀸스타운 호숫가의 야간 공연 그리고 크라이스트처치 공항에서의 공연은 모든 합창단원들 가슴 속에 오래오래 기억되는 아름다운 추억으로 새겨지게 될 것이다. 음악이 주는 기쁨과 여행이 주는 즐거움을 합하여 얻은 것이니, 이 기쁨과 즐거움을 어떻게 산술적으로 계산할 수 있겠는가? 또한 단원들 대부분이 크리스천으로 구성되어 감사하는 마음으로 서로를 섬기며 보낸 이번 여정은 행복과 환희의 순간들로 연결된 날들이었다.

이번 여행을 준비하고 기획한 모든 분들, 그리고 여행에 동행했던 분들과 관계되었던 이들에게 진심으로 감사의 뜻을 전하고 싶다. 이번 여행을 통해 얻은 많은 생각과 교훈들은 전주남성합창단의 발전을 위한 밑거름이 될 것이다. 특별히 이 기행문이 완성될 수 있도록 자세한 자료를 제공해 주고, 여행기간의 일정을 꼼꼼히 기록하여 주신 First Bass 파트의 신철 섭 단원에게 깊은 감사를 드린다.

6. 상산고등학교신문 '상산춘추'에 기고한 글들

1) 안익태 선생과 환상곡 KOREA

安益泰! 선생이야말로 음악을 통해 우리 민족에게 조국애와 민족혼을 깊이 심어 준 위대한 예술가입니다. 선생은 1906년 12월 5일 평양에서 출생, 1965년 9월 16일 스페인의 항도 바르셀로나에서 임종할 때까지 수난과 영광의 일생을 사셨습니다. 조국애가 누구보다 강했기에 민족의 수난을 뼈아프게 느낀 선생은 조국을 잃은 나그네가 되어 일본, 미국, 유럽 등지를 전전하면서 조국을 향한 그리움을 음악의 세계 속에 승화시켜, 진주와 같이 고결한 음악의 결정으로 일생의 승리를 거두게 됩니다.

선생은 독일 낭만파의 마지막 거성이며 후기 낭만파의 대표자인 R. Strauss에게서 12년간 사사한 수제자로서 한국에 국제음악제를 심고 동서양의 유수한 악단에서 낭만파 지휘의 진수를 보여준 근대 음악의 샛별이었습니다. 선생이 "어느 나라의 예술가를 막론하고 민족의 이념이 없이는 진정한 예술가가 될 수 없다"고 말한 것처럼 선생은 조국애가 넘쳤습니다. '교향시곡 논개' '코리아 환상곡' 등이 바로 대표적인 예라 하겠습니다. 특히 '코리아 환상곡'은 조국의 역사적 배경을 음악을 통하여 극적으로 표

154

현한 곡입니다.

1938년 아일랜드 국립 심포니에서 선생 자신의 지휘로 초연된 이 곡은 합창과 관현악을 위한 악곡으로서 세계 각지에서 무수히 연주되며 '조국을 위한 신념의 실천'이라 불리고 있습니다. 1936년 처음 완성되었던 이 곡은 7번의 수정, 보완을 거쳤으며, 우리 민족의 건국에서 6·25동란과 수난상 이후까지의 우리 민족의 역사적인 대서사시입니다. 악곡이 시작되면 개국을 표현하는 포르티시모로 시작하고, 아름다운 금수강산의 정경을 들려준 뒤 평화스런 고전 멜로디가 흘러나옵니다. 이어서 도라지타령이 플루트로 연주되다가 끊어지고 나라 잃은 슬픔과 일제에 대한 강렬한 저항을 나타내는 음악으로 연결됩니다. 우렁찬 합창으로 "대한 만만세"를 부르며 애국가가 시작되어 승리와 독립의 환희가 표현되지만 다시 6·25로 인해 장송행진곡이 이어집니다. 그러나 종국에는 정의가 승리를 거두어 "무궁화 삼천리~"가 민족전체의 합창으로 울려지며 "만세"로써 끝나게 됩니다.

지휘자로서의 활동에서도 선생의 애국적 면모는 잘 나타나 있습니다. 세계 유명 교향악단지휘 요청에는 '코리아 환상곡'을 연주곡으로 택하는 경우에만 응락했고, 합창의 가사는 꼭 우리말을 고집하였습니다. 그리고, 연주회 때마다 애국가가 울려 퍼졌습니다. 1960년 도쿄에서 '코리아 환상곡'을 연주했을 때 "일본은 한때 정치적·경제적으로 한국을 정복했지만, 안익태는 지휘봉 하나로 일본 음악을 정복했다"고 일본인들이 평을 했다 합니다.

(상산춘추, 제2호, 1982년)

2) 협주곡의 왕 비발디
(Baroque Music과 Antonio Vivaldi : 바로크 음악과 작곡가 비발디의 작품 세계)

바로크란 통설에 의하면 포르투갈 어의 바로코(Baroco)를 어원으로 한 말이라고 한다. 포르투갈 어에서 Baroco란 '찌그러진 眞珠'란 뜻이 있으며 지금도 일반적으로 '야릇한', '모양이 좋지 않은' 등의 뜻으로 사용되고 있다. 바로크라는 말은 사실 건축, 회화 등의 미술 분야에서 쓰이는 말로써 르네상스의 예술과 다르다는 것을 나타내기 위하여 생겨진 말이라고 할 수 있다. 그러나 20세기 초 독일의 미술사가들에 의하여 이 시대의 예술작품에도 르네상스 예술과는 다른 독자적인 표현이념이 있으며 그 자체로서 훌륭한 가치가 있음이 인정되어, 이 말이 예술사의 시대 양식 개념으로써 적극적으로 쓰여지게 되었다.

음악사의 분야에서는 1920년 Sachs의 〈바로크 음악〉이라는 논문에서 처음 이행하여 쓰게 되었다. 바로크 시대의 음악은 과거에 비하여 다성음악에서 단성음악으로 변했다. 새로운 음악의 대두 등 많은 변화가 있으나 특히 성악에서 오페라가 발달했다. 기악곡도 크게 발달하여 이 시대에 비로소 성악과 대등한 지위를 차지하게 되었다.

이 시대의 작곡가들 중 특히 이탈리아 바로크 음악의 최대 작곡가로는 Antonio Vivaldi(167?~1741)를 들 수 있다. 그는 이탈리아의 베네치아에서 태어났는데 1675~1678년경이라는 것 외에는 잘 알려져 있지 않다. 그 아버지 Giovanni Battista는 이름 있는 바이올린 연주가였으므로 비발디는 어린 시절에 그 부친으로부터 바이올린을 배웠다. 26세 때인 1703년부터 1741년까지 40여 년간 가톨릭교회의 신부로서 봉직하였다. 미사 중에도 음악적 영감이 떠오르면 살그머니 제단을 빠져나와 악상을 정리해 엄숙한 종교의식을 모독했다는 죄로 종교재판까지 받았으나 법정에서는 그를 정상적인 성격의 음악가라 보고 벌을 내리지 않고 다만 미사 올리는 것만을 금하게 하였다.

그는 38년간의 신부생활에서 겨우 1년 반밖에 미사를 올리지 않은 괴짜 신부가 되고 말았다. 이렇듯 음악에 대한 그의 정열은 대단한 것이었다. 그는 특히 협주곡의 대가라 할 만큼 많은 협주곡을 작곡했다. 79곡의 바이올린을 위한 중주곡과 38곡에 이르는 오페라 등 놀라운 작품을 썼다. 그중 바이올린 협주곡과 소나타는 가장 유명하여 지금도 많이 연주되고 있다. 그 자신이 유명한 바이올린 연주가였기에 독특하고 화려하며 어려운 기교 등이 곡 가운데 많이 들어 있다. 그의 작품에는 거의 완벽에 가까운 형식미에 있어 바흐도 그의 작품을 좋아하여 여러 곡을 편곡하기도 했다.

비발디의 바이올린 협주곡 중에서 대표적인 곡으로는 op.8 〈四季〉가 있다. 특히 우리들에게 많은 사랑을 받고 있는 곡으로 완벽한 협주곡 형식을 갖추고 있다. 모음곡으로 된 이곡은 봄, 여름, 가을, 겨울의 4부로 되어 있는 매우 아름다운 곡이다. 우리 학생들이 꼭 들어보는 기회를 갖기 바란다.

(상산춘추, 1983, 제3호)

3) 바흐(J. S. Bach)의 생애와 作品世界

서양 음악이 우리나라에 들어와 근대교육의 한 교과목으로 자리한 음악교육에서 바흐(J. S. Bach)만큼 우리들에게 널리 그리고 많이 알려진 음악가도 없을 것이다. 바흐는 우리 학생들뿐 아니라 젊은 세대에 이르기까지, 아니 많은 기성세대들에게도 어떤 강한 심리적 영상을 남겨 가슴 속 한 자리를 차지하고 있다.

서양음악사의 한 분기점이 된 바흐는 1985년 3월 독일의 작은 도시 아이제나하에서 태어났다. 바흐의 가계는 그를 전후하여 200년 동안에 50여 명의 음악가를 배출한 혈통을 이어 이 집안의 '호우트'였던 것이다. 여기에 금상첨화로 바흐는 대단한 노력가였다. 10세 때 고아가 되어 그의 형 크리스토프의 손에 의해 자라면서도 이 형이 가지고 있는 많은 악보를 반년 동안 달빛 아래 숨어서 필사하였다는 일화는 유명하다. 그의 탐구심은 일생을 통하여 계속되었다고 한다. 그는 18세에 '아른시타트' 교회의 오르가니스트 겸 합창대장, '지세로뮐하우젠'의 '성 브라지우스' 교회의 오르가니스트로 있었고 23세에 교회를 떠나 '바이마르' 궁정에서 '빌헤름 에른스트'의 총애를 받아 29세 때에는 그곳 악사장이 되었다. 1717년에 쾨텐으로 옮겨 영주 '레오플트'의 경애를 받아 안락한 생활을 하며 많은 걸작들을 남기고 38세에 다시 교회로 돌아가서 '라이프치히'의 '토마스'교회의 칸토르가 되어 27년 간의 화려한 작곡 생활을 한다. 바흐는 많은 작품을 남긴 것과 같이 자녀도 많았다. 22세에 첫 번째 아내 '마리아 바르발라'와 1720년에 맞이한 두 번째 아내 가수 '안나 막달레나'와의 사이에서 20명의 아들을 낳았다.

물론 작곡가로서의 바흐는 자녀의 수보다도 더 많은 작품을 남겼음은 말할 나위 없다. 바흐 연구가였던 '시미더'의 작품 목록 정리 번호에 의하면 총 1080번에 이르지만 실제로는 65세의 생애에 1100곡 정도를 작곡했다고 보고 있다. 바흐가 사상 최대의 교회 음악가였음은 이미 다 아는 사실로서 '마태 수난곡', 'B단조 미사곡' 외에 200곡에 이르는 교회 '칸타타'가 있다. 그는 이와 같이 교회음악 외에도 오페라 외에는 무엇이라도 썼는데 '관현악 심포니아', '협주곡, '무곡', '합창곡', '오르간곡', '실내 소나타', '모음곡', 각종 '푸가' 등 이루 헤아릴 수가 없다. 이 많은 작품들 속에서 가장 바흐의 개성이 돋보이는 곡으로 '푸가의 기법', '음악의 헌정', '골드베르크 변주곡' 등 만년의 3대 걸작을 말할 수 있겠다. 이와 같은 바흐에 대해 당시 사람들은 그의 뛰어난 음악 솜씨에 절찬을 보냈으나 그의 예술적 가치에 의문을 품는 사람도 적지 않았다. 그들은 바흐를 냉철한 기교적 완벽성으로 정신성과 인간성이 결핍된 하나의 장인으로 보았을지도 모른다. 1750년 무렵에 '대 바하'라 하면 아들 P. E. 바흐를 말하기도 했다.

그러나 그의 위대한 업적은 바로크 음악시대의 양식과 기법, 형식에서 믿을 수 없을 정도의 거대한 포섭이며 총괄임을 알아차린 것은 아마도 멘델스존 이후 사람들일 것으로 생각된다. 바흐는 티끌만큼의 애매함이 없는 명석함과 기술적인 완벽으로 한 편의 졸작도 남기지 않았다. 대량의 명곡을 두고 세상을 떠난 이 위대한 인물을 한동안 사람들은 잊고 있었다. 그러나 오늘날에는 바흐의 음악이 더욱 찬란한 빛을 발하고 있으며, 클래식은 물론 포퓰러 음악에까지 그의 음악에 대해 깊은 연구를 하고 있다.

바흐의 음악은 자의적인 인간감정이나 감각에서 만들어진 음악이 아니다. 가장 보편성이 뛰어난 것이어서, 바흐의 원곡을 제아무리 기발한 방법으로 새롭게 꾸며 본다 할지라도, 본제는 끄떡없을 것이다. 이러한 바흐의 음악에 의하여 여러 가지 발상의 현대음악이 발생하고 있으며, 그의 음악은 영원히 건재할 것이다.

(상산춘추, 제7호, 1984)

4) 헨델(G. F. Handel)의 생애와 작품세계

바흐에 이어 헨델에 대하여 쓰려고 하니 마침 금년이 바흐와 헨델 탄생 300주년을 맞이하는 해이다. 세계 각국에서 이를 기념하는 각종 행사와 수많은 음악회가 개최되고 있어 더욱 감회가 새롭다. 이처럼 세계 여러 나라들이 대대적인 기념음악회와 학술발표회 등 이 두 대가를 위한 큰 행사들을 계획하고 실행하는 것은 그만큼 이들이 우리 인류문화에 남긴 업적이 지대하기 때문일 것이다. 확실히 바흐와 헨델은 음악사에서 가장 위대했던 두 개의 큰 별이었다. 그러기에 바흐를 근대음악의 아버지라고 한다면 헨델은 근대음악의 어머니라 일컫는 것이다.

헨델은 1685년 2월 독일의 할레에서 출생했으며, 바흐보다 한 달 먼저 태어났다. 그의 집안은 음악과는 거리가 먼 가정이었다. 그의 부친은 궁정의 이발사를 겸한 의사였으며 모친은 신앙심이 깊은 사람이었다. 헨델은 아버지의 강한 의지와 어머니의 경건한 신앙을 평생 자랑했다고 한다. 그의 부친은 음악이 단순한 위안거리이며 오락에 불과하다고 생각했으므로 헨델을 법학대학으로 진학시켰다.

그러나 음악에 대한 헨델의 정열은 더욱 부풀어 올라 1703년 함부르크의 오페라단 오케스트라의 바이올린 연주자가 되고 1704년에는 '요한 수난곡'을 작곡했고, 이듬해에는 오페라 '알미나와 네로'를 작곡하여 본격적인 음악가로 또 작곡가로서의 길을 걷게 된다. 1713년경에는 영국 왕실과 깊은 관계를 유지하면서 템스강 음악회를 개최, 1717년에 유명한 '수상음악'을 초연했다. 이때 헨델의 명성은 이미 세계적이었으며 계속하여 세계 각국을 여행하면서 수많은 창작과 음악활동 쉬지 않았다. 저 유명한 불후의 명작 오라토리오 '메시아'가 1741년 여름에 불과 24일에 작곡되었음은 가히 헨델의 천재성을 알 수 있다.

이곡은 1742년 4월에 아일랜드의 수도 더블린에서 작곡자 자신의 지휘로 초연되어 대성공을 거두었다. 특히 이 오라토리오 '메시아' 중 대합창곡 '할렐루야'는 어떤 악파, 어느 작곡가에 비교할 수 없는 위대한 곡이다. 이 오라토리오 '메시아'가 1743년 영국 런던에서 연주될 때 황제 조지 II 세는 '할렐루야'가 합창되자 작곡가 헨델에게 경의를 표하기 위하여 자리에서 일어섰다. 이것을 본 청중도 왕을 따라 일어섰다고 한다. 이렇게 한 것이 관습이 되어 오늘날에는 세계 어느 나라에서도 '할렐루야'가 불리워질 때는 청중들이 일어서서 이 대합창을 대하게 되었다.

헨델은 오페라 40여 곡과 오라토리오 20여 곡, 종교음악과 각종 성가곡과 관현악곡 등 수없이 많은 작품들을 남겼다. 단순하고 명쾌한 작품 속에서 그의 낙천성을 그리고 대범한 또는 파격적인 작품 구성에서 자유인다운 그의 면모를 볼 수 있다. 바로크 시대 음악가 중에서 헨델의 음악은 가장 규모가 크고 다이내믹한 것이다.

이와 같은 작풍은 그의 생활과도 관계가 깊었다. 그는 독일에서 태어나

로마에서 더블린까지 음악과 더불어 여행을 계속했으며, 런던에서 1759년 70여 년의 생애를 마치게 된다. 우리는 이와 같은 헨델의 생애를 통하여 18세기 전반의 눈부시게 변하는 사회적, 문화적 소용돌이 속을 힘차게 살아간 한 사람의 인격을 볼 수 있다. 1760년 영국의 존 메인워링에 의한 헨델의 전기는 음악가를 '생애'와 '작품' 의 양면에 걸쳐 기술한 최초의 것이었다. 이것은 헨델의 생애가 인간과 예술과의 깊은 관계성을 우리에게 암시해주고 있음을 의미한다.

(상산춘추, 제9호, 1985)

5) 미국에서 본 음악회
"Hollywood Bowl Summer Festival 91"

여행!

떠나는 사람 누구에게나 가슴 설레는 흥분을 불러일으키는 일이다. 나는 지난 여름방학 기간에 미국 관광여행을 했다. 뉴욕, 워싱턴, LA 하와이 까지 미국은 끝이 없었다. 넓은 땅, 바쁜 시간 속에서 내가 LA에 도착했을 때 그곳엔 하나의 행운이 나를 기다리고 있었다. 그동안 나는 전 세계 음악인들의 동경의 대상이 되는 메트로폴리탄이나 케네디 센터 등을 먼발치에서 건물만을 보고 지나쳐야 했다. 그렇게 유명한 그곳에서 연주되는 음악을 들을 수 없었다. 그러다가 이곳 LA에서는 S선생의 배려로 그 아쉬움을 달랠 수 있게 된 것이다. S선생은 나와 학교 선후배 관계로 오래 전부터 친하게 지내던 분이며, 10여 년 전 이곳에 건너와 LA 한인교회의 음악목사 겸 성가대 지휘를 하며 현지에서 많은 음악활동을 하고 계셨다.

세계에서 가장 아름답다고 LA 사람들의 자랑이 대단한 할리우드 볼 야외음악 연주장소이다. 주위 광경이 천연적으로 아름답고 그릇 모양 같은 지형에서 'Bowl'이라는 이름이 붙여진 것 같다. 음악회가 시작되는 시간까지 우리는 석양의 아름다운 노을을 30여 분간 즐길 수 있었다. 사람들은 잔디밭 숲 사이사이에 자연스럽게 놓여 있는 야외식탁에서 저녁식사를 즐기고 있었다. 식탁마다 2~3개씩 밝혀 둔 촛불이 낭만적인 분위기를 만들어 더욱 인상적이었다. 노천 야외 음악회장은 2만여 명이 앉아 관람할 수 있다는 곳으로, 스탠드가 잘 갖추어져 마치 야구장 같은 모습이었다. 'Hollywood Bowl Summer Festival'은 매년 여름이면 매일 밤 계속 되는데 격조 높은 음악회라고 한다. 이 음악회를 보기 위하여 LA 시민뿐 아니라 미국각지에서 많은 관광객이 모여든다는 것이다.

대부분 예약된 표를 구해서 입장하는 반면 우리는 갑자기 암표를 구한 처지였으므로 연주무대와 짐작하건대 100여m 정도 떨어진 객석 뒤쪽 중간쯤에 앉게 되었다. 우리 자리 주위에는 미국의 많은 젊은이들이 많이 입장하여 앉아 있었다. 음악회가 열리기를 기다리는 이들은 웃고 떠들면서 즐기는 것이 너무 자연스러워 보였다. 멀리서 찾아온 동양인의 존재 정도는 전혀 의식하지 않아 보여 모처럼 멋진 음악회를 기대하는 나를 염려스럽게 하였다.

그러나 나의 염려는 기우였다. 지휘자가 무대에 등단하자 조금 전 그들뿐 아니라 2만여 청중들이 일시 기립하여 박수를 보내는가 하면 오케스트라에 맞추어 그들의 국가를 힘차고 장엄하게 그리고 정확하게 노래하는 것이었다. 순간 나는 어떤 전율 같은 것을 느꼈다. 과연 위대한 미국인이라는 긍지를 가질 수 있는 모습이 내 눈앞에서 연출되고 있는 것이다.

이날 밤 음악회의 타이틀이 'The Great American Concert'라고 했다. 이 특이한 제목에 또 한번 놀라지 않을 수 없었다. '위대한 미국인의 연주회'라고 제목을 붙여 프로그램을 만든 그들, 그 긍지를 그저 허풍으로 해석할 수만은 없었다. 음악회가 시작되고 코프란드, 번스타인, 거슈윈 등 미국 현대 작곡가들의 작품들이 연주되는 동안 음악회장의 분위기는 문화

국민의 참모습이 이런 것인가 생각게 했다. 노천이었는데도 음악회 시작 전의 모습은 전혀 생각할 수조차 없을 정도로 귓속말이나 기침소리 하나 들리지 않았다.

음악회가 진행되는 동안 나는 뉴욕 거리의 무질서, 워싱턴 백악관 옆, 웃통을 홀랑 벗어 붙이고 팬티차림으로 숲길을 달리는 저들의 방만함. 그것은 개인에게 주어진 최대의 자유생활이었던 것이다. 이렇게 바꿔 생각하느라 나는 작은 변혁을 일으키는 혼란을 겪어야 했다.

또 연주회장 높은 밤하늘엔 밝은 탐조등이 하늘 높이 가위표를 그리고 있었다. 그것은 조명용이 아니었다. 음악회가 진행되는 동안 그곳 상공에는 비행기가 지나갈 수 없도록 하는 신호라는 이야기를 들었다. 미국의 일반대중들은 팝송이나 로큰롤을 즐기는 것으로 생각했다. 그런데 비행기 통행마저 차단하면서 음악회 동안 이렇게 많은 청중이 클래식 음악을 아끼고 사랑한다니 이들의 문화척도를 짐작할 수 있었다. 그러면서 우리의 전북학생회관이나 전북예술회관의 현실을 생각하고 씁쓸함을 느껴야 했다.

음악회의 처음 시작부터 끝까지 감동적인 연출은 미국 특유의 분위기로 가득하였다. 그것은 동양의 한 작은 나라에서 날아온 나를 감동시키기에 충분하였다. 연주된 곡목이나 지휘자, 독주자와 연주자, 거기에다 청중까지도 모두 하나 되는 연주회의 감동은 영원히 잊을 수 없는 훌륭한 추억으로 남을 것이다.

음악회를 감상하고 호텔로 돌아오는 동안 나는 또 한번 놀라야 했다. 그 많은 사람들이 타고 온 자동차가 일시에 고속도로를 진입하여 빠져나가는 모습에서였다. 한 시간 이상이나 소요되는 동안에 단 한 번의 자동차 경적소리를 들을 수 없었다. 무엇이 그들을 그토록 질서 있고 침착하게 하였을까. 학교 교육일까? 사회적 영향일까? 그리고 한 국가가 향유하는 문화와 시민정신과는 어떤 상관이 있을까? 훌륭한 문화가 위대한 시민을 만드는 것일까? 아니면 훌륭한 국민이 위대한 문화를 창출하는 것일까? 등 많은 생각을 했다.

미국의 일반대중이 저렇듯 높은 문화수준과 시민정신, 친절과 사랑을 간직하고 있는 한, 몇몇 역사학자나 사회학자처럼 미국의 장래를 어두운 것으로 단정하기는 어렵다고 생각했다. 내가 본 이것이 비록 단편적인 것일지라도 음악회장의 모습, 하와이 와이키키 해변의 자유, 낭만, 여유로움과 관대함, 친절하면서도 겸손한 태도는 아직 1등 국민의 것이 아닌가 생각해 보았다.

(상산춘추, 제20호, 1991)

6) 쇼팽(F. Chopin)의 음악을 찾아

해외연수!

동남아, 중국, 미국에 이어 제4진 해외연수 지역이 유럽 쪽으로 결정되었을 때 나는 남다른 기대에 가득 차 있었다. 서양 음악의 현주소를 겉으로나마 살피며 느낄 수 있겠다는 마음으로 여정을 보니 러시아의 상트 페테르부르크 모스크바, 폴란드, 바르샤바, 그리고 독일의 베를린과 하이델베르크 모두가 서양음악의 뿌리이며 예술의 향기가 넘치는 곳이 아닌가? 그러나 막상 현지의 형편은 나의 기대가 헛되었음을 실감케 했다. 레닌그라드 필, 모스크바 필, 볼쇼이발레단, 모두 여름휴가로 해외 연주를 떠났고 극장이나 연주장은 내부 수리로 문이 닫힌 상태에서 건물을 배경 삼아 찍는 사진으로 기대를 달래야 했다. 이런 나의 갈증을 폴란드의 바르샤바에 와서야 조금은 해소할 수 있었다.

바르샤바 근교의 '제라조바 볼라'에 있는 쇼팽의 생가를 찾았을 때의 일이다. 폴란드는 광활한 농경지의 가운데 작은 시내가 흐르는 이곳 일대를 국립공원으로 조성하였다. 세계 각지에서 기증된 1만여 종의 식물로 잘 가꾸어진 정원 안쪽에 하얀 페인트로 칠해진 아담하고 깨끗한 쇼팽의 생가가 있었다. 주위의 수목들과 조화를 이루어 자리 잡고 있는 이 집에서, 쇼팽이 태어나고 어린 시절 음악에 꿈을 키우던 곳. 바로 그곳에 내가 서 있고, 지금 그의 음악을 감상하고 있는 것이다. 햇빛은 유난히 밝아, 높이 우거진 나무숲 사이로 비치는 햇살이 바람에 흔들리는 나뭇잎에서 서로 찬란하게 반짝이고 있었다. 생가 안에서 연주되는 피아노 소리는 바람에 실려 이곳 정원과 공원 곳곳에 울려 퍼지고 있었다.

바르샤바에 돌아가면 무언가 있겠지 하는 마음으로 호텔에 도착하여 알아보았더니 폴란드 국립쇼팽협회가 주관하는 피아노 콘서트가 다음 날 밤에 예정되어 있었다. 일정에 따라 구경하는 동안에도 이 콘서트에 대한 나의 기대는 부풀어 갔다.

피아노의 시인 쇼팽은 태어나 자라고 공부한 이곳을 일생동안 사랑하고 그리워했다고 한다. 망명 생활 중에도, 결핵의 고통에서도, 또 죽어서 심장만이라도 떼어내어 이곳에 묻히기를 원했던 쇼팽이었다. 쇼팽의 도시 바르샤바, 이곳에서 쇼팽 아카데미가 주관하는 피아노 콘서트를 감상할 수 있다는 기대와 흥분으로 그날 밤은 쉽게 잠을 이룰 수 없었다.

음악회장은 내가 상상하던 그런 웅장하고 화려한 극장도 홀도 아니었다. 그저 도시의 한쪽에 자리한 아담하고 작은 성곽이었다. 과거 어느 귀족의 저택(Ostrogski Castle)이었던 것을 지금은 폴란드 국립쇼팽협회가 관리하고 있었다. 아담하고 깨끗하게 장식된 1, 2층은 쇼팽 박물관이고 3층에는 화려하지는 않지만 단아한 연주 홀이 마련되어 있었다. 홀은 무대를 특별히 설치하지 않아 객석과 평평한 마루로 되어 있었다. 중앙 앞쪽에 피아노를 중심으로 좌우에 100석 남짓한 객석이 준비된 어찌 보면 초라하다 할 모습이었다. 그러나 단정하고 고풍스런 품위를 느끼게 하는 분위기였다.

이날 밤 연주자는 쇼팽 음악 아카데미의 피아노 교수 '마리아 스츠라이버'였다. 그녀가 피아노 앞에 앉아 호흡을 가다듬고 한 음씩 '폴로네이즈'

와 '마주르카'를 타건해 가는 그 모습은 마치 쇼팽의 영혼을 초혼하듯 엄숙하고 사뭇 신비롭기까지 하였다. 가냘픈 듯, 그러나 강렬하고 격정적인 손놀림이 물 흐르듯, 물방울이 튀어오르듯, 건반 위에서 춤추고 있었다. 음악회의 시간이 무르익어 갈수록 연주자나 청중이 모두 엄숙함과 장엄함 그리고 현란함과 아름다움, 고뇌와 좌절, 절망, 고통, 번민, 분노하는 쇼팽을, 시공을 초월한 교감 속에 같이 호흡하는 듯했다. 연주회의 분위기는 참으로 형언키 어려운 감동 속으로 나를 빠져들게 하였다. 피아노 음율 속에 빠져 마치 다른 세상으로 이끌리어 쇼팽의 숨결을 느끼는 듯하였다. 그의 순결한 마음과 조국에 대한 헌신을 간곡히 호소라도 하는 듯….

역사상 예술가들의 사랑은 기념비적인 명작을 만들게 하였다. 브람스의 사랑이, 차이코프스키의 사랑이 그러했다. 쇼팽은 청년시절 이 도시에서 '글라드코우스카'와 아름다운 사랑의 일화를 남기고 있다. 나라를 잃고 바르샤바를 떠나야만 할 때 쇼팽은 그녀가 담아준 한 줌의 폴란드 흙을 가슴에 안고 그녀와 헤어진다. 뒤에 그녀가 결혼에 실패하고 소경이 되었다는 슬픈 소식에 그는 얼마나 마음 아파했던가? 파리의 망명 생활 중에서도 이 아름다운 사랑은 그의 영혼을 언제나 이곳 폴란드에 머무르게 하였다. 쇼팽의 음악에서 독특한 개성은 그의 고국 폴란드 사랑에서 온 민속적인 영향이었다. 그의 음악은 언제나 즉흥적이며, 묘미는 피아노 음악의 아름다움을 표현하는데 있다. 멜로디는 단순하고 서정적이었다. 여기에 섬세한 장식음이 미묘하게 어울려 그의 음악적 특색을 표현한다.

또한 그는 직감적이다. 그는 피아노를 가지고 꿰뚫는 직감과 통찰력으로 감정과 느낌을 한껏 뿜어낸 것이다. 그가 죽어 그의 몸이 파리에 묻힐 때 그가 일생동안 품안에서 놓지 않았던 폴란드의 흙이 무덤 위에 뿌려졌고 유언에 따라 그의 심장은 떼어져 이곳 바르샤바 성 십자가 교회에 안장되어 이날 밤 '마리아 스츠라이버'에 의하여 그의 영혼은 부활하였다. 그는 죽었으나 죽지 않고 살아 있는 것이다.

　인생의 유한함과 예술의 무한함을 깊이 깨닫게 하는 감동의 그날 밤 음악회를 지금도 잊을 수 없다.

(상산춘추, 제28호, 1994)

7) '巨象이 간다'에 패기와 웅지의 曲을 붙이다

　상산찬가 '거상이 간다'는 장순하 선생님의 시 '거상이 간다'에 곡을 붙인 것이다. '거상이 간다'는 곡조 없이 시로 있던 것을 응원가의 필요성을 느낀 교장선생님의 의도와 박상만 선생님의 탁월한 능력으로 이와 같이 새로운 상산의 명물로 태어나게 되었다. 경쾌하면서도 웅장한 가락이 상산 가족들에게 알려지자 교정의 곳곳에서 합창의 메아리가 울려 퍼지기 시작하였다. 이제는 어느 곳에서나 상산 가족이 모이면 화합을 다짐하는 노래로 불리게 되었다. 이 노래가 상산인의 기상을 널리 펼치는 노래로, 영원히 사랑받기를 바라면서 작곡자의 변을 싣는다. 〈편집자 밝힘〉

'巨象이 간다'에 붙임

　아직 늦더위가 기승을 부리던 1985년 9월 초순, 교정의 색깔은 여름동안 무르익을 대로 무르익은 짙푸름 바로 그것이었다.

　점심 후 5교시를 준비하기 위하여 음악실 창문을 열어 놓고 책꽂이에서 교재를 찾다가 문득 한쪽 편에 잘 접혀져 꽂혀 있던 '상산춘추'를 발견하였다. 펼쳐서 앞면을 보니 넓은 사진 위에 뚜렷한 활자로 인쇄되어 있는 장순하 시인의 '거상이 간다'가 눈에 확 띄었다. 시에 넘치는 그 웅장한 기상과 꿈…, 높은 이상과 넓은 포용성이 가득함을 느낄 수 있었다. 사랑하는 상산인의 생활 속에 이 시의 사상이 젖어들게 할 수는 없을까? 노래로 만들어 부르게 하자!

즉시 오선지를 펼치고 피아노 앞에 앉았다. 첫 소절 "밀림의 왕자 거상이 간다" 동기에 따른 주제가 즉시 떠올라 오선지에 옮겨 적었다. 그러나 이내 다음 구절 "왕자다운 위풍으로, 왕자다운 패기로, 왕자다운 걸음으로, 왕도를 간다"는 도저히 적당한 가락과 장단이 떠오르지 않아 헤매다가 수업 시작 시간이 되어 덮어 두었다.

그리고는 아마 두세 달이 지났을 것이다. 당시 새로 부임해 오신 교장선생님께서 교가 아닌 다른 응원가가 있으면 좋겠다는 언질을 주셨다. 그래서 덮어 두었던 오선지를 찾아 여러 날을 궁리하여 11월 중순쯤 해서 이 곡을 완성하게 되었다. 시 자체가 자유롭고 퍽 긴 것이어서 곡을 붙이기에 힘들 것을 생각하여 형식이나 규칙을 벗어난 자유로움을 택하였다. 선율이나 장단도 젊은이의 패기와 자유분방함을 표현하고자 했다.

상산인의 꿈과 이상이 이 시와 함께 영원하고, 더 높은 이상과 더 넓은 꿈을 키우는데 이 노래가 한몫을 담당하기 바라는 마음이 간절하다.

(상산춘추, 제35호, 1999년 2월)

7. 상산고등학교 방송 훈화집『심』에 기고한 훈화 모음

1) 어떻게 말할까

우리 속담에 "말 한 마디로 천 냥 빚을 갚는다"라는 말이 있습니다. 여기서 천 냥 빚이라는 말은 한정된 금액의 단위가 아니라 우리들이 일상생활에서 사용하고 있는 말의 무한한 가치를 표현하는 것입니다. 우리의 일상생활 그 자체가 말로 이루어져 있다고 한다면 잘못된 것일까요?

우리는 언제나 말을 하며 생활하고 있습니다. 그런데 우리는 이렇게 소중한 말을 옳고 바르게 사용하고 있을까요? 나는 언어생활의 어느 학문적 측면에 대해서 이야기해 보고자 합니다.

우리 속담에 "낮말은 새가 듣고 밤말은 쥐가 듣는다"라는 말이 있습니다. 말조심을 경각시키는 속담입니다. 그러나 이 속담은 또한 말의 공간성을 강조하고 있기도 합니다. 즉 말하는 장소를 잘 생각하고 말하라는 뜻입니다. 학교에서 가정에서 또는 시장에서 사용되는 말씨는 서로 차이가 있을 것이며 그 장소에 따라 주의하여 말을 선택하여 사용해야 할 것입니다.

또 이 속담 속에서 말의 상대성을 생각하게 됩니다. 즉 말하고 있는 상대를 의식하며 말을 해야 한다는 것입니다. 친구와의 대화, 선생님과의 대화, 가정에서 가족들과의 대화 등 말을 하고 있는 사람, 상대에 따라 적절

한 말을 찾아 사용할 때 우리들의 언어생활은 한층 부드럽고 명랑해질 것입니다. 교실에서 친구들과 나누는 담소, 또는 선생님과의 대담, 가정에 돌아가서 부모님과의 대화, 형제간의 이야기 등에서는 재미있는 표현이 필요하기도 하겠지요. 친구 간에는 익살스러운 말이 사용될 때 더욱 다정해질 수도 있을 것입니다. 이와 같이 말은 어디서 누구하고 하느냐에 따라 많이 달라져야 함에 주의해야 합니다.

또 이런 말이 있습니다. "말로써 말 많으니 말 말을까 하노라." 이 말은 대화의 내용성을 한 마디로 잘 표현하고 있습니다. 즉 말이 말을 낳는다는 말이니 말의 소재를 잘 택해야 한다는 뜻입니다. 우리들은 대화를 나누다 보면 때때로 다른 사람의 말(이야기)을 하는 경우가 많습니다. 그러나 가능하면 다른 사람의 이야기보다는 서로 말하고 있는 자신들의 이야기를 나누는 것이 좋겠고, 설령 어쩔 수 없이 다른 사람의 이야기가 삽입되었더라도 그 사람의 긍정적인(좋은 점) 면을 찾아서 말하는 것이 좋겠습니다. 어떤 사람에 대하여, 미워하는 말보다 격려하고 칭찬하는 말로, 사람의 단점을 찾아 말하기보다는 장점을 찾아 말함으로써 흉, 허물을 감싸주고 이해하며 이야기하자는 말입니다. 말해서 또 말을 낳을 수 있는 말을 하려거든 차라리 말하지 말라 했으니 이는 "침묵은 금이다"라는 금언과도 통하는 말이 아니겠습니까?

그러나 세상사람 모두가 침묵은 금이라 하여 한결같이 입 다물고 산다면 이 세상이 얼마나 무미건조하고 인정 없는 답답한 곳이 되겠습니까? 결국 우리의 생활 자체가 언어생활이라고 한다면 말하는 행위는 계속될 것입니다. 따라서 말하는 장소와 말하려는 대상, 말하는 내용을 생각하면서 말한다면 우리는 한층 더 아름답고, 사랑과 이해와 정이 넘치는 즐거운 생활을 할 수 있을 것입니다.

(섬, 창간호, 1984년)

2) 학창시절과 음악생활

사람이 사람답게 살아가기 위해서는 먹는 일 잠자는 일 외에도 많은 일을 해야 합니다. 그러므로 고대로부터 우리 인간은 북을 치고 장구를 두드리며 소리를 내어 즐거움을 표현했고 기쁨의 환호성을 노래로 불렀으며, 또 사물의 아름다운 모습을 그림으로 그렸고, 생각을 글로 나타내기도 해왔습니다. 이렇듯 옛날이나 지금이나 아름다운 것을 보거나 느끼면 즐거운 마음이 생기게 됩니다. 그래서 음악, 미술, 문학 등은 아름다움을 창조하는 인간의 행위인 것입니다.

이 아름다움을 창조하기 위해서는 먼저 순수하고 진실해야 합니다. 또한 진실한 것만이 모든 사람을 감동시킬 수 있는 것입니다. 세상을 살아가면서 아무리 학식이 많고 지위가 높고 돈이 많아도 미의식이 없다면, 겉으로는 행복한 것처럼 보일지 모르지만 실은 마음 속 진실의 샘이 메말라 진정으로 행복한 사람이라 볼 수 없을 것입니다. 그들은 인간의 밑바닥에 자리한 희로애락의 인간적 감정이 결핍된 자로서 아름다운 꽃을 보고도 아름다움을 느끼지 못하고 가난과 어려움에 시달리는 이웃의 아픔을 헤아리지 못하며 억울한 사람과 불쌍한 이웃을 위해 사랑과 따뜻한 마음을 나누어 줄 여유가 없는 사람일 것입니다.

악성 베토벤은 "음악은 철학보다 한층 차원이 높은 하나님의 계시"라고 말했습니다. 우리 청소년들은 고상하고 품위 있는 좋은 음악을 될 수 있는 대로 많이 들어야 합니다. 친구 간의 우정도 친구와 자주 만남으로써 그 깊이가 깊어지듯 음악 또한 자꾸 들음으로써 그 좋은 음악을 이해하고 사랑할 수 있게 되는 것입니다. 유명한 화가 피카소는 좋은 그림의 감상을 묻는 말에 "아름다운 경치의 수목 사이에서 즐겁게 지저귀는 새소리를 듣듯 아름다운 마음으로 그 그림의 아름다움만을 느끼면 된다"라고 대답했답니다. 음악 감상에 기교나 방법이 필요한 것은 아니며, 다만 음악을 접하는 마음 자세가 중요할 뿐입니다. 예술을 모르고서야 어찌 지성인이라 할 수 있겠습니까? 참으로 진실한 정신을 표현한 예술 속에, 인간을 더욱 진실하게 할 수 있는 감동과 호소력이 있고, 아름다움에 대한 눈을 뜨게 하며, 삶을 사랑하게 하는 그 무엇인가가 있는 것입니다.

그러면 어떻게 우리들의 생활에서 음악을 즐길 수 있는 것일까요?

첫째, 이름 있는 고전 음악을 많이 들어야 합니다. 이런 일화가 있습니다. 어느 여자대학교에서 한 여학생이 강의에 들어오신 노(老)교수님께 최근에 베스트셀러가 된 신작 소설을 읽으셨느냐고 물었을 때 그 교수께서는 아직 못 읽었다고 대답을 하셨답니다. 질문을 한 여학생은 3개월째 베스트셀러가 된 책을 아직도 읽지 않으셨느냐고 하자, 그 늙은 교수님은 여학생에게 호머의 '일리아드 오디세이'를 읽었느냐고 반문하였고, 여학생의 무응답에 3000년 전부터 베스트셀러가 된 책을 아직도 읽지 않았느냐고 반박하셨다는 이야기를 어느 책에서 읽은 적이 있습니다.

아인슈타인은 위대한 과학자이며 훌륭한 바이올린 연주가였으며, 아프리카에서 흑인들의 치료를 위하여 평생을 봉사한 슈바이처 박사는 신학, 철학자인 동시에 훌륭한 음악가였습니다. 고전 음악을 사랑하는 마음이 이렇게 다른 모든 사람을 감동시킬 행위를 불러일으킬 수 있었던 것이 아닐까 생각합니다.

둘째, 우리의 민속음악을 사랑하고 느낄 수 있는 마음을 가져야 합니다. 그저 팝송이니 로큰롤, 힙합과 헤비메탈, 그리고 하드락 등, 서구의 대중적인 음악만을 답습하거나 흉내내려 하지 말고, 우리 민족의 입과 가슴을 통해 면면히 이어온 우리 민요와 전통 음악을 아끼고 사랑하는 한국인다운 한국인이 되어야 하겠습니다.

밝은 곳에서는 아름다운 꽃나무가 곧고 튼튼하게 자라지만 그늘진 곳에서는 가시 넝쿨이나 잡초들이 무질서하게 우거져 있는 것을 볼 수 있습니다. 우리의 마음도 마찬가지인 것입니다. 밝고 고운 노래를 부르면 마음도 밝아지고 아름다워지며, 생활은 활기에 넘치게 되고, 또한 활기에 넘치는 생활은 행복한 생활이 될 것입니다. 건강한 인간의 삶, 건전한 사회에서는 반드시 건강하고 건전한 노래가 강물처럼 넘치며, 밝고 아름다운 생활 속에는 밝고 고운 노래가 항상 같이 있을 것입니다.

(심, 제2호, 1987년)

3) 큰 일과 작은 일

'삶' … 人間의 삶이란 대체 무엇일까요?

지나간 과거의 시간과 닥쳐올 미래의 시간 속에서 이 문제는 계속 논란이 될 것이며 여러 뜻으로 정의될 것입니다. 그것은 人間이 항상 무엇을 생각하고, 또 그 생각한 것을 실천하는 삶을 계속하기 때문일 것입니다. 이렇게 볼 때 우리가 생각하고 행동하는 일들이 삶의 문제요, 또 그 문제를 해결하기 위하여 우리는 일하며, 해결해야 할 그 문제 자체가 바로 우리들의 일이기도 합니다.

이와 같이 일에는 차례가 있기도 하고 큰 일과 작은 일이 있기도 합니다. 그런데 사람들은 대체로 큰 일을 취하여 성공하려 하면서도 작은 일에는 무시하거나 손도 대려 하지 않습니다. 그러나 모든 일들을 좀 더 깊이 생각하여 보면, 큰 일이라고 하는 것은 매우 작은 일에서 시작되어 결국 아주 작은 일의 결과로 그 큰 일의 성패가 좌우되는 것입니다. 즉 작은 일을 성실히 할 수 없는 자는 결코 큰 일 또한 성공시킬 수 없습니다.

그러나 뜻을 세움에 있어서는 높은 곳에, 즉 이상은 높고 큰 곳에 두어야 할 것입니다. 이상과 꿈은 높고 큰 곳에 두고, 행하고 실천함에는 작은 일에도 충실하라는 말입니다. '修身齊家治國平天下'라는 말이 있습니다. 천하를 다스리는 일은 큰 이상이나, 그것은 내 몸 하나 가다듬는 작은 일에서부터 시작된다는 말입니다. 그런데 많은 사람들이 어떤 문제(일)들을 바로 자신의 주위에서가 아닌 다른 먼 곳으로부터 해결하려고 하는 경우가 많이 있음을 볼 수 있습니다.

영국의 역사가요 평론가였던 Tomas Carlyle은 "당신의 바느질 그릇부터 열고 헝클어진 실을 감고 잘 정돈하시오. 그러면 당신의 흐트러진 마음과 생각도 정돈될 것입니다"라고 말했습니다. 모든 문제를 자신의 주위에 있는 작은 일부터 찾아 해결하라는 살아 있는 교훈의 말입니다.

나는 종종 교정에서 여러분이 무심코 버린 휴지들이 바람에 날리는 모습을 봅니다. 또 교실이나 계단의 바닥에서 누군가가 뱉어버린 껌이 까맣게 붙어 있는 흔적을 봅니다. 학교에서 일과를 마치고 귀가 길에 정류장 표시와는 동떨어진 남의 주유소 문전에서 무질서하게 웅성거리며 버스를 기다리거나 또는 버스에 오르내리는 여러분의 모습을 봅니다. 그럴 때마다, 여러분이 낭독하는 상산인의 헌장이나 교훈을 생각하며 마음 한구석에 허전한 느낌을 받은 적이 한두 번이 아닙니다.

여러분! 다른 사람의 일을 탓하지 않고 자신이 지켜야 할 작은 일이라 할지라도 그것이 옳은 일이라면 그 작은 일을 행하는 자가 용감한 사람입니다. 그리고 그런 사람이 큰 일을 수행할 수 있을 것이고 인생의 원대한 목표도 이룰 수 있을 것으로 확신합니다.

'少年易老學難成하니 一寸光陰不可輕이라' 함도 한 평생의 큰 뜻을 이루려 하면, 젊은 시절부터 비록 순간에 지나지 않는 작은 시간, 작은 일일지라도 가벼이 여겨서는 안 된다는 말입니다. 작은 시간, 작은 일이 모여서 여러분의 일생을 장구한 시간과, 또 그 일생의 목표인 큰 일이 되는 것입니다.

(심, 제2호, 1987년)

4) 음악과 생활

현대 생활을 일컬어 많은 사람들이 3S시대라고 합니다. Speed(속도), Screen(영상), Sound(음향)의 영문 첫 글자를 따서 통칭하는 말입니다.

Speed(속도), 현대인의 생활은 참으로 바쁘며 거의 모든 일들에서 신속성을 요구하지요. 그것이 어떤 정보를 전달하는 일일 때는 참으로 굉장한 속도가 요구되기도 합니다. Screen(영상), 영화나 TV의 각종선전물은 우리들이 영상과 일상생활이 깊이 관계를 맺고 있음을 실감하게 합니다. Sound(음향), 아침잠을 깨우는 시계의 종소리에서부터 시작하여 자동차 소리, 각종 음향기기에서 들리는 음악소리, 학교에서 시종을 알리는 시보, 친구들의 웃음소리 등 어떻게 생각하면 우리들은 음향 속에 묻혀서 생활합니다.

음악은 이와 같은 음향들을 목적이 있는 배열로 발음(發音)하여 우리들 마음에 어떤 감동을 주고자 하는 활동입니다. 음악의 활동은 적극적 음악생활과 소극적 음악생활로 구분할 수 있습니다. 그것을 어떤 확실한 한계를 정하여 구분하기란 어려우나, 일반적 개념으로 구분하여 말한다면 전자는 전문적 활동으로서의 음악생활이요, 후자는 비전문적인 활동으로서의 음악생활을 표현한다고 볼 수 있습니다.

그러면 우리들은 일상생활 속에서 어떤 음악을 향유해야 좋을까요?

첫째, 고상하고 품위 있는 음악을 소유해야 합니다.

우리들은 생활 속에서 매일 각종 음악을 접하게 됩니다. 그 사람의 취향에 따라 음악을 접하게 되는 빈도는 달라질 수 있겠으나, 성악곡이든 기악곡이든 또는 클래식이든 대중적인 것이든 간에, 그 음악은 그것을 향유하는 사람과 밀접한 관계를 유지하면서 그 사람의 인격형성에 지대한 영향을 주고 있습니다. 예를 들어 독서하는 생활을 살펴봅시다. 문학 서적을 많이 읽는 사람은 문학적인 소양과 함께 문학적 지식과 감각을 얻을 수 있습니다. 과학도서나 철학서적, 또는 사상서적도 마찬가지일 것입니다.

음악 또한 이와 같습니다. 클래식 음악을 많이 듣는 사람은 클래식 음악에 관한 소양도 많겠지만 클래식 음악을 많이 즐김으로써 생각하는 것과 생활하는 것이 고상하고 중후하며 품위 있게 될 것입니다.

둘째, 폭넓은 음악생활입니다.

오늘날 고도로 발달한 음향기기의 혜택으로 조그만 자기만의 공간에서도 수준 높은 음악을 즐기는 사람들이 많아졌습니다. 그러나 음악회장에서의 음악적 경험은 성장하고 있는 여러분에게는 참으로 고귀한 경험일 것입니다. 요즈음 제24회 서울올림픽 문화행사의 하나로 러시아의 예술 활동이 국내에서 크게 부각되었습니다. 발레단과 관현악단 그리고 지난 9월 22일 밤 전북학생회관에서 있었던 모스크바 방송 볼쇼이 합창단의 전주 연주는 참으로 웅장했습니다. 공연장을 가득 메운 청중과 심혈을 다하는 합창단과의 교감은 박수와 답례에 뒤엉켜서 공연이 끝난 공연장 안에 감동을 가득 불어넣었습니다. 오직 공연장에서만 느낄 수 있는 것이 그런 것입니다. 그날 밤 늦은 시간에 모 TV방송국에서 같은 내용의 공연을 녹화방송했습니다. 공연장에서의 감동을 TV방송으로 재현할 수 있었겠습니까? 이날 밤 공연장 안의 2000여 청중 가운데 러시아어를 이해하는 사람이 몇이나 되었을까요? 그러나 볼쇼이합창단이 만들어 내는 화음과 음악적 다이나믹은 청중을 압도했습니다.

또 그날 볼쇼이 합창단은 도라지, 아리랑, 그리운 금강산 등 우리나라의 민요와 가곡을 불렀습니다. 러시아인들이 가사나, 시가 지닌 의미, 리듬과 한국적인 선율을 얼마나 이해하고 연주했을까요? 그러나 음악 예술이 지닌 리듬과 멜로디, 그리고 그것들의 조직과 배열이 감동하게 할 수 있으므로 듣는 우리가 그들의 합창에 매료되었다고 생각합니다. 그래서 음악을 만국공통어라 하는 것이 아닐까요? 우리들이 저들의 화음과 음악적 다이내믹에 감동하는 것같이 저들은 우리의 영롱한 가야금소리와 사물놀이의 리듬에 열광할 수 있는 것입니다.

마지막으로 적극적인 음악생활을 권합니다.

우리는 음악 전문가가 아니기에 작곡을 하거나 수준 높은 연주회를 할 수는 없습니다. 그러나 위대한 작품을 훌륭한 연주로 들을 수 있는 것에 좀 더 능동적이기를 바랍니다. 또한 여러분 주위에서 이루어지는 각종 음악생활과 음악활동 속에서 보다 능동적이기를 권합니다. 이러한 생활이 가장 고귀한 것이고, 젊은 여러분이 아름다운 마음과 품위 있는 인격을 형성하는데 가장 절실히 필요한 것이기 때문입니다.

(심, 제3호, 1990년)

5) 좁은 문

1993년 10월 29일 자정쯤, 몇 분 동안에 일어난 상황입니다. 아마도 세계 스포츠사에도 길이 남을 극적인 순간이 되었을 것으로 생각됩니다.

1994년 미국 애틀랜타 월드컵 본선 진출을 위한 지역예선 최종 결정전이었습니다. 한국은 대 북한전에서 3:0으로 압승을 거두었습니다. 그러나, 운동장에서 땀 흘려 뛰던 대표선수나 각 가정에서 TV를 시청하던 국민들은 환호하며 기뻐할 수 없었습니다. 비록 북한에게 완승을 거두었으나, 지역 예선에서 일본과 이라크의 경기 결과에 따라 본선 진출권이 결정되기 때문이었습니다.

그런데 그 순간 기적 같은 일이 일어났습니다. 지금 막 경기를 승리로 끝냈는데도 어깨를 늘어뜨리고 운동장 밖으로 무거운 발길을 옮기던 대표 선수들입니다. 그들이 갑자이 팔을 휘돌리며 뛰어나와 감독과 코치, 그리고 선수들이 서로 얼싸안고 본선 진출 확정을 기뻐하는 모습이 TV를 통하여 온 국민들에게 전해졌습니다. TV를 보던 국민이나 선순들 모두의 관심은 북한 전 승리에 이어 일본과 이라크의 경기 결과에 더욱 집중되었습니다. 일본과 이라크의 경기내용은 자막을 통하여 1:0에서 1:1로 동점, 이어 2:1로 일본팀의 우승이 거의 확정된 상황이었습니다. 후반전 45분이 다된 때 심판의 휘슬에 게임 종료를 선언하려는 절체절명의 순간에 기적이 일어났습니다. 일본의 골 네트를 흔드는 이라크의 천금 같은 동점골이 터지고 말았던 것입니다. 일본과 이라크의 경기 결과는 2:2 동점으로, 골 득실차에서 한국이 일본을 앞서 본선의 티켓을 손에 넣은 것입니다.

아! 이 순간 한국과 일본, 양국의 희비는 극명하게 갈리고 말았습니다. 벼랑 끝에 몰려 있던 한국에게는 환희와 감격의 순간이었고, 일본으로서는 손 안에 넣었던 본선 티켓을 빼앗기는 통한의 순간이었던 것입니다.

불과 몇 초의 시간이라도 헛되이 버리지 않고 최선을 다 하는 사람만이 최후의 승자가 될 수 있다는 진리를 일깨워준 경기였습니다.

여러분! 어제의 시간들은 어떻게 보냈습니까?

그리고 오늘의 시간들은 어떻게 활용하고 있습니까?

또 내일의 시간들은 어떻게 쓰겠습니까?

오늘날 과학 문명의 발달로 사람들의 생활은 매우 편리해지고 시간의 여유가 많아졌지만 그 부작용으로써 사람들의 사고가 단순화, 즉흥화되었음을 부인하기 어렵습니다.

무선전화기, 자동세탁기, 전자동 전자레인지, TV리모컨, 전자계산기, 컴퓨터 등 모든 일들이 단추 누르기로 해결되니 이런 생활에 길들여진 사람들은 몸을 움직여서 하는 일이나 머리를 써서 해야 되는 일은 기피하게 됩니다.

사람들은 노동력을 조금이라도 절약할 수 있는 신개발품으로 몰려가 버립니다. 물론 인간에게 그런 성향이 없다면 과학문명의 발달을 기대하기도 어렵겠지요.

그러나 제가 여기서 이야기하고자 하는 것은 그런 결과로 얻어진 인간의 에너지나 사고와 시간을 어떻게 활용하는가 하는 문제입니다. 사람들은 남아도는 시간과 에너지를 어디엔가 사로잡혀 지내야만 하는 것입니다. 사로잡힌다는 것은 그 대상에 따라 아름답기도 하고 추할 수도 있습니다. 아름다운 여인에게 홀연히 마음을 빼앗기는 것은 사랑에 사로잡힘이요, 자연 풍광에 넋을 잃는다면 여행광이 될 것이며, 고상한 음악에 또는 명작 소설에, 시에 사로잡힘은 참으로 고상하고 건전하며 발전적임에 사로잡히는 것입니다. 여러분은 지금 어떤 것에 사로잡혀 있는지요?

멸망으로 인도하는 문은 크고 넓어서 들어가는 자가 많으나 생명으로 인도하는 문은 좁고 어려워 찾는 자가 적다고 하였습니다. 지금 여러분 앞에는 어떤 일들이 좁고 어려운 일이며, 어떤 문이 진정한 좁은 문입니까? 넓고 편한 길은 여러분의 영혼을 고양시키지 못하고 병들게 하여 죽음에 이르게 할 수 있으나, 아름다움에 사로잡힌 영혼은 그 좁고 험한 문을, 좌절하지 않고 최후의 순간까지 땀 흘림으로, 자신의 능력을 개발하고, 더 많은 자질을 향상시킬 것입니다. 그러면 후회 없는 삶, 기적 같은 성공이 결코 기적이 아닌 노력의 결실로 여러분 앞에 전개되리라 믿습니다.

사랑하는 여러분, 좁고 어렵다 하여 좁은 문을 기피하지 마십시오. 그 좁은 문이 여러분의 영혼을 살리는 길입니다.

(심, 제4호, 1993년)

6) 心, 言, 行

우리 속담에 "콩 심은 데 콩 나고 팥 심은 데 팥 난다"는 말이 있습니다. 이는 뿌린 대로 거둔다는 말이며 우리에게 주는 교훈이 큽니다. 心, 言, 行을 이런 관계로 생각해 볼 수 있습니다.

어떤 일을 생각하고 마음에 새기어 두면 그 마음은 말로써 표현되고 표현된 말은 행위로 실천되는 것입니다. 이런 心, 言, 行은 꼭 어떤 순서나 차례를 지켜서 발생되는 것이 아니라 어느 것이 먼저이거나 큰 관계없이 다른 것들을 수반하게 됩니다.

즉 어떤 식으로 말하거나 행함으로 인하여, 생각이나 마음이 일어나고, 그것이 행위나 말하는 버릇처럼 굳어지기도 한다는 것입니다. 어떠한 경우에도 표현된 말이나 나타난 행위에 대하여는 책임이 뒤따르게 되며 무책임한 말이나 행동은 상대에게 상처를 주거나 예기치 못한 사고를 유발하기도 합니다.

어느 동화책 속의 이야기입니다.

두 대의 트럭이 고속도로를 달리고 있었습니다. 그 중 하나는 밀가루를 싣고 빵 공장으로 가는 중이었고 다른 하나는 시멘트를 싣고 벽돌 공장으로 가는 중이었습니다.

공교롭게 두 차가 고속도로 휴게소에서 나란히 멈추게 되었고, 두 운전자는 같은 시간에 화장실에 들어갔습니다. 한 운전자가 먼저 나와 목적지를 향해 출발했습니다. 다른 사람도 얼마 뒤에 차에 올라 목적지를 향해 떠났습니다.

그런데 이상했습니다. 지금 자신이 운전하고 있는 차가 처음에 운전하고 오던 차가 아닌 것 같았습니다.

"알 게 뭐야." 그 사람은 그렇게 중얼거리고 계속해서 도로를 달려갔습니다.

다른 운전자도 차가 바뀌었다고 생각했습니다. 하지만 그 사람도 "알 게 뭐야"하고 계속해서 차를 운전하여 갔습니다.

두 운전자의 무책임한 말과 행동으로 인하여 밀가루는 벽돌공장으로, 시멘트는 빵공장으로 바뀌어 들어갔습니다. 벽돌공장에서 일하는 사람이 "이 시멘트는 마치 밀가루 같군. 하지만 알 게 뭐야"하고 밀가루 벽돌을 찍었고, 빵공장에서는 "이 밀가루는 마치 시멘트 같군. 하지만 알 게 뭐야."

하고 시멘트 빵을 구워냈습니다. 또 "알 게 뭐야"하고 밀가루 벽돌은 건축 현장에, 시멘트 빵은 집집마다 배달되었습니다.

"알 게 뭐야"하는 무책임한 말 한마디가 무책임한 행위를 낳게 하고 결국 엄청난 결과를 빚는다는 이야기입니다.

우리들이 상호간에 교양 없이 마구 뱉어버린 말 한마디, 아무렇게나 버린 종이컵, 쓰레기 하나, 이런 것들이 우리 사회의 인간관계를 조화롭지 못하게 하거나 또는 환경을 병들게 하여 결국 인류를 공포 속에 빠지게 합니다.

고운 마음과 바른 말 그리고 책임 있는 행위는 우리 사회를 더욱 아름답고 풍요롭게 할 것입니다.

(심, 제4호, 1993년)

7) 명예로운 삶을 위하여

온 나라를 떠들썩하게 했던 4·11 총선이 끝났습니다. 투표 결과에 따라 명예로운 금배지를 달게 되는 사람도 있겠지만 더 많은 사람들이 패배의 쓴잔을 마시고 재기를 위하여 새로운 출발을 모색할 것입니다.

국회의사당에 금배지를 달고 입장하게 될 의원들의 모습을 상상해 보면서 진정으로 명예로운 의원이 몇이나 될까 생각해 봤습니다. 비리와 부조리, 흑색선전 등의 더러운 방법으로 쟁취한 명예는 아닐지, 또 당선무효 등 후유증의 불명예로 얼룩질지 모르지요.

좀 오래된 이야기입니다. 미국의 제40대 대통령 선거에서 현직 대통령이었던 지미 카터는 할리우드 영화배우 출신인 로널드 레이건에 의해 패배의 쓴잔을 마시게 되었습니다. 선거에서 패배하고 고향으로 내려가 땅콩 농장에서 땅콩을 수확하는 농부가 된 카터의 모습은 백악관 시절의 모습보다 더욱 명예로워 보였습니다.

그는 대통령으로서 도덕정치를 강조하며 성실하고 명예롭게 임기를 마치고 정정당당하게 선거에 임하였으나, 국민이 그를 택하지 않자 승자에게 그 자리를 넘겨주고 무사히 임기를 마쳤습니다. 그런 그가 전직 대통령의 명예를 간직한 채 고향땅에 도착했을 때 고향 사람들은 그를 고향의 명예로운 인물로서, 자랑스럽게 여겼습니다.

그는 고향으로 내려와서 가업을 이어갔습니다. 그 후 빈민을 위한 구제활동을 계속하였습니다. 스스로 망치와 못을 들고 어려운 이웃을 위하여 집짓는 일에 앞장섰습니다. 또 미국의 정치현장에서도 순수 민간인 자격으로 외교적인 활동을 통하여 국가에 크게 공헌하고 있습니다. 참으로 귀감이 되고, 명예로운 삶을 보는 것 같습니다.

우리나라는 지금 어떤 모습입니까? 전직 대통령이 두 사람이나 감옥에 갇혔습니다. 한 사람은 퇴임 후 집이 없어 머물 곳이 없었던 것도 아니었는데 깊은 산 속의 산사에 은거해야 했고, 또 한 사람은 고향으로 내려가고 싶었으나 그의 고향 사람들 모두가 이 사람의 낙향을 자기들 고향의 불명예로 여기고 있어 고향으로 내려가지 못했습니다. 지금 그들은 서울구치소와 안양구치소에 수감되어 있습니다. 뿐만 아니라 그들은 재판과정에서도 뻔뻔스러운 모습을 보이며, 매일 발표되는 부정한 돈과 상상을 초월하는 현금을 과일상자에 담아 창고에 넣어 두었다가 한 번에 30억~40억 원씩 꺼내어 썼다고 말했다는 보도를 접합니다.

저는 1993년 여름 해외연수차 폴란드에 갔었습니다. 농촌의 모습이나 사람들의 생활수준 등 모든 모습이 우리나라의 70년대를 떠오르게 했습니다. 그렇게 폴란드 대통령궁은 넓은 공원 옆 잔디밭 건너에 전혀 위엄 같은 것을 느낄 수 없는 모습으로 국민들 가까이 있었습니다. 그 대통령궁의 주인은 조선소 노조 출신의 바웬사라는 사람이었습니다. 그 대통령이 얼마 전 선거에서 낙선하여 다시 조선소의 전기 배선공으로 돌아가야 할 형편이라는 외신보도를 보았습니다. 조선소의 노동자를 대통령으로 만든 국민, 대통령으로 임기를 마치고는 다시 노동자로 돌아가는 전직 대통령이 있는 나라, 그런 나라의 국민이 그런 사람들의 삶이 명예로운 삶이 아니겠습니까?

상산인 여러분! 어떤 일에서 패배했다고 해서 명예를 잃는 것은 결코 아닙니다. 다만, 좌절한다면 그 사람은 명예를 잃게 됩니다. 여러분에게는 젊음이 있습니다. 우리들은 때때로 패배할 수 있습니다. 그러나 명예로운 삶을 위해서는 패배했다고 해서 좌절하지 말아야 합니다.

(심, 제5호, 1996년)

8) 아름다운 5월에

5월은 신록과 청춘의 계절인 봄의 한가운데이며 가정의 달이기도 합니다. 그래서 계절의 여왕이라 부르곤 하지요. 오늘은 가정의 달인 5월에 가정에서 청소년의 제자리에 대하여 생각하여 보기로 하겠습니다.

저는 좀처럼 여러분 교실에 들어가 볼 기회가 없습니다. 이번 중간고사 시험기간에 여러분 교실에 들어가 이곳저곳을 살펴볼 수가 있었습니다. 시험기간이라 그런지 교실환경이 좀 흐트러져 있었습니다. 사물함 위에 있는 물컵, 그것은 분명히 학교 식당에서 여러 사람이 공통으로 사용해야 할 물 컵이었습니다.

교실바닥에 흩어져 있는 휴지, 교정에 버려져 있는 1회용 컵이며, 또 껌의 흔적, 깡통이나 종이팩들 모두가 추한 모습들입니다. 그러나 그것들이 모두 휴지통이나 재활용품 수거함으로 제자리를 찾아 모여진다면 그것은 얼마나 아름다운 모습일까요?

나는 며칠 전 요즘 인기리에 상영되고 있는 '타이타닉' 이라는 영화를 관람하였습니다. 항간의 소문처럼 영상의 웅장함이나 규모의 장대함은 관객을 압도하기에 충분하였습니다. 나는 이 영화에서 배가 침몰하는 순간에 음악을 연주하던 음악가들의 자세에서 큰 감동을 느꼈습니다. 음악가들은 '타이타닉' 호가 순항을 할 때 승객들이 보다 낭만적이고 안락한 여행을 하도록, 또 고상한 음악적 욕구를 충족시켜 주고, 귀족들이 보다 품격 높은 모습을 유지하는데 한몫을 담당하였습니다. 그러나 그 호화 유람선의 품위 있는 상류층 귀족들도 배가 빙산에 부딪쳐 침몰하는 지경에 이르렀을 때에는 귀족이니 상류층이니 하는 품격과는 상관없이 죽음 앞에서 살기 위해 모두가 발버둥치는 모습이었습니다.

귀족들을 위하여 음악을 연주해 주던 음악가들에게도 절체절명의 순간이 닥쳐왔습니다. 그들도 살고 싶다는 본능 앞에서 어쩔 수 없었을 것입니다. 그러나 살아날 아무런 방법도 대책도 없이 그저 모든 사람들이 아비규환의 혼란 속에서도 빠지게 되었습니다. 그러자 음악가들은 좀 더 나은 질서와 이성적인 분위기를 위하여 연주자들 본연의 자리로 돌아와 잔잔한 음악을 연주하기 시작했습니다. 아비규환의 혼란 중에 누구도 그들의 음악을 들어 줄 사람은 없었습니다. 그러나 그들은 그 상황 속에서 그들이 할 수 있는 최선의 길을 선택한 것입니다. 모두 제자리로 돌아와 마지막 죽음의 순간까지 제자리를 지키며 연주하는 그들의 모습은 참으로 감동적인 장면이었습니다.

또 하나, 타이타닉호 선장의 마지막 위치 또한 감동적인 장면이었습니다. 거대한 호화 유람선이 파선하여 침몰하게 되자 선장은 자신이 취해야 할 긴급조치를 모두 처리한 뒤, 조용히 홀로 선장실로 돌아와 그 배와 함께 최후의 순간을 맞았습니다. 이 이야기를 하는 지금 이 순간에도 그때의 그 장면이 진한 감동으로 눈에 선합니다. 모두가 제자리를 찾는 아름다운 감동입니다.

지금 여러분은 어떤 자리에 와 있습니까? 여러분은 때와 장소에 따라 여러분의 바른 제자리를 찾아야 합니다. 학교에서는 제자의 자리와 친구의 자리에 가정에서는 사랑스런 아들의 자리에 또는 든든한 집안의 대들보의 자리에 있어야 할 것입니다. 특히 요즈음 우리나라의 사회 경제적 상황이 여러분 부모님과 밀접하게 관련되어 자식 된 여러분의 제자리가 더욱 긴요한 때입니다. 여러분 부모님의 마음은 언제나, 어떠한 경우에도 한결같이 여러분의 장래를 위하고 생각하실 것입니다. 진정으로 자녀를 위하고 또 이해하고 힘이 되어 주고 싶은 것이 부모님의 한결같은 염원일 것입니다.

여러분은 아버지와 어머니, 여러분 가정의 꿈나무입니다. 상산고등학교의 학생으로 이 나라의 꿈나무인 것을 잊지 말아야 합니다. 나무가 유용한 재목이 되려면 바른 자리에서 곧게 잘 자라나야 할 것입니다. 이처럼 이제 여러분은 다른 사람을 탓하거나 원망하기 전에 먼저 자신의 생각과 태도를 바르게 하여, 믿음이 가는 사람으로, 남을 이해하고 배려하는 사람으로 바른 자리를 잡아 성장하기를 기대합니다.

(심, 제6호, 1999년)

9) 나의 얼굴

교정이 아름다운 가을 색으로 물들었습니다.

우리 학교의 모습은 봄, 여름, 가을, 겨울 계절에 따라 각각 다른 모습으로 우리들을 보듬어 줍니다. 이렇게 아름다운 교정의 모습은 바로 우리 학교의 자랑스러운 얼굴입니다.

학교를 경영하시는 어른들의 뜻과 그 모든 것들을 지키며 잘 가꾸어 가는 사랑하는 우리 학생들의 부단한 노력으로, 우리들의 교정은 우리 학교를 찾는 모든 이들이 칭송을 아끼지 않는 아름답고 자랑스러운 학교의 얼굴로 만들어진 것입니다. 나의 얼굴이나 또 여러분들의 얼굴 ,우리들 모두의 얼굴 또한 이러할 것입니다.

그런데 사랑하는 학생 여러분!

여러분은 거울 앞에 서서 여러분 자신의 얼굴을 살펴본 적이 있습니까? 머리에 무스를 바르고 브리지한 색깔이 어떻게 보이나 하고 거울 앞에 서서 얼굴을 살펴본 적이 있으십니까?

이탈리아의 천재 화가 레오나르도 다빈치를 아시지요? 그는 화가로 널리 알려져 있지만, 그림뿐 아니라 조각, 건축을 비롯해 과학자로도 유명한 사람입니다. 그는 수많은 걸작들을 남겼습니다. 그 중에서도 예수가 자기에게 닥칠 수난을 미리 예지하고 그 전날 밤에 열두 제자와 마지막으로 만찬을 나누는 장면을 그린 '최후의 만찬'은 세계에서 가장 유명한 그림 중 하나로 지금까지도 많은 사람들에게 감동을 주고 있습니다.

그가 '최후의 만찬'을 완성하는 과정에서의 다음과 같은 일화가 전해 내려옵니다. 다빈치는 그림 속 예수님의 모델로 쓸 사람을 찾기 위해 백방으로 노력하였습니다. 그러던 어느 날 교회의 성가대원으로 활동하고 있는 한 청년을 발견하였습니다. 티 없이 맑고 온화한 표정의 그 청년을 모델로 하여 다빈치는 예수님의 그림을 완성하였습니다. 청년은 다빈치가 그림을 다 그리자 로마로 음악공부를 하러 떠났습니다.

그러나 그 청년은 로마에서 나쁜 친구들과 어울리는 바람에 그만 방탕한 생활에 빠지게 되었고, 결국 그 곱던 얼굴은 추하게 변해 갔습니다. 어디에서도 예수의 모델이 되었던 때의 온화한 표정은 찾아볼 수 없었습니다. 세월이 흘러 '최후의 만찬' 그림의 완성을 앞둔 다빈치는 마지막 단계에서도 또 한 번 난관에 부딪히고 말았습니다. 예수를 배반한 가룟 유다를 도저히 그릴 수 없었기 때문이었습니다. 몹시 흉악하고 타락한 인간형의 모델을 찾기 위해 다빈치는 또다시 거리를 헤매고 다녔습니다.

그러다가 마침내 해가 뉘엿뉘엿 지는 유흥가 뒷골목에서 한 사내를 발견하고 무릎을 쳤습니다. 그가 보기에 유다의 모델로 제격인 한 걸인이 추위에 떨며 웅크리고 있었던 것입니다. 그는 그 사내를 모델로 가룟 유다를 그렸고 결국 저 불후의 명작 '최후의 만찬'을 완성할 수 있었다고 합니다.

그런데 가룟 유다의 모델이 된 사내, 바로 그가 나중에 알고 보니 다름 아닌 예수님의 모델이 되었던 그 청년이었답니다.

우리의 얼굴은 자신이 생각하는 것, 처해 있는 주위의 환경, 그리고 자신의 생활 태도나 모습을 드러내는 외형적인 증거가 됩니다.

사랑하는 여러분! 여러분은 어떤 얼굴을 가지기를 원하십니까?

희망과 꿈이 가득 담긴 얼굴, 용기와 자신감이 넘치면서도 순박한 표정, 평화로운 미소가 가득한 얼굴, 그리고 조금은 부끄러워하며 염치를 아는 얼굴! 수업시간에 여러분들에게서 그런 얼굴들을 보면 나는 나 자신의 얼굴을 떠올려 보게 됩니다.

상산인 여러분, 머리에 무스를 바르고, 머리를 노랗게, 또 빨갛게 염색했다고 하여 자신의 얼굴이 바뀌는 것은 아닙니다. 생각하는 것이 바뀌고, 읽는 책의 내용이 바뀌고, 찾아 들어가 즐기는 놀이 공간이 바뀌고, 검색하는 사이트의 주소들이 바뀌어야 여러분의 얼굴이 바뀌어진다는 것을 말하고자 하는 것입니다.

우리 학교의 교정이 학교를 경영하시는 어른들과 그 안에서 생활하는 여러분의 노력으로 보는 모든 이들에게 칭송을 듣는 아름다운 얼굴이 된 것처럼 여러분의 얼굴 또한 보는 이들에게 사랑과 평온함을 전할 수 있도록 건전한 생각과 환경을 지키는 부단한 노력을 게을리 해서는 안 될 것입니다.

교정에 떨어진 낙엽을 밟으며 한 편의 수필을 읽고, 한 곡의 시를 노래하고 싶은 아침입니다.

(심, 제7호, 2004년)

10) 오늘 하루 최선을 다해야 한다

사랑하는 상산인 여러분!

오늘은, 오늘 하루를 최선을 다하여 살아야 한다는 제목으로 말씀드리겠습니다.

고대 인도의 마우리아 왕조시대에 인도를 최초로 통일한 사람인 아카소 대왕에게는 방탕한 동생이 있었는데, 어느 날 그가 국법을 어기자 아소카 대왕이 동생을 직접 불러서 말했습니다.

"너는 국법을 어겼다. 그래서 이제 죽기 전에 1주일이나마 최대한 행복을 누리도록 해주겠다." 그리고는 수많은 궁녀들과 미희들을 불러 동생을 시중들게 하며 그에게 진수성찬과 아름다운 가무까지 제공하게 했습니다. 그리고 하루가 지났을 때, 우람하게 생긴 장사로 하여금 동생에게 이렇게 외쳤습니다. "당신의 사형 집행일이 이제 엿새 남았소!"

다음날도 마찬가지로 역시 미녀와 무희들로 하여금 그에게 산해진미를 즐기도록 하고는, 그 장사로 하여금 다시 이렇게 외치도록 했습니다.

"당신의 사형 집행일이 이제 닷새 남았소!"

이렇게 1주일이 지나 마침내 사형 집행일이 되었습니다. 그동안 동생은 여태껏 누리지 못한 더없이 후한 대접을 받았지만, 하루하루가 행복하기는커녕 그야말로 지옥과 같은 참담한 나날이었습니다. 미녀도, 산해진미도 아름다운 음악과 춤도 그의 죽음에 대한 공포를 해결해 주지 못했기 때문이었습니다. 아카소 대왕이 그를 불러 물었습니다.

"그래 마지막 1주일이나마 행복하게 보냈느냐?" 동생이 겁먹은 표정으로 대답했습니다.

"형님 폐하, 솔직히 아뢰겠습니다. 행복하기는커녕 1주일 내내 지옥과 같은 암흑 속의 연속이었습니다. 특히 저 장사가 나타나서 한 마디 외치고 나면, 마음이 꽁꽁 얼어붙어 이미 살아 있는 목숨이 아니었습니다."

이 말에 아카소 대왕이 말했습니다.

"동생아, 이제야 알았느냐! 그러나 사실, 저 장사의 모습이 눈에 보이느냐 보이지 않느냐의 차이만 있을 뿐, 결국 우리 모두의 삶은 하늘나라의 저승사자가 하루하루 죽는 날짜를 세고 있는 것이나 다름이 없단다. 그런데 어찌 하루라도 헛되이 보낼 수 있단 말이냐! 이제 내가 다시 한 번 네게 기회를 줄 터이니, 이제부터는 정말 성실하게 살기 바란다."

우리 모두는 반드시 죽습니다. 그런 면에서 하루를 더 살았다는 말은 죽음에 하루 더 가까이 다가갔다는 말과 같습니다. 그것이 하루 후의 일이 될지, 1년 후의 일이 될지, 10년 후의 일이 될지는 모르지만, 결국 피할 수 없는 그날이 오면 우리 모두는 이 세상을 떠나야 하는 것입니다. 이 말은 곧, "당신의 사형 집행일이 10년(1년, 하루) 남았소!"라는 선언과 다름없는 얘기가 아니겠습니까?

이 한정되어 있는 시간, 이 고귀한 시간을 정말 성실히 살아, 우리들 모두가 삶의 승자가 되어야 하겠습니다. 승자는 벌 받을 각오로 살다가 상을 받고, 패자는 상 받으려 꾀를 부리다가 벌을 받는답니다.

승자는 넘어진 후 일어나 앞을 보고, 패자는 넘어진 후 일어나 뒤를 본답니다. 승자는 구름 위의 태양을 보고 용기를 얻고, 패자는 구름 속의 비를 보고 자신의 의지를 깎아 내린답니다. 승자는 땀을 믿고, 패자는 요행을 믿는답니다.

사랑하는 상산인 여러분, 오늘 하루의 삶을 성실하게 살아 영광스런 승자가 되기를 바랍니다.

(심, 제8호, 2007년)

8. 상산고등학교 교지 『象山』에 기고된 글 모음

1) 지고지상(至高至上)의 예술

오늘날 音樂이라는 말을 모르는 사람은 없을 것이다. 그러나 막상 '음악이란 무엇인가' 라는 질문에 자신 있게 대답을 할 수 있는 사람도 흔치 않을 것이다. 어떤 사람은 그저 노래나 부르는 것으로, 아니면 소리 나는 樂器를 演奏하는 것 정도로 이해할지 모른다.

이처럼 음악에 관한 생각은 사람에 따라 多樣하다 할 것이다. 혹자는 음악을 다소 사치스러운 것으로 여기기도 할 것이고, 다소 淺薄한 것으로 생각하는 사람도 있을 것이며, 그렇지 않으려 오히려 음악을 다소 孤高하게 생각하여 감히 쉽게 범접하기 어려운 어떤 것으로 여기어 멀리하는 사람도 있을 수 있을 것이다. 그런가 하면 젊은 청소년들의 일부에서는 강렬한 音律과 電器 工學的인 音響과 音色에 그저 몸과 마음을 던져 버리는 無分別한 行動도 볼 수 있는 것이다.

天地萬物 속에 自然의 모습으로 서 있는 人間, 그 인간은 그 자연 속에서 보다 행복하게, 보다 아름답게 살아가기를 원하는 實在的 存在인 것이다. 그러므로 우리들 인간은 옛날부터 苦痛이나 悲哀를 克服하기 위하여 祝祭

를 벌이고 또 宗敎的인 儀式을 행하며, 그때마다 음악을 사용해 왔다. 이러한 음악이 사람들에게 미치는 心理的 效果나 影響은 대단히 중요한 것이었다.

이렇게 음악은 인간의 마음과 삶 속에 직접적으로 강하게 호소하는 힘을 가지고 있다. 그 아름다운 멜로디, 하모니 그리고 리듬은 인간이 자연의 질서 속에서 살아가는 생활과 삶에 깊이 관계되고 있음을 알 수 있다. 이와 같이 음악과 인간과의 관계성을 볼 때 불가분의 관계 속에 있다. 인간을 가장 바람직하게 성장·발달시키고자 하는 교육에서 음악교육은 根源的으로 어떻게 다루어졌는가?

오늘날의 사회적인 현실과 교육적인 현실을 되돌아보면, 현대의 고도 産業化 속에서 非人間化 現象을 염려하게 되었다. 機械化와 自動化의 밀물에 人間精神은 喪失되고 非道德的인 感覺主義와 享樂主義가 低質頹廢文化를 量産하게 된 사회 현실을 반성하면서 喪失한 인간정신을 되찾고 소외된 자신의 存在를 찾아 위로받고자 몸부림치는 現實 속에서 音樂敎育의 使命은 더욱 중차대하게 되었다.

이러한 시점에서 東西洋 思想家들의 根源的인 音樂敎育 思想을 살펴 오늘날 音樂敎育의 根本的인 課題가 무엇인지를 찾아 이해하기 위하여 먼저 哲學的인 思考와 樣式을 터득하여 音樂敎育에서 必要로 하는 思想的 決定과 行動의 根源的인 解決의 실마리를 提供할 수 있는 哲學的 思想의 世界를 探索하고자 하는 것이다.

1. 孔子의 音樂敎育 思想

孔子의 思想은 유교의 교육 사상으로 유교의 敎育理念은 〈修身齊家 治國平天下〉의 君子를 길러냄에 있다. 君子는 三綱五倫을 주제로 하여 일상 행위의 실천적 도의를 완성하고 다시 仁을 가지고 모든 德을 베풀어 자신과 다른 사람과의 관계를 유지한 사람을 뜻하는 것으로 이러한 君子를 양성함에는 六藝(藝, 樂, 射, 語, 書, 數)를 교과목으로 詩와 音樂을 매우 중요시하였다. 君子는 안으로 스스로 禮樂에 힘써 性情을 닦고, 시와 音樂으로 백성을 敎化하려는 사람, 즉 유교의 예술 사상은 인간의 意志와 性情을 바로잡아 調和롭고 均衡된 全人을 만드는데 있다. 公利的이고 目的的인 藝術觀이기는 하나 實踐 倫理를 바탕으로 하는 유교 교육의 이념에 지극히 타당한 교육 방법이었다.

孔子는 詩人이며 音樂을 좋아하는 藝術家이기도 하였다. 그가 齊 나라에서 "韶의 곡을 듣고 석달 동안이나 고기 맛조차 잊고 자신도 모르는 사이에 이처럼 즐거움에 취하고 말았다"라고 한 말을 보면 그가 얼마나 음악에 탐닉하였는가를 알 수 있다. 또 詩經 周南國의 首篇 關唯(징경이의 노래)를 읽고 「樂而不淫 哀而不傷」"즐겁되 음란하지 않고, 안타까우나 애태우지 않는다"라는 말로 소박하고 자연스러운 음악을 가릴 줄 아는 情의 소유자이었음을 볼 수 있다.

또 그는 「興於詩, 立於禮, 成於樂」이라는 말로 음악 교육의 사상적 지표로 삼아 시로써 정서를 일깨우고 예로써 행동을 바로 세우며 음악으로써 인격을 완성시켜 완전한 인격의 소유자 君子가 될 수 있다고 본 것이다.

한편 孔子의 예술 교육의 도덕성은 「仁而不仁 如禮何 仁而不仁 如樂何」라 하여 사람은 반드시 음악을 알아야 할 것이나 "사람이 사람답지 못하면 예법은 무엇이며 사람이 사람답지 않으면 음악은 무엇이란 말인가" 사람다운 바탕 위에서 우러나오는 예술이라야 참다운 예술이라는 견해로 사람이 사람다운 바탕이 설 때라야 예술의 의의와 가치를 갖게 된다는 그의 音樂 思想을 분명히 밝히고 있는 일면인 것이다.

즉 유교에서의 음악교육 사상은 人性의 인격적인 토대 위에 음악은 和에 있다고 보았으며 「子曰 志於道 據於德 遊於藝」라 하여 "진리에 뜻을 두고 곧은 마음을 간직하여 사람답도록 애쓰며 예술을 즐겨야 한다"라는 말로 예술을 풍류객의 消情法이 아니라 진리와 구도에 刻苦勉勵하는 인간 교육의 진정한 모습을 가르치고 있는 것이다. 결국 孔子의 思想은 中庸에서 살필 수 있는데 그의 藝術 敎育 思想은 人間과 自然의 一元的 世界觀의 發現이며 따라서 中庸과 調和를 原理로 하는 思想이라고 말할 수 있겠다.

2. Platon의 音樂敎育思想

西歐의 敎育에서 藝術 敎育의 흐름은 어떻게 하면 理想的 人間像 形成에 이바지하며, 完全한 人格 形成을 위한 原理와 方法을 찾으려 했던 Platon의 예술 교육 사상에서 찾아 볼 수 있다. 그리스 교육의 理想的인 人間像은 〈調和로운 人間 育成〉이었다. Platon은 인간을 精神的이고 理性的인 理念世界의 부분과 物質的이고 感覺的인 現實 世界의 부분이 綜合되어 이루어진 存在로 보았다. 즉 人間은 靈魂과 肉體의 綜合體로서 人間 本質의 二重性을 暗示하고 靈魂이 肉體와 綜合하여 理念과 實存의 世界 곧 Idea의 世界에 살게 된다는 것이다. 그는 理想的인 共和國의 市民的 資質을 갖춘 人間 敎育이 目的이며 專門的인 詩人이나 音樂家를 만들기 위한 藝術 敎育을 主張한 것이 아니라 藝術 敎育을 通하여 倫理的인 德을 成長시키고 착하고 高貴한 感覺을 自然이 갖는 調和와 리듬을 基本的이고 具體的인 藝術에 의하여 그 生活 속에서 뿌리내리고 成長된다고 보았던 것이다.

이와 같은 Platon의 思想은 西歐의 個人主義的 人文主義者들에게 思想의 自由와 自己 表現과 創造的 活動으로 音樂, 美術, 文學, 建築 등을 통해 個性의 發現을 위한 敎育 思想을 이끌어 그들의 敎育 方式을 文化的 美的 敎育에 의뢰하게 되었고, 藝術 敎育은 美的 價値를 위한 것임과 아울러 思想的 價値를 위한 것이기도 하였다. 音樂 敎育은 藝術 敎育으로서 音樂을 위한 교육이 아니라 創造的이고 能動的인 調和로운 人格의 所有者를 기르기 위한 人間敎育으로서의 音樂敎育이 이루어져야 하는 것이며 그것은 人

間과 音樂이라는 藝術敎育의 相互作用이라 말할 수 있을 것이다.

古代 그리스의 아테네 도시 국가 시대의 교육 목표가 〈調和로운 人間 育成〉이었던 것처럼 오늘날의 현대 교육 목표에서도 일치하는 것으로 그들은 이 목표의 달성을 위하여 "健康한 肉體에 健全한 精神"이라는 德目으로 健康한 肉體를 위해서는 敎育을 혼(魂)을 위하여 주신 즉 健全한 精神을 위하여 音樂을 最上의 敎科目으로 삼았던 것이다. Platon은 그의 「音樂道念論」에서 "人間에게는 原來 idea의 世界로 돌아가려는 Eros가 있다"고 하여 그의 Academy 敎育 課程 最後의 目標를 永遠한 Idea의 世界에 머무르는 哲學的인 人間敎育의 첫 단계로 音樂이라는 感性의 世界를 거쳐야 된다는 것이다. 또한 그는 音樂을 至上의 藝術, 美의 極致로 생각했으며 "音樂은 人間 魂의 내부에 깊이 沈潛하여 人間의 넋을 가장 깊이 接觸하며 人間 敎育의 가장 훌륭한 방법이 된다"고 보았다. 결국 Platon은 敎育의 基本的인 原理를 美的 訓練이 교육의 밑바탕이 되어야 한다고 생각하였으며 그 방법으로 Choric Art(合唱 藝術)를 가장 중요한 교과목으로 채택하였던 것이다. 그러므로 음악 수업은 아름다움을 목표로 하는 궁극적인 미적 세계를 經驗하는 藝術敎育이 되어야 하는 것이다.

3. 맺는말

藝術이 人間의 行爲에 의해서만이 가능한 것같이 音樂 또한 人間들의 音樂的 생각과 행위를 떠나서 存在할 수 없는 것이다. 음악은 인간이라는 條件을 벗어날 수 없는 속성을 지닌 것으로 음악은 인간을 위한 것이며, 인간이 음악을 위한 絶對的 음악은 인정할 수 없는 것이다. 이와 같이 음악이란 인간에 의한 藝術의 한 形態로 교육되고 또 교육된 인간은 이런 藝術活動을 통하여 美的 價値를 追究하고자 하는 것이다. 즉 藝術이 混濁한 世界에 秩序와 調和를 賦與하여 人間 精神을 純化시키고 고매한 人間性을 涵

養시킬 수 있기 때문이다. 이제 우리는 오늘날의 社會的 敎育的 現實을 생각하며 眞正한 情義 敎育 바람직한 道德 敎育을 위하여 音樂 敎育의 참 價値와 意味를 다시 한번 깨우치지 않으면 안 된다. 앞에서도 살핀 바와 같이 理想主義 哲學者들은 藝術이 人間 經驗의 질을 表現하는 Idea, 즉 音樂 敎育을 통하여 調和로운 人間 精神을 涵養하고 節制를 배우며 아름다움을 사랑하게 함으로써 사람의 人格 形成에 크게 影響을 끼친다고 주장하며 "정신에 유해함을 방지하기 위하여 예술 작품의 선별은 대단히 중요하다" 라는 말로 樂曲과 樂器를 敎材로 選定할 때의 주의점을 분명하게 지적하고 있다. 그런데 그것은 音樂的 素材가 個人의 意志와 人格 그리고 行動에 강하게 影響을 끼친다는 점을 통해서 음악의 倫理的 側面을 강조하는 것이다. 다시 말하면 敎材로 選定된 음악은 학생들에게 활달하고 進取的인 기상을 鼓吹할 수 있는 가락으로 健全한 精神을 涵養할 수 있는 內面的 결과로서 他人에게도 高尙한 人品을 保有하도록 刺戟할 수 있는 것이어야 한다는 것이다.

Socrates의 대화 중 이런 말이 있다. "나는 음악적 수련이야말로 다른 어떤 수련보다 가장 가치 높은 것으로 본다네. 음악의 리듬과 하모니는 우리 영혼의 내부로 아주 깊숙이 파고 들어가서 우아함을 심어주고, 영혼을 힘차고 확고하게 해주는 것이지. 그러나 음악은, 올바른 교육을 받는 사람의 정신은 더욱 우아하게 만들지만, 그릇되게 교육받은 사람의 정신은 더욱 우아하게 만들지만, 그릇되게 교육받은 사람의 영혼에 대해서는 우아하게 할 수 없겠지. 그래서 내면적 존재의 참다운 교육을 받은 인간은 자여이나 기술 가운데에서의 잘못이나 실수를 쉽게 발견할 수 있고, 참된 취미로서 선을 찬양하고 즐길 수 있으며, 그가 음악을 영혼 속에 포함시키면 기품이 높아지고 선량해진다네"라고. 이 말에서 우리는 人間이 藝術活動을 통하여 美的 價値를 追究하고자 하는 것은 藝術이 混濁한 世界에 調和와 秩序를 賦與하여 人間 精神을 純化시키고 고매한 人間性을 涵養시킬 수 있다는 것이나, 그 藝術의 倫理性을 深度 있게 지적한 것이다.

　Thomas Aquinas의 "美의 完全性, 均衡 및 調和, 明瞭성은 美의 세 가지 條件이지만 또한 道德的 價値의 條件도 된다"는 말은 意味 있는 지적이다. 孔子의 「立於禮」「成於樂」 즉 禮로써 사람이 바르게 서고 音樂으로 사람의 人格이 完成된다고 한 것은 藝術의 道德性을 다시 한번 살필 수 있는 점이다. 藝術 精神의 墮落은 곧 時代의 墮落을 가져오며 이런 狀況에서 어떤 文化도 어떤 思想도 思想的 意識 없이 무얼 어떻게 할 수 있겠는가?

　여기서 우리는 音樂 수업시간에 어떤 音樂을 왜, 어떻게, 學習해야 하는가가 자명해진다. 그럼에도 불구하고 우리는 이와 같은 音樂 敎育의 眞正한 價値와 意味를 망각하고 때때로 不知不識間에 생각에서 말에서 그리고 行動에서 얼마나 많은 誤謬를 범하였는지 反省하지 않을 수 없다. 音樂 시간에는 그저 재미있는 어떤 노래나 즐겁게 부르고, 어떤 樂器나 신나게 演奏하는 行爲 程度로 또는 그와 같은 活動을 통하여 삶을 좀 더 豊饒롭게 營爲할 수 있는 媒介 程度로 생각해 버리지는 않았는지 反省해야 한다.

　더욱 심하게는 國語, 英語, 數學, 科學 등의 敎科 時間들 사이에 끼어 그저 머리를 식히기 위해 또는 雰圍氣를 바꾸어 보겠다는 意圖 程度로 音樂 時間을 생각하거나 活用하지 않았는지 反省해야 할 것이다. 音樂은 결코 즐거움을 위한 餘興 程度로, 또는 雰圍氣를 바꾸기 위한 調味料 敎科일 수 없는 至上至高의 藝術 敎育이어야 한다. 오늘날 極度로 澎湃해진 音樂 敎育 輕視의 現狀을 보면서 우리 모두 人間性의 喪失, 人間 精神의 喪失, 道德性의 喪失을 指彈하면서 音樂 敎育의 眞正한 意味를 다시 한번 더 되새겨 보아야 할 것이며 現實을 反省하고 先人들의 뜻을 오늘에 合當한 方法으로 適用하여 眞正한 音樂 敎育이 나아갈 바를 바로 세워야 할 것이다.

(교지 象山 제3호 1995년)

2) 音樂治療에 관한 小考

Ⅰ. 들어가는 말

음악은 우리의 일상생활과 밀접한 관계가 있다. 매일 매일 라디오에서 흘러나오는 음악, 친구들과 어울려 부르는 노래, 야영장에서 캠프파이어를 하며 부르는 흥겨운 노래, 이러한 것들은 우리의 일상생활을 윤택하게 해주며 인간 생활에 도움을 주기도 한다. 우리는 음악이 없는 영화나 TV 프로그램을 생각할 수 없다. 영화나 TV의 드라마에서 바닷가의 밀물과 썰물이 주는 평화로움이나, 공포와 흥분이나 긴장감들은 주로 음악으로 인해 일어난다. 음악은 우리의 사고방식을 형성하고 구체화시키는 기능을 가지고 있다. 하지만 이러한 음악 생활이 인간 생활을 풍요롭게 하고 건강하게 할지라도 치료라고 부르기는 어렵다. 그렇다면 인간의 삶을 풍요롭게 하는 '음악 생활'과 '음악 치료'의 근본적인 차이점은 무엇인가?

Ⅱ. 음악 생활과 음악 치료

치료는 즐거움만을 목적으로 하거나 건강에 도움을 주는 것과는 다른 개념이다. 치료란 어떤 구체적인 목표를 설정하고 그 목표달성을 위해 적용되는 단계적인 내용을 의미한다. 또한 음악 생활이 주관적인데 반하여 음악 치료는 객관적이라 할 수 있다. 이것을 좀 더 전문적으로 말하자면, 음악치료는 인간의 행동에 바탕을 두기 때문이다. 행동과학은 인간행동의 변화를 실험하고 측정하는 과학인데 인간의 행동을 측정하는 객관적인 관찰에 그 기반을 두게 된다. 무엇보다 음악치료는 근본적으로 '음악의 힘'에 기인한다. 정도와 형태는 다르지만 모든 사람은 음악에 긍정적으로 반응한다. 따라서 음악은 사람들을 동기 유발시키고 에너지를 가져다 주기도 한다.

두 번째 영역은 음악이 감정, 느낌, 기분, 혹은 동기와 태도까지도 포함하는 사람의 정서적인 면에 작용하여 일으키는 정서반응을 말한다.

음악치료와 관련된 세 번째 영역은 지적인 반응이다. 이 분야는 다양한 내용을 포함하는데, 학습과 음악적 자극을 분석하고 그에 대한 지각과 인지를 통해 개념을 형성하는 것에 대한 연관성을 밝히는 것이다.

네 번째는 보편적이며 연상적인 분야이다. 우리가 음악을 들을 때 특정한 멜로디나 리듬이 어떤 특정한 기억이나 상황을 연상시키는 경우를 종종 경험한다. 이러한 반응들은, 상황에 따라 차이는 있지만, 다른 반응들과 동시에 일어나는 음악의 반응 현상인 것이다. 이제 이상의 기본적인 윤곽을 가지고 음악과 치료의 내용과 적용에 대해 살펴보기로 한다.

1. 음악과 치료적인 적용

18세기 무렵, 독일의 카이절링크 백작은 밤마다 불면증 때문에 잠을 이룰 수 없었다고 한다. 이 사실을 안 하프시코드(피아노의 전신) 연주자 골트베르크는 백작의 날카로운 신경을 달래줄 수 있는 곡의 작곡을 바흐에게 부탁했다. 바흐는 오늘날 '골트베르크 변주곡'이라고 불리는 작품을 작곡해 백작이 편안히 잠들 수 있도록 했다. 음악이 불면증 치료에 효과가 있음을 보여주는 일화이다.

로스앤젤레스의 카이저 퍼 마낸트 의학센터에서는 고통을 호소하는 환자에게 진통제 대신 음악을 들려준다고 한다. 즉 음악이나 소리를 통해 치료하는 것이다. 치료 용도를 넘어 미국에서는 스트레스 해소를 위하여 '어떤 악기를 어떻게 편성해 어떤 음으로 선율을 만들면 좋을까?' 라는 것을 항상 염두에 두고 음악을 만들고 있는 사람들이 많다. 이는 마치 약제사가 약을 조제하는 것과 같은 맥락이다. 그런 의미에서 음악의 작곡자는 예술가라기보다는 심리 기술자나 음악 조제사와 같다고 할 수 있다. 음악의 작곡자들이 연주가이면서 심리학 박사학위를 가지고 있는 것도 당연한 일일 수 있다. "음악의 리듬, 멜로디 고음의 주파수는 뇌에서 창조력이나 동기력을 관장하는 부분을 자극하고 발달시킨다"라고 돈 캠벨이 그의 저서 '모차르트 이펙트'에서 주장한 바 있다. 또 음악이 좌우 뇌의 연결고리인 뇌량의 발달을 촉진시켜 각종 정보 처리와 인식에 핵심적인 도움을 준다고 한다.

2. 음악과 생활 속에서 음악적인 치료

일상생활에서 스트레스를 받는 것은 현대인의 숙명이라 생각하지 않을 수 없다. 일반적으로 스트레스라고 하면 나쁜 면만 보게 되는 것이 보통인데, "적당한 스트레스는 인생에 있어서 스파이스(spice)다"라고 말한 H.세리에의 말을 기억하기 바란다. 심신을 이완시키는 것은 네거티브 스트레스를 직접 없애는 것은 아니지만, 자기 치유력이라는 면역의 힘을 회복 또는 증가시키는 여유를 몸에 줄 수가 있다. 피로하면 몸을 쉬게 하고, 마음을 가라앉히면 자연히 긴장이 풀어지게 된다. 그런데 자연스런 태도를 취해도 좀처럼 긴장이 풀리지 않는 것이 스트레스 증상의 모습인 것이다. 그렇기 때문에 음악을 듣는다는 인공적인 형태로 음악이라는 포지티브 스트레스를 이용하여 이완상태를 실현하기 위한 테크닉이 필요하게 되는 것이다. 긴장을 푸는 데 테크닉 같은 것은 필요 없다고 말하는 사람은 불면증의 괴로움을 모르는 사람일 것이다. 음악을 들으면 인간의 뇌파는 α파가 우세해 진다는 것은 앞에서도 말했는데, 이는 심신이 이완된 것을 나타낸다. 어떤 음악을 들었을 때, 그 곡의 인상을 파악하는 방법은 사람에 따라서 가지가지이다. 사람은 자기가 성장한 생활환경 속에서 전혀 별개의 체험을 하는데, 그 속에서 종종 귀로 들은 음악과의 사이에 기억이 결부된다.

바로크 음악의 하나인 알비노니의 <아다지오>라는 곡을 듣고 나서 혹자는 "매우 슬픈 느낌이어서 고통스러웠다"라고 말하는 반면, 다른 사람은 "마음이 가라앉아 갖가지 고뇌에서 해방된 느낌이었다"라고 말할 것이다.

사실 이 곡은 서구의 경우 장례식 같은 곳에서 자주 연주된다. 즉 음울하고 슬픈 상황에 직면해서 고뇌하는 사람들 마음의 템포에 잘 맞는 곡으로 음악요법에서 동질의 원리를 멋지게 증명한 곡이라 말할 수 있다.

Ⅲ. 음악치료(Music Therapy)

음악치료가 미국에서 학문의 영역으로 개발되고 응용되어 온 1940년대 후반 이래 미국을 넘어 영국, 캐나다, 오스트레일리아 등 세계로 활발히 전파된 것은 1970년대 초반의 일이다. 이러한 음악치료가 치료의 전문분야로 자리를 잡게 된 것은 채 반세기의 역사도 되지 않았지만, 음악이 치료의 도구로 사용된 역사는 멀리 원시시대로까지 거슬러 올라간다.

시거리스트(Henry Sigerist, 1994)에 의하면 의학의 발달 역사는 처음에는 치료와 질병에 대한 마술적, 종교적, 그리고 철학적인 해석을 거쳐 왔다고 한다. 한편 의학이 질병에 대한 과학적인 내용을 가지고 마침내 자리를 잡게 된 것은 상대적으로 근래에 이루어진 일이라고 한다. 한편 음악치료의 발달 과정 역시, 실질적으로 인간이 치료나 회복의 도구로 음악을 사용하여 온 것은 사실 인류문명이 시작 되면서부터였으나, 음악 치료가 오늘날에 와서야 비로소 전문 치료분야로 병원 내에 자리 잡게 된 것은 무엇보다도 치료 과정 자체가 과학적인 접근 방식에 기반을 두게 되었기 때문이다.

우리나라에서는 1996년부터 음악계의 새로운 분야로 음악치료가 대두되면서 임상음악치료로써 의학의 여러 분야에서 적극적으로 사용되고 있다.

사실 음악은 우리의 일상생활과 매우 밀접한 관계에 있다. 아침에 눈을 뜸과 동시에 우리가 마치 공기를 호흡하는 것과 같이, 음악은 우리의 일상생활 속에 공존하고 있다는 것은 누구도 부인하지 못할 것이다. 이렇게 시간과 공간에 관계없이 널리 편만성을 지닌 음악이 우리의 사고방식을 형성하고 구체화시키는 기능을 가지고 있는 것은 여러 가지 임상 실험을 거쳐 밝혀진 사실이다. 일반적으로 음악치료가 질병을 낫게 하는 것은 아니다. 왜냐하면 음악에 대한 사람의 반응은 지극히 개인적이고 주관적이기 때문이다. 어떤 음악을 들으면 무슨 현상이 나타나고 어떤 증세에는 누구의 음악을 들으라는 식의 접근은 대단히 잘못된 것일 뿐만 아니라 음악치료를 오해하고 있는 것이다. 초기 음악치료가 병원에서 발달되었고 적용양식은 비록 의학적 모델에 있지만, 임상 현장에서의 음악 치료는 행동과학의 영역에 기초하고 있다.

1. 음악치료란?

한국 음악 치료학회는 음악 치료에 대하여, '음악 활동을 체계적으로 사용하여 사람의 신체와 정신 기능을 향상시켜 개인의 삶의 질을 추구하여 보다 나은 행동의 변화를 가져오게 하는 음악의 전문 분야' 라로 말하고 있다.

그러나 음악치료를 한마디로 간단히 정의 내리기는 매우 어려운 일이다. 이에 음악치료의 모체라 할 수 있는 미국의 전국 음악치료협회의 음악치료에 대한 정의를 살펴보면, 음악 치료는 치료적인 목적, 즉 정신과 신체건강을 복원 및 유지시키며 향상시키기 위해 음악을 사용하는 것으로, 치료적인 환경 속에서 치료 대상자의 행동을 바람직한 방향으로 변화시키기 위한 목적으로 음악 치료사가 음악을 단계적으로 사용하는 것이다. 이러한 변화는 치료를 받는 개인으로 하여금 자신과 주변의 세계를 깊이 있게 이해하게 함으로써 사회에 보다 잘 적응할 수 있도록 도와주게 된다.

전문 음악 치료사는 치료를 맡은 팀의 한 멤버로서 자신의 치료 계획을 세우거나 특정한 음악적 활동을 시행하기 전에 치료 팀이 환자의 문제를 분석하여 일반적인 치료의 목적을 설정하는 데에 먼저 참여하게 된다. 또한 시행되는 치료 과정이 효율적인지를 알기 위해 정기적인 평가도 행하게 된다.

이 같은 설명도 음악치료의 일면을 매우 섬세히 설명하고 있지만, 또 한편 케네스 브루샤(Kenneth E. Bruscia)는 음악치료는 치료사가 환자를 도와 건강을 회복시키기 위해 음악적 경험과 관계들을 통해 역동적인 변화를 이끌어 내는 체계적인 치료의 과정으로 정의 내리고 있다.

2. 음악 치료의 목적

따라서 음악 치료는 한마디로 간단히 정의할 수는 없지만 음악이라는 도구를 사용하여 인간 행동 즉 장애가 있는 행동을 원하는 바람직한 행동으로 변화시키는 것에 그 초점이 있다.

여기에서 말하는 행동의 변화에는 자신감, 사회성, 대인관계능력, 운동능력, 학습능력, 정서적 발달 등 사회생활과 관련된 다양한 행동들이 포함된다. 도구로 쓰이는 음악이란 음악을 이루고 있는 멜로디, 음색, 리듬, 형식, 화성, 크기 등의 음악의 구성요소를 포함한다. 음악활동은 노래하고(가창), 듣고, 감상하고, 읽고, 창작(창의적 작업)하고, 움직이고(몸 동작), 연주하는 등, 음악의 다양한 활동내용을 포함하고 있다.

이러한 목적을 달성하기 위해 음악치료는 과학적인 면과 치료 효과의 두 가지 면에서 이론적 배경을 가지고 있어야 하는데, 과학적인 면이란 진동으로 형성되는 음과, 이 음에 반응하는 인간 생체적인 관계에 대해 연구하고 조사하는 것을 말한다. 치료효과의 관점이란 소리와 음악, 그리고 율동이 관여될 때 피 치료자와의 관계에서 형성되는 상호교류와 훈련과정, 임상의 과정을 통해 나타나는 사회의 적응과 관련된 것을 의미한다.

3. 음악 치료의 원리

a) 편만의 원리

음악이 치료의 도구로 사용되는 데는 몇 가지 원리와 역할 등에 대한 이론이 있는데, 이것을 요약하면 음악이 치료에 사용되는 원리로는 음악의 편만성과 선호성을 들 수가 있다. 치료적 목적을 위한 음악의 역할은 모든 사람들에게 신체적 활동을 야기시키며 또한 사람에게 상징성을 제공하며, 사람에게 조건 없이 만족을 주며, 음악자체가 환경과 접촉시키는 것이다. 또 언어를 사용치 않고도 커뮤니케이션의 기능을 가지며, 자연스럽게 자신의 감정을 상대방에게 표출시키도록 하며, 잃었던 기억을 자극시키며, 사람에게 내부적 외부적 동기제로 작용하고, 애국가와 같은 종류의 음악은 개인을 그룹으로 쉽게 통합시킨다. 치료제로써의 음악은 사람들에게 무엇보다도 고통이 아닌 즐거움을 누구에게나 준다는 데 있다.

b)동질의 원리

또한 음악 치료 적용의 원리로는 동질성의 원리가 있다. 이것은 외부적인 소리의 모양(음악 활동)이 대상자의 내면의 상태(장애적 행동)와 유사한 환경으로 음악을 통하여 연출해 내면계에 있던 문제 행동을 외부의 소리 세계로 유도하여 그 문제점을 치료한다는 원리이다.

4. 음악 치료를 위한 방법

음악 치료의 접근 방법에 대해서는 개스턴과 시어즈가 관련적 접근방법과 경험적 접근방법으로 분류하였다. 또 이를 사회적·심리적·신체 생리적으로 나누어 상세히 제시하고 있다. 이를 요약하면,

a) 관련적 접근(개스턴)
(1) 관계의 확립 내지는 재확립
  - 음악은 비언어적 교류 수단으로써 언어로서 표현할 수 없는 것을 자연스럽게 표현하도록 도와준다.
  - 음악은 사회적인 상황을 묘사하거나 미래의 방향을 예견하는 도

구의 역할을 한다.

- 음악의 힘은 개인보다는 그룹을 통해 극대화된다.

(2) 자기성찰을 통한 자긍심의 증진

- 음악은 즐거움과 자기 만족의 원천이다.

- 음악은 비 경제적 성취를 허용한다.

(3) 에너지와 질서의 원천으로서 리듬

- 음악은 구조적인 현실이다.

- 리듬은 조직자이며 에너지원이다.

b) 경험적 접근(시어즈)

(1) 구조 속에서의 경험

- 음악은 시간에 입각한 행동을 요구한다.

- 음악은 능력에 따라 행동을 허용한다.

- 음악은 정서적인 행동을 불러일으킨다.

- 음악은 감각과 관련된 행동을 이끌어 낸다.

(2) 자신을 조직화하는 경험

- 음악은 자기표현을 하도록 한다.

- 음악은 장애인을 위한 보상적 행동을 제공한다.

- 음악은 사회적으로 허용되는 상과 그렇지 않은 행동을 위한 기회
  를 제공한다.

- 음악은 자신의 자랑을 증대시키도록 한다.

(3) 다른 사람과 관련된 경험

- 음악은 사회적으로 허용되는 자기표현의 방법을 제공한다.

- 음악은 자신과 다른 사람에 대한 책임감을 받아들이는 기회를 제
  공한다.

- 음악은 사회적으로 허용되는 형태 속에서 협동과 경쟁의 경험을
  제공한다.

　－ 음악은 일반적인 치료적 환경에 필요한 즐거움과 오락을 제공한다.
　－ 음악은 기관과 동료지역사회에서 허용되는 현실적인 사회적 기술과 개인적 행동의 패턴을 학습하도록 한다.

5. 음악 치료와 관련된 분야들

이와 같은 원리와 방법에 근거한 음악치료는 한 가지 분야에만 국한된 치료 방법이라기보다는 여러 가지 인접한 학문의 광범위한 분야를 포함한 영역이라고 할 수 있는데 이와 관계되는 영역은 다음과 같다.

　a) 음악(Music)과 관련된 분야 : 음악 심리학, 음악 사회학, 음악 인류학, 음악 철학, 음악 생리학, 음향학/음향 심리학, 음악 교육학, 음악 연주 및 작곡, 음악이론과 음악역사, 미술, 무용, 드라마, 시, 문학

　b) 치료(Therapy)와 관련된 분야 : 심리학, 심리치료, 심리상담, 사회복지, 치료적 오락, 의학, 작업치료와 물리치료, 언어/의사소통장애치료, 교육/특수교육, 창의적 예술치료

Ⅳ. 맺는 말

이렇듯 다양한 분야를 포함하는 음악치료가 제대로 간주되기 위해서는 치료계획이 설정되어야 하고, 어떠한 형태든 음악이나 음악활동이 있어야 한다. 또 훈련된 음악치료사에 의해 실시되어야 하고, 치료를 받는 환자가 있어야 하며 치료적인 목적이 분명하게 규명되고 설정되어야 한다.

현재까지 실시되고 있는 음악치료의 방법은 매우 다양하고 창의적이다.

대표적인 것만을 나열하자면 즉흥연주로 음악치료, CIM, Songwriting, Rhythm for life 등을 꼽을 수 있겠다. 여기서 즉흥연주의 모델로는 현재 10여 가지가 소개되고 있으며, 음악치료세션의 상세한 방법은 방대하므로 지면상 생략하기로 한다.

이러한 음악치료의 혜택을 받을 수 있는 대상 또한 다양하다. 음악치료가 태동되었을 때만 해도 주로 정신 질환자와 정신박약아를 대상으로 시행되었지만 음악치료의 이론이 자리 잡히고 이상적용이 발달해 가면서 일반 병원에서의 수술 환자나 화상 환자, 그리고 종말기 환자, 그 외 통증 환자를 위해, 또는 스트레스 조절을 위해 널리 시행되고 있다. 일반인을 위해서는 비행 청소년 행동수정 프로그램, 그리고 가족치료의 영역에서도 좋은 반응을 얻고 있다.

☆ 갖가지 상태에 대응하는 음악 일람표 ☆

일상생활에서 가능성이 많은 몇몇 상태를 상정해서 그 상태에 대응하는 음악을 선정하여 여기에 소개한다.

1. 아침에 눈을 떴을 때 알맞은 곡
① 요한 슈트라우스 : 아름답고 푸른 도나우
② 모차르트 : 터키 행진곡
③ 슈베르트 : 교향곡 〈미완성〉 제 2악장

2. 마음이 피로해졌을 때
① 사라사테 : 시피테아도
② 브람스 : 헝가리 무곡 제 15번
③ 베토벤 : 바이올린 협주곡 제 1악장

3. 열등감에 싸여 있을 때
① 베토벤 : 교향곡 제 9번
② 말러 : 교향곡 제 1번 〈거인〉
③ 차이코프스키 : 교향곡 제 6번 〈비창〉

4. 초조감, 욕구불만이 있을 때

① 비발디 : 4계 중에서 〈가을〉

② 라흐마니노프 : 피아노 협주 현악 4중주 〈아메리카〉

③ 스트라빈스키 : 발레 모음곡 〈불새〉

5. 분노가 가라앉지 않을 때

① 브루흐 : 콜 니드라이

② 차이코프스키 : 1812년 서곡

③ 헨델 : 오라토리오 〈메시아〉

6. 우울한 기분에서 헤어나지 못할 때

① 림스키 코르사코프 : 세헤라자데

② 로시니 : 윌리엄 텔 서곡

③ 주페 : 시인과 농부 서곡

7. 불안한 기분이 강할 때

① 브람스 : 헝가리 무곡 제 2번

② 멘델스존 : 서곡 〈핑갈의 동굴〉

③ 라흐마니노프 : 피아노 협주곡 제 2번

8. 자살을 생각할 만큼 심각한 고민이 있을 때

① 브람스 : 교향곡 제 1번

② 베토벤 : 교향곡 제 5번

③ 차이코프스키 : 교향곡 제 6번 〈비창〉

9. 깊은 슬픔이 있을 때

① 차이코프스키 : 교향곡 제 6번 〈비창〉

② 베토벤 : 교향곡 제 3번 〈영웅〉

③ 모차르트 : 교향곡 제 40번

10. 비통함에 빠져 있을 때
① 헨델 : 오라토리오 〈메시아〉
② 멘델스존 : 바이올린 협주곡
③ 라흐마니노프 : 피아노 협주곡 제 2번

11. 질투심, 의혹, 증오의 감정이 강할 때
① 시벨리우스 : 교향시 〈핀란디아〉
② 스메타나 : 교향곡 〈몰다우〉
③ 사라사테 : 지고이네르바이젠

12. 혈압이 높을 때
① 드보르자크 : 교향곡 〈신세계로부터〉
② 베토벤 : 피아노 소나타 제 8번 〈비창〉
③ 차이코프스키 : 안단테 칸타빌레

13. 정신적인 스트레스로 인한 위장 장애로 고민할 때
① 슈베르트 : 세레나데
② 바흐 : 관현악 모음곡 제3번 D장조
③ 멘델스존 : 바이올린 협주곡

14. 긴장 스트레스로 인한 두통(편두통)이 있을 때
① 쇼팽 : 환상 폴로네이즈
② 보로딘 : 이고르 공 중에서 〈달탄인의 춤〉
③ 쇼팽 : 피아노 협주곡 제 1번

15. 테스트 전의 불안 상태일 때
① 비발디 : 합주 협주곡 〈4계〉 중에서 〈봄〉〈여름〉

② 모차르트 : 교향곡 제 41번 〈주피터〉

③ 하이든 : 현악 4중주 〈종달새〉

16. 불면으로 고민할 때

① 베토벤 : 로만스 F장조

② 멘델스존 : 바이올린 협주곡

③ 템포가 느릿하고 멜로딕한 경음악

17. 신체에 통증이 있을 때

① 라흐마니노프 : 피아노 협주곡 제 2번

② 바흐 : G선상의 아리아

③ 베토벤 : 교향곡 제 6번 〈전원〉

18. 피부가 거칠어서 바삭바삭 할 때

① 바흐 : 〈토카타와 푸가〉 d단조

② 슈만 : 트로이메라이

③ 바다르제프스카 : 소녀의 기도

참고문헌

Kenneth E. Bruscia : 음악치료의 즉흥연주 모델. 양서원 1998.
(김군자 역)

최병철 편저 : 음악치료학. 음악춘추사 1996.

渡茂夫 : 스트레스 시대의 음악건강법. 세광음악출판사 1990. (김동조 역)

박경자. 음악요법에 따른 음악수업이 고등학생의 적응행동에 미치는 영향.
(교지 象山 제17호 1999년)

3) 나도풍란(風蘭)

나도풍란(風蘭)

바람을 타고 들어와 사는 생명.

바람에 실어 삶을 노래하는 풀은 창가에서 동쪽으로부터 쏟아지는 찬란한 아침의 태양을 온몸으로 받아 생명으로 간직하고 있습니다.

돌덩이와 난이 어우러진 나도풍란, 석부작을 바라보고 있습니다. 친구의 깊은 우정을 돌 위에 제 몸으로 단단히 묶어 지탱하고 있는 듯합니다. 창가에 두고 아침이면 인사처럼 분무하는 풍란, 석부작! 지난 초여름 친구가 보내준 작품입니다.

풍란(風蘭)을 한자로 쓰고 보니 제 모습이 한결 잘 드러나는 것 같습니다. 문 안으로 들어오는 햇빛과 바람으로 자라는 풀. 풍란을 보고 있노라면, 그 여린 듯 강한 자태가 마치 친구의 모습을 닮은 듯하여 더욱 정이 갑니다.

용철이 친구, 분명 신선은 아니고, 그렇다고 속인은 더욱 아닌데, 맑고 고운 시어로 영혼의 오염들을 늘 목욕하고, 겉으로는 여린 듯, 깊은 곳에서 우러나오는 강인함은 누가 흉내나 낼 수 있으리오.

난(蘭)을 개수할 때 '포기'라는 말 대신에 '촉'이라는 말을 사용하는데, 풍란을 셀 때에는 촉이라는 단위가 어울리지 않다고 생각합니다. 그 생김새나 성장하는 모양이 그렇습니다. 새 잎이 나올 때, 뾰족한 잎 끝으로 뿌리 내릴 흙을 뚫고 올라오는 다른 동·서양란의 그것과는 다르게, 풍란 잎은 너분너분 여유롭고 넉넉하여 날카롭지가 않습니다. 이와 같은 속성까지도 친구의 모습을 닮아 있습니다.

몇 년 전 박사과정 공부를 시작하고 아직 익숙하지 못하여 늘 책과 씨름하느라 전전긍긍하던 5월 어느 날, 늦은 오후시간이었습니다. 전화 벨소리에 이어 친구의 반가운 목소리가 들렸습니다. 특유의 걸쭉한 목소리로 곧 찾아가겠다는 말을 남기고 서둘러 전화를 끊는 것입니다. 장수 산골마을 뜬봉샘 자락, 어느 중학교까지 출퇴근하느라 어려운 시간일 것 같은 데 찾아오겠다는 것입니다. 대화를 좋아하는 이 친구 모처럼 만나겠다 싶어 문 밖에 나가서 기다렸습니다. 검은 색 지프차가 힘차게 학교 언덕길을 올라왔습니다. 차에서 내린 친구는 인사 나누기 바쁘게 자동차 뒤쪽 문을 열고 무엇인가 무겁게 꺼내 들었습니다. 사람 머리만한 정도의 돌덩이에 풍란을 붙여서 제작한 나도풍란, 석부작이었습니다.

시를 쓰고 차를 좋아하는 친구, 어린 시절에 만나 어렵고 힘들던 학창시절을 함께 보낸 그와 나는 서로서로 위로가 되는 정겨운 벗이었습니다. 교장 승진에 목을 거는 다른 친구들을 위로하면서 초연하고 오히려 연민의 정으로 보던 친구, 한때는 난이 좋아 틈만 나면 산자락을 헤매던 친구였습니다. 아기인 양 가슴에 안아 내 방으로 옮겨온 풍란은 이제 막 꽃망울을 벙글기 시작하고 있었습니다. 때 늦은 공부에 지쳐 있을 친구를 헤아려 꽃망울 맺은 풍란을 들고 찾아온 이 사람! 분무기로 안개처럼 물을 뿌려 마르지 않게 하라는 당부와 즐겁게 감상하라는 말을 남기고 친구는 돌아갔습니다.

창가에 놓고 아침마다 출근하여 분무기로 안개물을 뿌려주면서 며칠이 지나, 국화의 현애처럼 고개를 늘어뜨린 듬직한 세 송이에서 벙글던 꽃망울이 터지고 꽃잎을 활짝 열어젖히는 것입니다. 풍란은 돌덩이에 제 몸을 고정하고는 하얀 속살을 나신으로 드러 내놓고 암벽을 오르며 오늘을 숨죽여 기다리고 있었습니다. 온몸으로 돌덩이를 휘어감아 포옹하는 그 모습이 애틋합니다.

돌덩이의 갈라진 틈 사이로 하얀 속살이 끼어 들어가 그곳으로 물이 흘러들어 가면 생명을 유지하고, 향기로 삶을 노래합니다. 열린 창으로 실바람이라도 불어 들어오는 순간이면, 욕실에서 방금 나온 여인의 체취보다 더욱 싱싱하고 아름다운, 그 싱그러움으로 안깁니다. 퇴근 후 밤 동안 아무도 보지 않는 방안의 어둠 속에서 농염으로 사랑을 말하고, 넘치는 희열과 환희의 노래는 향기가 되어 방안을 가득 채우고도 남았습니다.

아침에 출근하여 문을 열면 방안에 가득한 향기, 그 향을 말로, 또 짧은 글로 묘사하기는 더더욱 어렵겠습니다. 은은하면서도 흐릿하지 않고, 기품이 있으나 고고하지 않으며, 때로는 강하게 자극하는 향은 달콤하나 천하지 않는 여인의 향기로, 사랑스러우나 헤프지 않는 여인의 자태와 같이 안겨오는 것입니다.

풍란은 꽃망울이 모두 개화된 뒤 3~4주 동안 향기를 품으며 아름다운 자태를 유지합니다. 포개어진 잎 사이에서 나온 꽃대에 8~16개의 꽃망울이 달리는데 잎 가까운 위쪽에서부터 꽃이 피다가, 차례로 꽃이 지는 습성을 가지고 있습니다. 해맑은 향을 발산하던 꽃이 지기 시작하면 아쉬움이 밀물처럼 밀려오고, 다음 해를 기약하며 마음 한 구석에는 서운함이 자리 잡습니다. 이렇게 꽃이 다 지고 나면 풍란은 약해져서 사후관리를 잘해 주어야 한다며 친구는 다시 자기 집으로 데려갑니다. 그리고 1년 동안을 가꾸고 관리하여 다음해 5월이 되면 더욱 튼튼하고 멋진 모습으로 자라난 나도풍란, 석부작을 나에게 품어오는 것입니다. 이렇게 6년 동안을 계속하였습니다.

친구의 우정이 아름답고, 석부작의 작품이 아름다운데, 그 향기마저 혼자 즐기기에는 호사와 같아 여러 사람과 같이 즐기고 싶었습니다. 음악실에 놓고 혼자서 호사를 누리는 것보다 본관 큰 교무실에 옮겨두고 여러 선생님들께서 즐길 수 있게 했습니다. 수업 시간시간 교무실을 들고 나는 중에 모두들 칭찬이 자자합니다. 처음에는 향기를 칭찬하더니 때로는 꽃잎 앞에서 손바람으로 향기를 일으켜 그 향을 즐기기까지 합니다. 며칠간의 시간이 지난 뒤에는 석부작의 아름다운 조형을 칭찬하기 시작하였습니다.

바위처럼 든든하게 수반 위에 자리 잡은 돌덩이의 조형을 마치 사람의 머리를 닮았다 하였습니다. 하얀 속살로 돌덩이의 갈라진 틈새와 파이어 굴곡이 생긴 골골로 파고 들어간 뿌리들이 좌우상하로, 또는 씨줄 날줄과 같이 감싸 안고 있는 모습을 이야기합니다. 꽃대 아래쪽으로 적당한 간격과 각을 맞추어서 자리 잡은 꽃망울들이 맺고 피어나는 모습을 보고 꽃의 기품을 칭찬했습니다. 향기와 꽃, 꽃대와 뿌리, 돌덩이가 서로 조화를 이루어 작품이 된 풍란, 석부작을 감상했습니다.

화초와 난을 가꾸는 P선생은 야생화를 특히 사랑하는데 향기를 좋아한다고 하셨습니다. 담임하는 학급의 교실에 여러 가지 야생화 중 구절초를 가꾸어 현관에 내어 놓으시고 모든 이에게 그 향기를 선물하시던 분입니다. 그분께서 풍란, 석부작이 이 자리에 이렇게 놓이게 된 배경을 물으시는 것이었습니다. 나는 자랑스럽게 친구의 이야기를 들려 주었습니다. P선생이 이 이야기를 듣고 감동을 하셨습니다. 정말 아름다운 이야기라는 것입니다.

참으로 부러워하며, 그 후 매년 5월경이 되면, "박 선생님, 풍란, 석부작이 도착할 때가 되지 않았나요?"하고 묻습니다. 언제부턴가 교무실의 많은 선생님들께서 우정의 가교가 된 이 이야기를 알게 되었습니다. 그리고 이 분들도 매년 5월경이면 "풍란이 언제 돌아오느냐"고 궁금해 합니다. 풍란, 석부작과 친구의 이야기는 이제 우리학교 교무실에서 '전설'이나 '신화'에 버금가는 정도의 관심사가 되어가고 있는 것입니다.

금년에는 친구가 이 풍란을 자기 집으로 데려가는 일을 멈췄습니다. 박사학위 취득 기념으로 나에게 선물하고 이제 공부도 끝냈으니 잘 키워 보라는 뜻입니다.

통풍이 좋지 못한 음악실보다 햇빛도 잘 들고 통풍이 좋아 풍란에게는 좀 더 좋은 조건이 될 것 같아, 새로 이사하여 온 아파트의 남쪽 창가에 두었습니다. 아침에 일어나면 살피고 분무기로 안개물을 뿌려주는 등 마음을 다하고는 있지만 자신이 없습니다. 다시 친구에게 "키우고 관리하여 꽃이 필 때 볼 수 있게 해 달라"고 부탁하면, 친구는 두말없이 그렇게 하자 할 것이지만, 그 생각을 접기로 했습니다.

나의 힘으로 나의 정성으로 이 친구의 우정을 꽃피우고 싶은 욕심이 생겼기 때문입니다. 사랑과 우정을 가꾸듯 마음을 쓰고 정성으로 보살펴서 꼭 꽃을 피워보고 싶습니다. 내년 5월이면 꽃대가 나오고 꽃망울이 벙글 때에 친구를 불러 기쁨을 같이하고 싶습니다. 정년을 맞고 3개월 정도의 시간이 지난 그때는 우리 서로 시간의 여유도 충분하여 많은 이야기를 나눌 수 있을 것입니다.

오늘 아침에도 이렇게 아름다운 5월을 염원하면서 나도풍란, 석부작에 분무 안개물을 뿌리고 있습니다. 친구와의 우정이 향기가 되어 이웃에게 행복을 나눌 수 있기를 바라면서….

(교지 象山 제26호 2008년)

4) 다시, 저 높은 곳을 향하여!

2008 Beijing Olympic(2008년 8월 8일 ~ 2008년 8월 24일)의 감격과 함성이 잦아진 지 벌써 몇 달이 지나가 버렸다. 화려하고 장엄하던 개

막식에서부터 폐막식까지 수많은 일화들을 남긴 채 2012년 영국 런던에서의 만남을 약속하고 성화가 꺼졌다. 이 올림픽 기간에 우리는 숱한 경기와 그들의 뒷이야기에서 많은 교훈을 얻었다. 이들은 모두가 올림픽 금메달이라는 목표 '저 높은 곳을 향하여' 한결같이 뛰고 달려왔다.

더 빨리! 더 멀리! 더 높이!

그들은 자신의 꿈을 성취하고 환희의 눈물을 흘리기도 하였으며, 조국의 명예를 만방에 떨쳐 영광의 자리에 올라 승리의 기쁨을 만끽하기도 하였다. 그러나 목표에 못 미친 선수들은 좌절하거나 재도전의 꿈을 이어가는 선수도 있었다.

자메이카의 100m 달리기선수 우사인 볼트(Usain Bolt), 수영의 박태환, 유도 최민호, 역도 장미란 선수 등 영광의 얼굴들이었다. 그러나 유도 이태영, 역도 이배영 선수의 투혼과 실패의 장면은 우리에게 또 다른 감동을 더하여 주었다. 어찌 이번 올림픽의 주인공들이 이들뿐이겠는가? 그러나 승리의 영광을 안은 선수나 실패했던 선수, 모두가 더욱 빨리! 더욱 멀리! 더욱 높이! 뛰고 있을 것이다. 새로운 신기록을 위하여, 또는 재도전의 목표로 자신과의 싸움을 계속하고 있을 것이다.

내년 2월이면 만 41년간의 교직 생활을 마치고 정년을 맞는 나는 이제 나 자신 40여 년의 경주를 마무리하고 다시 도전을 하거나, 좌절하고 은퇴하여 은둔자의 모습으로 칩거해야 할 시기에 다다랐다. 36살(1981년)에 상산고에 부임했으니 금년으로 28년 동안 이 상산의 동산에서 젊음을 보냈다고 할 수 있다. 음악교사로서 오직 사랑하는 제자들에게 아름다움과 낭만, 그리고 꿈을 키워 주고자 하였으나 생각하면 부족하였던 점, 부끄러웠던 일들이 떠올라 가슴을 아프게 한다. 대학에서 음악을 공부하고 교사의 자격을 받아 몇몇 학교를 거쳐 상산고의 교사가 되었다. 이제 이곳에서 정년을 맞게 되는 나로서 어찌 감회가 없겠는가?

우리나라 찬송가 491장에 '저 높은 곳을 향하여'라는 찬송가가 있다. 이 찬송의 1절 처음 시작이 "저 높은 곳을 향하여 날마다 나아갑니다. 내 뜻과 정성 모두어 날마다 기도합니다"라고 되어 있다. 이 곡은 특히 내가 좋아하는 찬송곡으로 가사와 선율이 잘 어울리는 아름다운 곡조로 되어 있다. 학생들에게 음악을 가르치는 교사로서 음악을 향한 시간들, 그것은 이 찬송가의 가사와 같이 나에게는 언제나, 어딘지 확실하지 않은 막연히 저 높은 곳이었다. 이 찬송을 부를 때 나는 언제나 더욱 아름다운 소리, 더 좋은 음악, 지금보다 더 나은 어떤 것들을 꿈꾸었다.

최초로 나의 음악적 귀를 자극한 것은 내가 초등학교에 입학하기 전 교회에서 들은 풍금소리였다. 이것이 나의 음악적 감성의 출발이었던 것이다. 그러면서 나는 자연스럽게 기독교인이 되었고, 이 신앙은 나에게 힘이 되었고, 삶의 방향이 되어 주었다.

나는 이제껏 살아 오면서 때때로 어렵고 힘든 시간에 찬송으로 위로받고 마음을 추슬러 나의 길을 걸어 왔다. 중학교 재학시절에는 당시 20원밖에 안하던 버스비가 없어 다른 친구들은 편안히 통학할 때 나는 약 12㎞ 거리의 왕복 길을 혼자서 걸었다. 길섶에 피어 있는 코스모스며, 넓게 펼쳐진 들판의 벼들이 계절 따라 갈아입는 연록, 초록, 그리고 가을이면 황금빛의 찬란함과, 지평선 너머로 떨어지는 석양빛은 슬프도록 아름다웠다. 그 때 나는 '참 아름다워라 주님의 세계는…(찬송가 478장)'을 부르며 어렵고 힘든 그 길을 걸었다. 이렇게 찬송을 부르면 다시 힘이 솟고 하나님의 음성이 들리는 듯 용기를 얻곤 하였다.

중학교를 졸업하였으나 고등학교 진학은 가정 형편으로 더욱 쉽지 않았다. 덴마크 유학이 가능하고 장학금을 받고 공부할 수 있다는 농업고교에 진학하였으나 졸업할 때쯤에는 덴마크 유학이라는 말은 들어볼 수도 없었다. 대학 진학은 꿈도 꾸지 못하고 결국 나는 집에 들어가 홀어머니를 도와 농사꾼이 되고 말았다.

모내기와 김매기, 벼베기와 타작하기 어느 것 하나 쉬운 것이 없고 너무 힘에 부치는 일들뿐이었다. '내 영혼이 은총 입어 … 초막이나 궁궐이나 … 내주 예수 모신 곳이 그 어디나 하늘나라…' (찬송가 438장) 이 찬송가는 그렇게 어렵고 힘든 논농사로 인하여 노동의 고통에 지친 나에게 위로와 힘이 되어 주었다.

이처럼 아무리 힘이 들고 어려운 처지에 빠졌을지라도 찬송은 언제나 나의 마음을 위로하고 앞으로 나아갈 수 있는 힘과 용기를 주었다. 이때 나는 교회에서 무릎을 꿇고 기도할 때마다 서원하는 기도를 드렸다. 나에게 대학에 진학할 수 있는 길만 열어 주신다면 공부하여 주님의 사역에 충성, 봉사하겠다고 서원하였다. 결국 나는 1년간의 농사일을 끝으로 농촌 집을 탈출하듯 빠져나와 교육대학에 입학원서를 내고 시험을 보았다. 하나님께서는 나의 기도를 들어 응답하셨다. 대학에 합격한 후 어려운 가정 형편에서도 등록금을 마련할 수 있는 길을 열어주셨다. 재학 중에는 등록금 마련을 위하여 가정교사를 하기도 하였다. 교육대학에서의 2년은 지금까지의 나의 생애 중 가장 아름답고 행복했던 시절이었다. 음악 연습실 곳곳에 피아노가 있고 오르간(풍금)은 지천으로 있었다. 합창단에 들어가 활동하였고, 남성4중창단을 만들어 발표회를 갖기도 하였다. 음악 감상실에 들어가 클래식 음악 감상을 하며 커피를 마실 수 있었던, 참으로 꿈만 같았던 생활들이었다. 즐겁고 행복했던 시간들은 빠르게 흘러가 2년간의 대학 생활은 곧 끝이 났다.

1968년 3월 부안의 바닷가 어촌 마을로 초임 발령을 받아 교사로서의 길을 걷게 되었다. 1년 뒤 영장을 받고 군에 입대하여 3년간 복무기간을 마치고 제대 후 다시 교직에 복직했다. 그곳은 부안 계화도 섬마을로 한때 유행가 가사와 같은 섬마을 선생님이 되었다. 섬마을 초등학교에서 나는 참으로 열심이었다. 젊음을 배경으로 때로는 물의를 일으키면서도 그

것이 교육애인 것 같은 착각으로 이 학교 역사상 처음으로 실시하는 6학년 수학여행과 가을 운동회에서 '리듬 밴드부'를 조직하여 연주하게 하는 등 많은 이야깃거리를 남겼다.

그러나 교육대학에서 배운 초등학생 교육을 위한 음악보다 음악을 전공하고 싶은 열망을 가지고 전주대학교 사범대학 음악과에 편입하여 성악을 공부하기 시작하였다. 야간 대학으로 낮에 계화도에서 학생들을 가르치고 오후 4시경에 자전거로 부안까지 16㎞ 달려 나가는 것이다. 부안에서 전주행 직행버스를 타면 약 1시간 30분 후 완산동 터미널에 6시 30분이나 7시에 도착하였다. 대학의 야간 수업은 7시에 시작하여 11시 30분경에 끝났다. 밤에는 완산동 하숙집에서 잠을 자고, 다음날 아침 5시 30분에 일어나 다시 부안으로 가는 6시 새벽 버스를 탄다.

부안 터미널에 도착 7시 30분, 다시 자전거를 타고 계화도에 도착하면 8시 30분이다. 아침 1교시 수업에 들어가는 시간이 꼭 맞는 것이다. 지금은 상상하기도 어려운 시간들이었으나 그때마다 '주 하나님 지으신 모든 세계 내 마음 속에 그리어 볼 때…'(찬송가 79장) 이 찬송은 기쁨이 되고 희망이 되었다.

이 기간에 겪었던 일들과 경험들은 몇 장의 종이에 다 옮길 수 없는 것들이다. 그 시절의 나는 참으로 젊었으나 지금 생각하면 거의 불가능한 학업을 수행하였다. 그 먼 길을 자전거와 버스를 이용하여 출퇴근과 등하교를 같이하였다. 밤늦은 시간까지 공부하고 받은 과제는 새벽에 일어나 1시간 30분을 비포장도로를 달리면서 버스 안에서 해결하였다. 다시 자전거로 1시간을 달려가서 어린 학생들과 5~6교시까지 수업, 다시 전주로, 이와 같이 매일 반복하였다. 물론 토요일에도 수업이 있었고, 그리고 일요일에는 교회에 나가 찬양대에서 봉사하기를 게을리 하지 않았다.

하나님께서는 언제나 나의 길을 미리 예비하여 두셨고 고난과 시련 속에서도 꿈과 희망을 놓지 않도록 인도하셨다. 그렇게 어렵게 수행한 학업 가운데에서도 전국 각 음악대학에서 선발하여 갖는 신춘음악회에 출연할 기회도 얻게 되어 서울 국립극장에서 공연하는 영광도 누렸다. 졸업하던 78년 3월에 바로 영생고등학교로 발령을 받았다. 다음 해에는 합창지도를 위하여 같은 재단 소속에 있는 영생여상(지금 온고을여고)으로 옮겼다. 이 학교에 2년간 근무하면서 전북학생음악경연대회와 학생 합창경연대회에서 최우수상을 수상하여 피아노를 상품으로 받기도 하였다. 학생들의 합창지도에 열성을 다하던 때였다.

일요일에는 교회에서 찬양대의 지휘자로 봉사하면서 평일에는 학생들의 합창지도로, 이렇게 나의 모든 생활들은 합창활동이 전부가 되어 매일 매일의 생활이 즐거움과 보람의 시간들이었다. 또 이때 성악예술단체와 지역 방송국의 클래식 음악 프로그램에 출연하여 성악가로서의 활동도 활발하였던 때였다. 그러다가 81년도 상산고가 개교하면서 홍성대 이사장님으로부터 부름을 받고 즉시 학교를 옮겨 상산의 동산에서 여러분과 인연을 맺게 된 것이다.

상산고에 부임한 후에도 '저 높은 곳을 향하여' 나의 이상과 꿈은 계속되었다. 설립자 홍성대 이사장의 뜻에 부응하기 위한 상산고 학생들의 교육과정 편성과 운영, 그리고 특기자들의 발굴과 진로 지도에 힘을 썼다. 그리고 당시 남학생들을 위하여 음악적인 낭만과 꿈을 위한 프로그램으로 상산 음악경연대회와 초청음악회를 매년 실시하였다. 많은 이야깃거리를 만들어 낸 행사였다. 지금도 초창기의 졸업생들을 만나 그 시절의 음악경연대회와 초청음악회의 이야기를 나누면 시간 가는 줄도 모른다.

또한 더 나은 성악가가 되기 위해 서울에 있는 중앙대학교 대학원에 진학하여 주중에 이틀을 서울까지 올라가 성악가의 꿈을 키우기도 하였다. 대학원 공부는 서울까지 정시에 운행하고 있는 고속버스를 타고 출석하였으므로 계화도에서 전주대학교 야간대학을 다니던 때와 비교하면 화려한 생활이었다. 지도교수의 인정을 받았고 성적도 좋아 2년의 과정을 졸업하였다. 또 당시 최초로 실시하였던 서울 소재 음악대학의 교수들이 추천하여 이루어지는 서울 석사 음악제에도 출연하였다. 대학로에 있는 문예대극장에서 독창하는 영광을 누리기도 하였다. 이후 1995년까지 각종 음악회와 방송음악회, 그리고 동호인 음악회 등에 출연하면서 예술가로, 성악가로의 꿈을 실현하는 듯하였다.

그러나 한 오페라 연습 과정에서 무리한 연습과 과거에 앓았던 후두염과 성대 결절로 성악적인 발성에 이상이 찾아오고 말았다. 그 해 연말 전북예술회관에서 오페라 아리아의 밤에 출연하여 노래하고 나는 성악을 접겠다는 결심을 하게 되었다. 나의 노래와 발성, 그 모두가 너무 나의 마음에 들지 않았던 것이다. 그 후 합창 지휘자로의 길을 택하여 연세대학교 연합신학대학원에 개설되어 있는 교회음악 지도자 과정에서 지휘자과정을 수강하였다. 졸업한 후부터는 본격적으로 합창 지휘자로 활동을 시작하였다. 전주남성합창단을 창단하여 지휘하였고, 전주여성합창단을 지휘하였다. 또 전주대학교 사회교육원에서 합창강좌를 개설 지도하였다.

전주남성합창단은 벌써 12년의 역사를 가지게 되었다. 그동안 해외 공연으로는, 러시아의 연해주 지역, 블라디보스토크와 스파스크, 그리고 하바로프스크를 순회하였다. 또 일본 가나자와 시의 초청으로 가나자와 시민합창단과 합동공연을 갖기도 하였다. 2008년 1월에는 호주 시드니의 오페라하우스에서 객석에 앉아 연주하는 영광의 순간도 있었다. 뉴질랜드의 크라이스트처치와 밀포드 사운드의 선상공연 등, 이제 전주남성합창단은 멋지고 화려한 연주 경력을 쌓고 있는 단체로 성장하였다. 다음은 미주 연주여행을 계획하고 있어 모름지기 민간 외교사절의 역할을 다하자는 다짐이 더욱 견고해지고 있다.

자립형 사립학교로 전환한 상산고는 이제 여학생까지 입학하게 되었고 음악수업은 더할 나위 없이 멋지고 즐거운 수업으로 발전되었다. 전국에서 모여든 영재들은 음악적 기능이 다양하여 50여명으로 구성되는 상산 오케스트라 비바체 리플을 조직, 봄의 사은음악회와 가을의 '카일라이축제'에서 훌륭한 앙상블을 선보여 상산의 자랑이며 사랑받는 학생 동아리로 자리 잡아 활발하게 활동하고 있다.

교육과정 운영에서도 많은 음악적 경험을 중심으로 우리나라의 가곡과 민요는 물론 이탈리아의 칸초네와 독일의 리트를 비롯 다른 여러 나라들의 외국 곡을 가창 실기곡으로 평가하되 학생들의 자율 자체평가제도로 공정성과 객관성을 높여 실기 평가까지도 즐거움으로 진행할 수 있게 하였다. 기악과 창작 활동에서도 개인의 능력에 맞는 수준으로 활동하고 평가하여 적성을 찾아 음악이 즐겁고 부담이 되지 않는 교과가 되도록 다양한 방법을 찾아 수업과 평가에 적용하였다. 특히 감상활동은 개인 연구과제와 관련하여 스스로 연구조사하고 발표할 수 있는 기회를 제공하여 학생의 자율적 학습활동을 극대화하여 진행하였다. 학생들의 적극적인 참여도를 높이고 평가의 객관성을 유지하므로 개인의 창의적인 학습활동은 개인의 능력을 신장하는 학습방법으로 학생들의 흥미를 유발하여 모든 학생이 능동적이며 적극적으로 음악학습에 참여하게 하였다.

40년이 넘는 교직생활과 30년이 넘는 음악 생활, 그것은 모두 '저 높은 곳을 향하여' 달려온 이상이며 꿈이었다. 나는 정년을 5년 정도 남겨 놓은 시점에서 온라인과 세미나를 통해 학점을 이수하고, 과정을 통과하여 논문을 쓰고 학위를 받을 수 있는 미국의 Midwest University에서 등록하였다. 교회음악 박사과정을 이수하였고, 금년 6월에는 'ANALYTIC RESEARCH ON THE HYMNAL OF KOREA(LYRICS & MUSIC BY KOREAN COMPOSERS)'를 주제로 논문을 써서 교회음악 박사학위를 취득하였다.

이제 내년 2월이면 정년이 되어 사랑하는 여러분과 정든 상산의 동산, 이 교정을 떠나야 한다. 41년의 교직생활을 마치게 되는 정년퇴임이다. 그동안 몇 번, 한국의 정치적인 상황과 사회적인 형편으로 명예퇴직의 유혹을 받기도 하였다. 그러나 나는 국가가 정한 정년을 꼭 채운 뒤 교직을 떠나고 싶은 강한 마음이 오늘까지 이 자리에 이렇게 있도록 하는 힘이 되었다. 교회에서 30여 년간을 봉사하여 온 찬양대의 지휘자 자리도, 12년간 가꾸어 온 전주남성합창단의 지휘자 자리도 모두 능력 있는 후배에게 금년을 마지막으로 넘겨주고 싶은 마음이다. 금년 말과 내년 2월까지 해서 지금까지 지내온 일들, 해왔던 모든 일들을 일단락짓고 싶은 것이다. 그래야 새로운 출발을 할 수 있다고 생각하기 때문이다. 4~5개월 앞에 정년을 두고 있는 나에게 친구와 많은 사람들이 퇴직 후에 무엇을 할 것인지 많이들 궁금해 하는 눈치들이다. 그동안 내가 살아온 지난 날들로 보아 그냥 집에 들어가 손자들이나 보면서 죽을 날을 기다리리라고는 생각하지 않는 눈치들이다.

그렇다, 난 이제 다시 새로운 나의 길을 가고 싶다. 그곳이 어디에 있고 어떤 길이 될지는 나도 모른다. 내가 믿는 신앙, 하나님의 섭리에 맡기면 되는 것이다. 그렇게 하는 것이 지금까지 60평생을 살아오면서 내가 터득한 하나님의 진리였다. 나는 언제나 최선을 다하여 무언인가를 준비하고 그분께서 인도하는 대로 '저 높은 곳을 향하여' 그 길을 달려온 것이다. 이제 다시 새로운 길을 가기 위해 나는 또 다시 최선을 다하여 길 떠날 준비를 다하고 있다. 박사학위를 받은 것도 '다시, 저 높은 곳을 향하여' 길 떠나가기 위한 좋은 장비가 되어 그 역할을 다할 것으로 생각한다.

그리고 지금 학위를 받았던 Midwest University에서 Master Divinity(M-Div 신학대학원) 과정을 이수하고 있다. 지난번 박사학위를 받았을 때와 같이 열심히 노력하면 2011년쯤에는 신학대학원을 졸업할 수 있을 것 같고 그분의 뜻이 나를 불러서 쓰시겠다고 하면 목회자의 길로 나갈 수도 있다. 이 신학대학원 과정을 마치고 나면 '다시, 저 높은 곳을 향하여' 갈 수 있는 많은 길들이 있을 것이고 절대자 그분의 도우심과 인도하심에 따르려고 한다. 다만 지금은 최선을 다하여 그곳을 향하여 여행을 잘 할 수 있는 힘과 장비를 준비하기만 하면 되는 것이다.

솔개는 70여 년을 살 수 있는 새라고 한다. 그런데 솔개가 40년을 살고 나면 부리와 발톱이 너무 길어지고 휘어지거나 무디어져서 사냥을 할 수 없게 된다고 한다. 이때 솔개는 굶어 죽을 수밖에 없게 된다. 그러나 이 솔개가 높은 바위에 올라가 자기의 부리를 수없이 바위에 부딪쳐서 쓸 수 없는 부리가 부서지고 뽑히게 되는 고통을 견디면, 새 부리가 나오게 되고 그 부리로 발톱을 쪼아 구부러지고 휘어서 쓸 수 없는 발톱을 뽑아내면 다시 새로운 발톱이 나오게 된다고 한다.

이처럼 스스로 자신의 부리를 깨뜨리고, 스스로 자신의 발톱을 뽑아내는 고통을 참고 견디어 낸 솔개는, 다시 돋아난 새 부리와 새 발톱으로 30년을 더 살면서, 창공을 날아 제2의 삶을 살아간다는 전설적 이야기가 있다. 이 이야기를 통해 나는 재도전의 의지를 굳히며 지금 새롭게 제2의 삶을 준비하는 시간들을 보내고 있는 것이다.

"나의 사랑하는 상산의 아들 딸! 상산의 제자들이여! 이제 나의 말을 마치려 합니다. 그동안 여러분이 있어 행복했습니다. 이제 이 동산을 떠나서 어디에 가 있더라도 여러분의 앞날을 위해 기도할 것입니다.

여러분은 다가올 미래의 앞날에 대하여 어떻게 생각하고 있습니까?

두려워하지 말라. 겁내지도 말라. 미래의 날들은 모두 그대들을 위하여 준비한 것이니 비상할 힘을 기르라. 그리고 멈추지 말라. '저 높은 곳을 향하여' 비상해야 할 날들이 다시 오리니 그 날을 위하여 오늘의 실력을 쌓고, 준비하고 힘을 길러 더 빠르게, 더 멀리, 더 높이 뛰어 오르는 여러분의 모습을 나는 기대합니다.

(교지 象山 제26호 2008년)

악보 모음

- 전북 마포초등학교 교가
- 여름바다
- 응원가
- 전북 계화초등학교 교가
- 계화의 건아
- 상산 찬가(거상이 간다)
- 먼 훗날 사람 있어 묻거들랑(상산고 졸업가)
- 코끼리 타령(상산고 응원가)
- 소국
- 아리따운 그대의 손

마포초등학교 교가

1968년 초여름

여름바다

박상만 작사 / 작곡

1968년 초임 마포초등학교 / 고사포 해변에서

응원가

박상만 작사 / 작곡

힘차게

1968년 초임 마포초등학교 / 가을 운동회를 위하여

계화초등학교 교가

1975년 가을

계화의 건아

박상만 작사 / 작곡

용감하고 씩씩하게

1975년 계화초등학교 / 가을 운동회를 위하여

상산 찬가
(거상이 간다)

장순하 작사
박상만 작곡

1985년 상산인의 웅지와 기상, 그리고 패기를 위하여

먼 훗날 사람있어 묻거들랑

장순하 작사
박상만 작곡

1990년 상산고 졸업가로 작곡 함

코끼리 타령
(상산동산의 설화)

장순하 작사
박상만 작곡

세마치장단

한국적인 설화의 내용을, 전통적 가락과 장단으로 부를 수 있는 응원가이다 / 1991년

소 국 (小 菊)

珍 英 時 詩
朴 相 滿 曲

길   엇갈림은   아파하지   말 - 자   흰
눈 벗어낸 우아 - 한모습으로   조용히다가와 . 여기 있으 니
이 제

야 - 마주보는 그윽한 - 눈빛들이 비었
던 - 시린가슴 꽃잎되어 - 덮어주고 순결
한 내님의 청아한 목소리는 바

진영과의 아름다웠던 추억을 담아 / 1997년 가을에

아리따운 그대의 손

김용철 시
박상만 곡

accel.
accel.
accel.
이 라 오 —

f
세 모 시 저 고 리 에 보 이 는 것 은

시 리 듯 하 — 얀 옷 소 — 매 인 데

차 향기 든 고서 전 하 려 나

입 다문 이야 기

마 음에 눈 떠야 보 이 려 나

그 대 의 얼 굴 ―

지 를 딛 ― 고 ― 이 는 한 점 바 람 에 부 질 없 이

차를 즐기는 용철의 시를 읽고, / 2004년 가을에

판 권
소 유

다시, 저 높은 곳을 향하여

초판 1쇄 발행일 / 2008년 12월 12일
재판 발행일 / 2009년 2월 2일
지은이 / 박상만
편집 / 중앙아트 편집국
펴낸이 / 안성복
펴낸곳 / 도서출판 중앙아트
주소 / 서울특별시 영등포구 양평동3가 15-1
월드메르디앙 비즈센터 508호 (150-946)
전화 / 02)2165-0150   FAX / 02)2165-0159
홈페이지 / http://www.joongangart.com

정가 12,000원

잘못된 책은 교환해 드립니다.